INTRODUÇÃO À EXPRESSÃO GRÁFICA:
TÓPICOS DE DESENHO GEOMÉTRICO E DE GEOMETRIA DESCRITIVA

O selo DIALÓGICA da Editora InterSaberes faz referência às publicações que privilegiam uma linguagem na qual o autor dialoga com o leitor por meio de recursos textuais e visuais, o que torna o conteúdo muito mais dinâmico. São livros que criam um ambiente de interação com o leitor – seu universo cultural, social e de elaboração de conhecimentos –, possibilitando um real processo de interlocução para que a comunicação se efetive.

INTRODUÇÃO À EXPRESSÃO GRÁFICA:
TÓPICOS DE DESENHO GEOMÉTRICO E DE GEOMETRIA DESCRITIVA

Anderson Roges Teixeira Góes

EDITORA
intersaberes

Rua Clara Vendramin, 58 – Mossunguê
CEP 81200-170 – Curitiba – PR – Brasil
Fone: (41) 2106-4170
www.intersaberes.com
editora@editoraintersaberes.com.br

EDITORA intersaberes

Conselho editorial
Dr. Ivo José Both (presidente)
Drª Elena Godoy
Dr. Neri dos Santos
Dr. Ulf Gregor Baranow

Editora-chefe
Lindsay Azambuja

Supervisora editorial
Ariadne Nunes Wenger

Analista editorial
Ariel Martins

Preparação de originais
Mariana Bordignon

Edição de texto
Floresval Nunes Moreira Junior
Keila Nunes Moreira

Capa
Iná Trigo (*design*)
solomon7/Shutterstock (imagem)

Projeto gráfico
Sílvio Gabriel Spannenberg

Adaptação do projeto gráfico
Kátia Priscila Irokawa

Diagramação
Sincronia Design

Equipe de *design*
Luana Machado Amaro
Mayra Yoshizawa

Iconografia
Sandra Lopis da Silveira
Regina Claudia Cruz Prestes

Dados Internacionais de Catalogação na Publicação (CIP)
(Câmara Brasileira do Livro, SP, Brasil)

Góes, Anderson Roges Teixeira
  Introdução à expressão gráfica: tópicos de desenho geométrico e de geometria descritiva/Anderson Roges Teixeira Góes. Curitiba: InterSaberes, 2020.

  Bibliografia.
  ISBN 978-85-227-0194-0

1. Desenho geométrico 2. Geometria 3. Geometria descritiva I. Título.

19-30672   CDD-516

Índices para catálogo sistemático:
1. Geometria   516

Cibele Maria Dias – Bibliotecária – CRB-8/9427

1ª edição, 2020.
Foi feito o depósito legal.

Informamos que é de inteira responsabilidade do autor a emissão de conceitos.

Nenhuma parte desta publicação poderá ser reproduzida por qualquer meio ou forma sem a prévia autorização da Editora InterSaberes.

A violação dos direitos autorais é crime estabelecido na Lei n. 9.610/1998 e punido pelo art. 184 do Código Penal.

Sumário

11 *Apresentação*
12 *Como aproveitar ao máximo este livro*

17 Capítulo 1 – Introdução ao desenho geométrico
17 1.1 Breve histórico do desenho geométrico na educação brasileira
21 1.2 Materiais de desenho geométrico e sua utilização
25 1.3 Construções dos ângulos notáveis
30 1.4 Lugares geométricos elementares

47 Capítulo 2 – Aplicações e relações métricas
47 2.1 Utilização dos esquadros
50 2.2 Construção de triângulos
54 2.3 Construção de quadriláteros
57 2.4 Teorema de Tales e divisão de segmentos
60 2.5 Construção e aplicação do teorema de Pitágoras
64 2.6 Relações métricas no triângulo retângulo e construção de média geométrica
66 2.7 Segmento áureo

73 Capítulo 3 – Circunferências e polígonos regulares
73 3.1 Tangência e concordância
81 3.2 Divisão de circunferência em partes iguais
88 3.3 Polígonos regulares
92 3.4 Polígonos estrelados
93 3.5 Retificação da circunferência
95 3.6 Divisão de arcos de circunferência e ângulos

103 Capítulo 4 – Geometria não euclidiana: geometria projetiva
103 4.1 Geometria não euclidiana
106 4.2 Geometria projetiva
108 4.3 Sistemas de projeções
112 4.4 Propriedades de projeção ortogonal
117 4.5 Histórico do método da dupla projeção ortogonal: método mongeano

125 **Capítulo 5 – Representação em dupla projeção ortogonal: método mongeano**

125 5.1 Representação dos elementos fundamentais (ponto, reta e plano)

140 5.2 Representação de sólidos apoiados em plano horizontal ou em plano frontal

144 5.3 Processo descritivo da mudança de plano

157 **Capítulo 6 – Desenho técnico, geometria dinâmica e aplicações na educação básica**

157 6.1 Desenho técnico: simplificação na representação do método mongeano

162 6.2 Geometria dinâmica

164 6.3 Geometrias não euclidianas na educação básica

172 *Considerações finais*
173 *Referências*
179 *Bibliografia comentada*
180 *Respostas*
193 *Sobre o autor*

*À minha amada e tão esperada filha Helena Maria,
que foi gerada enquanto esta obra estava sendo
concebida.*

Prefácio

A leitura deste livro deixa evidente a qualificação do autor e sua preocupação na orientação dos interessados em matemática, introduzindo um conhecimento básico sobre a geometria, que tem por objetivo o estudo do espaço e das figuras que podem ocupá-lo por meio de tópicos de desenho geométrico e de geometria descritiva.

As formas geométricas aparecem em todas as obras da natureza e, consequentemente, também nas humanas desde os primórdios da humanidade, sendo atualmente chamadas de *expressões gráficas*. Para os matemáticos da Antiguidade, a geometria não poderia existir sem os métodos de construções geométricas, tão necessários ao entendimento e à solução de problemas práticos do dia a dia.

Os conteúdos trabalhados nesta obra abarcam uma série de conhecimentos, em uma abordagem histórica, que consistem em um conjunto de processos para a construção de formas geométricas e para a representação das figuras espaciais sobre o plano – da régua e do compasso aos *softwares* de desenho, tão propagados com as evoluções tecnológicas.

A precisão e a exatidão exigidas nos estudos e nas práticas do desenho geométrico e da geometria descritiva tornam essas atividades aliadas importantes em sua aplicação, não só na matemática, mas também em áreas significativas do conhecimento, como as engenharias, as artes, a arquitetura, o desenho industrial, entre outras.

Realizar qualquer tarefa educativa de forma consciente requer que disponhamos de instrumentos interpretativos que nos permitam conhecer os processos de ensino e aprendizagem adequados a cada conteúdo e, ainda, responder a questões como "O que se deve ensinar?" e "Como ensinar?". Partindo desse princípio, Góes apresenta um livro de fácil compreensão para o leitor, com uma linguagem clara e concisa, focando no *saber* e no *saber fazer*.

Toda a complexidade envolvendo esses conteúdos da aprendizagem e suas inter-relações teórico-práticas exigem uma reconfiguração de concepções sobre a forma de aprender, a prática pedagógica, o processo de ensino e aprendizagem e, principalmente, sobre a utilização das modernas tecnologias no processo educacional.

A expectativa do autor é contribuir na introdução do interessado em matemática nos conhecimentos elementares a respeito das representações gráficas, oportunizando um guia dos temas e conteúdos apresentados.

Drª. Adriana Augusta Benigno dos Santos Luz

Professora Associada do Departamento de Expressão Gráfica da Universidade Federal do Paraná (UFPR) desde 1992 para os cursos de Matemática e Engenharia.

Apresentação

Esta obra aborda alguns tópicos para a introdução ao desenho geométrico e à geometria descritiva com o objetivo de apresentar esses assuntos àqueles que pretendem iniciar seus estudos sobre expressão gráfica.

A escrita foi concebida em uma linguagem acessível, trazendo diversas representações gráficas relacionadas aos conteúdos propostos. Com isso, os conceitos deixam de ser abstratos e passam a ter visualidade, sendo, consequentemente, mais compreensíveis.

Este livro está fundamentado em documentos oficiais da educação que demonstram que muitos dos conteúdos aqui abordados devem ser desenvolvidos por professores da educação básica. Dessa forma, em diversos momentos do texto, você é convidado a buscar estudos complementares de práticas docentes de modo a proceder a essa (re)inserção na educação básica.

A obra é composta de seis capítulos. No Capítulo 1, oferecemos um breve histórico do desenho geométrico na legislação brasileira, tratando da utilização dos principais instrumentos de desenho geométrico, de algumas e básicas, como ângulos, e dos cinco lugares geométricos elementares. No Capítulo 2, abordamos o procedimento de utilização dos esquadros, construções de triângulos e de quadriláteros, divisão de segmentos, relações métricas no triângulo retângulo (teorema de Pitágoras e média geométrica) e segmento áureo. No Capítulo 3, tratamos das tangências e da concordância, bem como da divisão de circunferências, de polígonos regulares e estrelados e retificação de circunferências e arcos de circunferências. No Capítulo 4, apresentamos a geometria não euclidiana, realizando um contraponto com a geometria euclidiana. Na sequência, abordamos a geometria projetiva, os sistemas de projeções e as propriedades de projeção ortogonal, além do método da dupla projeção ortogonal, denominado *método mongeano*. No Capítulo 5, mostramos as representações no método mongeano, como ponto, reta e planos, e as representações dos sólidos apoiados em plano horizontal ou em plano frontal, bem como o processo descritivo da mudança de plano para determinar a verdadeira grandeza (VG) de figuras contidas em planos não paralelos a nenhum plano fundamental de referência (PFR). Por fim, no Capítulo 6, oferecemos informações sobre o desenho técnico como uma forma de representação simplificada do método mongeano. Na sequência, discutimos a geometria dinâmica como a área que possibilita o uso de *software* no ensino e aprendizado de conceitos matemáticos. Para finalizar, sugerimos atividades para inserir-se a geometria não euclidiana na educação básica.

Sinta-se convidado a percorrer o passado e o presente das representações gráficas, sendo introduzido à expressão gráfica por meio do desenho geométrico e da geométrica descritiva. Ressaltamos que esta obra é um guia para seus estudos sobre os temas apresentados.

Desfrute ao máximo os conteúdos aqui abordados. Um forte abraço!

Como aproveitar ao máximo este livro

Empregamos nesta obra recursos que visam enriquecer seu aprendizado, facilitar a compreensão dos conteúdos e tornar a leitura mais dinâmica. Conheça a seguir cada uma dessas ferramentas e saiba como elas estão distribuídas no decorrer deste livro para bem aproveitá-las.

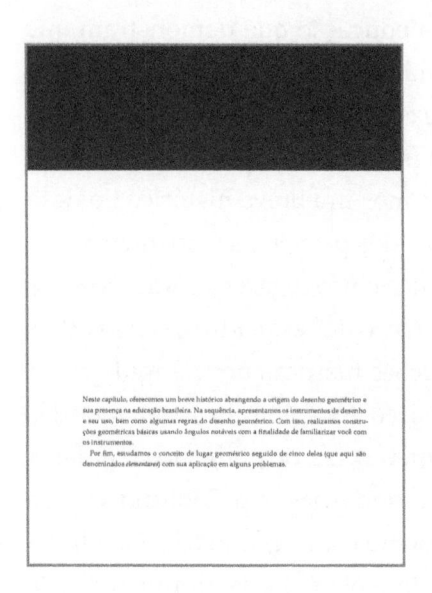

Introdução ao capítulo
Logo na abertura do capítulo, informamos os temas de estudo e os objetivos de aprendizagem que serão nele abrangidos, fazendo considerações preliminares sobre as temáticas em foco.

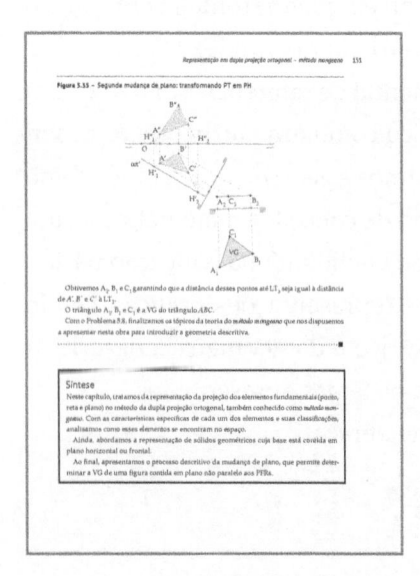

Síntese
Ao final de cada capítulo, relacionamos as principais informações nele abordadas a fim de que você avalie as conclusões a que chegou, confirmando-as ou redefinindo-as.

Atividades de autoavaliação

Apresentamos estas questões objetivas para que você verifique o grau de assimilação dos conceitos examinados, motivando-se a progredir em seus estudos.

Atividades de aprendizagem

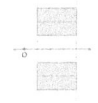

Aqui apresentamos questões que aproximam conhecimentos teóricos e práticos a fim de que você analise criticamente determinado assunto.

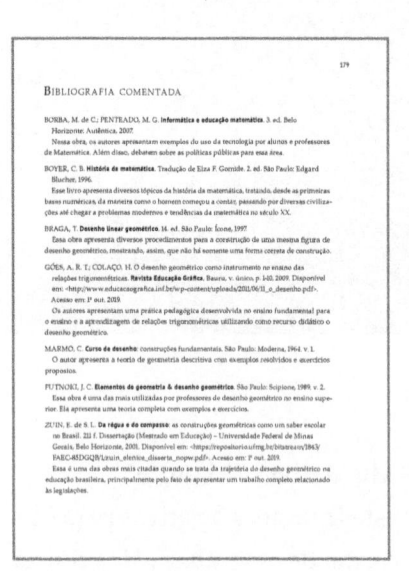

Bibliografia comentada
Nesta seção, comentamos algumas obras de referência para o estudo dos temas examinados ao longo do livro.

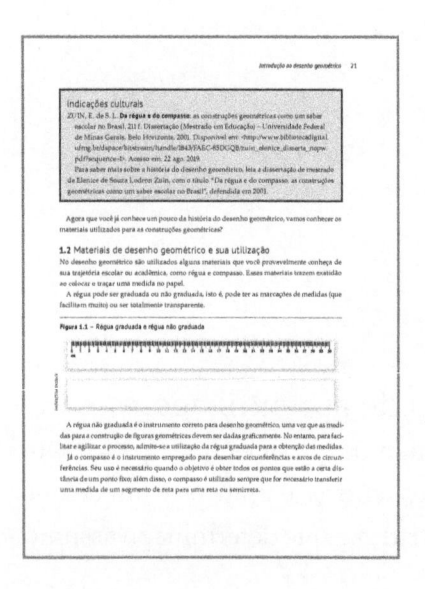

Indicações culturais
Para ampliar seu repertório, indicamos conteúdos de diferentes naturezas que ensejam a reflexão sobre os assuntos estudados e contribuem para seu processo de aprendizagem.

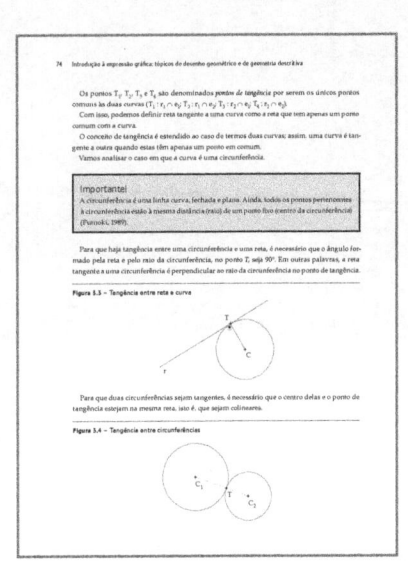

Importante!

Algumas das informações centrais para a compreensão da obra aparecem nesta seção. Aproveite para refletir sobre os conteúdos apresentados.

Neste capítulo, oferecemos um breve histórico abrangendo a origem do desenho geométrico e sua presença na educação brasileira. Na sequência, apresentamos os instrumentos de desenho e seu uso, bem como algumas regras do desenho geométrico. Com isso, realizamos construções geométricas básicas usando ângulos notáveis com a finalidade de familiarizar você com os instrumentos.

Por fim, estudamos o conceito de lugar geométrico seguido de cinco deles (que aqui são denominados *elementares*) com sua aplicação em alguns problemas.

1
Introdução ao desenho geométrico

1.1 Breve histórico do desenho geométrico na educação brasileira

Para iniciar este capítulo, vamos nos lembrar de como age uma criança quando inicia seus primeiros registros.

Ao entregar um lápis a uma criança, ela procura um local para registrar seus pensamentos, realizando rabiscos repletos de imaginação e significados. Essa é a primeira forma com que o ser humano fez seus registros: o desenho. Produzir desenhos foi uma das maneiras utilizadas pelo homem primitivo para fixar seu cotidiano, e alguns deles ainda permanecem nas paredes de cavernas: as chamadas *pinturas rupestres* (Góes; Góes, 2015).

Com o passar dos anos, essas representações foram sendo simplificadas e sistematizadas até chegarem na forma da escrita atual. No entanto, em sua essência, os desenhos permitem visualização mais rápida do que a escrita, sendo utilizados paralelamente a ela para dar sentido às palavras ou, ainda, de forma isolada para expressar pensamentos e sentidos, como os *emoticons*[1] (Góes; Góes, 2018), que podem ser compreendidos por pessoas que não compartilham de uma mesma língua materna.

Para que um desenho[2] seja compreendido de forma correta por todos aqueles que o analisam, são necessárias regras para sua execução. É nesse ponto que se insere o desenho geométrico, que é um desenho coordenado, com normas para ser construído.

O desenho geométrico é um recurso didático para o ensino e a aprendizagem, sobretudo na matemática. Com ele, é possível analisar propriedades geométricas e contextualizar ou explorar conceitos escolares/científicos. Seu estudo pode ser confundido por muitos com o estudo da geometria. No entanto, o desenho geométrico fornece técnicas precisas de construção de figuras que podem ser estudadas na geometria.

Essa "confusão", como aponta Zuin (2001), pode ocorrer pelo fato de os conteúdos do desenho geométrico estarem presentes na legislação brasileira com denominações variadas, como *desenho*, *desenho linear* e *desenho linear geométrico*.

---

1 *Emoticon* é uma palavra derivada da junção dos termos em inglês *emotion* (emoção) e *icon* (ícone). Ela pode ser representada por caracteres tipográficos como :D ou ícones ilustrativos como ☺ (representando um sorriso).

2 O desenho aqui classificado como *coordenado* é aquele que utiliza regras e normas. Diferentemente do desenho livre, em que o autor se exprime utilizando suas próprias técnicas e que pode ser interpretado por quem o vê.

A Geometria aparece na história da educação brasileira como disciplina em 1772, quando o Marquês de Pombal instituiu as aulas régias. Foi também nessa época que outras disciplinas foram inseridas, como a Álgebra e a Aritmética, todas referentes ao ensino da matemática (Góes; Góes, 2015). Com a efetiva instituição das escolas de primeiras letras no ano de 1827, o currículo destinado aos meninos contemplava noções de geometria; o destinado às meninas substituía a geometria pela disciplina voltada à economia doméstica (Veiga, 2007).

Em 1854, foi inserida no currículo brasileiro a disciplina de Desenho (Silva, 2014) e, então, percebemos a indissociabilidade entre Geometria e Desenho. Em Geometria, apresentavam-se as figuras e estudavam-se suas propriedades; em Desenho, utilizavam-se as representações geométricas. Cabe ressaltar que, no início de tais disciplinas, os desenhos eram realizados à mão livre, sem o auxílio de instrumentos.

Silva (2014) afirma que, a partir do ano de 1889, com a reformulação do ensino primário, e, depois, em 1890, com a reformulação do ensino secundário (equivalente ao atual ensino médio), essas disciplinas tiveram mudanças, principalmente em 1894, quando Oscar Thompson, Benedito Tolosa e Antonio Rodrigues Alves publicaram "Primeiras lições de desenho" na revista *A Eschola Publica*. Na publicação, os autores expressaram que a geometria seria um apoio ao desenho, que não era necessário invadir o âmbito da ciência geométrica para produzir o desenho, mas sim estar familiarizado com os elementos das figuras e saber nomeá-las.

Isso se justifica, pois

> elementos da geometria fazem-se presentes ao longo do curso nas matérias de Desenho, Linhas, Formas, Trabalho manual e Modelagem. Nelas, há a presença de elementos tanto da geometria espacial, com ênfase nos sólidos geométricos, como esfera, cubo e cilindro quanto da geometria plana, com destaque para os triângulos, quadrados. Sem esquecer as atividades de manipulação especialmente nas matérias de Trabalho manual e Modelagem.
> (Guimarães; Silva, 2014, p. 7)

Após o ano de 1905, com a implantação do método natural, os ensinos das disciplinas de Geometria e Desenho se distanciaram. Nesse método, os estudantes procuravam desenhar o que lhes interessava no cotidiano, como animais e plantas. Com isso, a parte geométrica foi subtraída da disciplina de Desenho. Em 1918, foi realizado novo decreto que reforçou a separação entre as duas disciplinas. Nessa época, a Geometria aparecia no primeiro ano da escola primária (equivalente ao atual ensino fundamental) e a geometria espacial era abordada antes da geometria plana (Silva, 2014).

Pouco mais de uma década depois, em 1931, por meio do Decreto n. 19.890, de 18 de abril de 1931 (Brasil, 1931), a disciplina de Geometria deixou de ser parte obrigatória dos currículos das escolas brasileiras, mantendo-se apenas a disciplina de Desenho, na configuração descrita anteriormente. Com o Decreto n. 20.158, de 30 de junho de 1931 (Brasil, 1932), o desenho geométrico apareceu como componente curricular da matemática no terceiro ano do curso propedêutico (equivalente ao atual ensino médio).

Com a Lei de Diretrizes e Bases da Educação Nacional (LDBEN) – Lei n. 5.692, 11 de agosto de 1971 (Brasil, 1971) –, a disciplina de Desenho deixou de ser obrigatória nos currículos brasileiros. Esse fato acarretou a inclusão dos conteúdos do desenho geométrico em outras disciplinas, como Educação Artística e Matemática. Com a nova LDBEN – Lei n. 9.394, de 20 de dezembro de 1996 (Brasil, 1996) –, houve a reconfiguração da disciplina de Educação Artística, que passou a ser denominada *Artes* e seu propósito foi alterado. Assim, não há mais espaço para o desenho geométrico, visto que essa disciplina deve "promover o desenvolvimento cultural dos alunos" (Brasil, 1996). Com a publicação dos Parâmetros Curriculares Nacionais de Matemática (Brasil, 1998), há a indicação dos conteúdos do desenho geométrico na disciplina de Matemática, geralmente indicado como construções geométricas com régua e compasso.

> O trabalho com espaço e forma pressupõe que o professor de Matemática explore situações em que sejam **necessárias algumas construções geométricas com régua e compasso, como visualização e aplicação de propriedades das figuras**, além da construção de outras relações.
>
> [...]
>
> o ensino de procedimentos de **construção com régua e compasso e o uso de outros instrumentos, como esquadro, transferidor**, estabelecendo-se a relação entre tais **procedimentos e as propriedades geométricas que neles estão presentes**. É importante que essas atividades sejam conduzidas, de forma que mantenha ligações estreitas com o estudo de outros conteúdos, em particular com as atividades numéricas, métricas e com a noção de proporcionalidade.
>
> [...]
>
> O importante é que o aluno identifique o número irracional como um número de infinitas casas decimais não periódicas, identifique esse número com um ponto na reta, situado entre dois racionais apropriados, reconheça que esse número não pode ser expresso por uma razão de inteiros; conheça números irracionais obtidos por raízes quadradas e localize alguns na reta numérica, **fazendo uso, inclusive, de construções geométricas com régua e compasso**. Esse trabalho inicial com os irracionais tem por finalidade, sobretudo, proporcionar contraexemplos para ampliar a compreensão dos números.
>
> [...]
>
> Divisão de segmentos em partes proporcionais e construção de retas paralelas e retas perpendiculares com **régua e compasso**.
>
> [...]

> Resolução de situações-problema que envolva a obtenção da mediatriz de um segmento, da bissetriz de um ângulo, de retas paralelas e perpendiculares e de alguns ângulos notáveis, **fazendo uso de instrumentos como régua, compasso, esquadro e transferidor.**
> [...]
> Identificação e construção das alturas, bissetrizes, medianas e mediatrizes de um triângulo utilizando régua e compasso. (Brasil, 1998, p. 51-89, grifo nosso)

O mais recente documento para a educação brasileira é a Base Nacional Curricular Comum (BNCC), publicada em 20 de dezembro de 2017, que menciona, no ensino fundamental, a construção com régua e compasso nas seguintes habilidades:

> (EF07MA22) Construir circunferências, **utilizando compasso**, reconhecê-las como lugar geométrico e utilizá-las para fazer composições artísticas e resolver problemas que envolvam objetos equidistantes.
> [...]
> (EF07MA24) Construir triângulos, **usando régua e compasso**, reconhecer a condição de existência do triângulo quanto à medida dos lados e verificar que a soma das medidas dos ângulos internos de um triângulo é 180°.
> [...]
> (EF08MA16) Descrever, por escrito e por meio de um fluxograma, um algoritmo para a construção de um hexágono regular de qualquer área, a partir da medida do ângulo central e da **utilização de esquadros e compasso**.
> [...]
> (EF09MA15) Descrever, por escrito e por meio de um fluxograma, um algoritmo para a construção de um polígono regular cuja medida do lado é conhecida, **utilizando régua e compasso**, como também *softwares*. (Brasil, 2017, p. 307-317, grifo nosso)

Com esse breve histórico, percebemos que o desenho geométrico aparece de forma tímida na legislação. No entanto, notamos sua importância para a compreensão das propriedades das figuras geométricas. Ainda assim, apesar de não ocupar um lugar em destaque, muitos pesquisadores (entre eles Zuin, 2001; Góes; Colaço, 2009b; Raymundo, 2010; Missão, Miqueletto; Góes et al., 2017; Miqueletto, 2018) indicam práticas docentes em que o desenho geométrico é apresentado como recurso para o ensino e a aprendizagem de conceitos matemáticos, exatamente pelo fato descrito anteriormente, ou seja, por meio do desenho geométrico, o estudante tem melhor compreensão de conceitos não somente geométricos.

> **Indicações culturais**
> ZUIN, E. de S. L. **Da régua e do compasso**: as construções geométricas como um saber escolar no Brasil. 211 f. Dissertação (Mestrado em Educação) – Universidade Federal de Minas Gerais, Belo Horizonte, 2001. Disponível em: <http://www.bibliotecadigital.ufmg.br/dspace/bitstream/handle/1843/FAEC-85DGQB/zuin_elenice_disserta_nopw.pdf?sequence=1>. Acesso em: 22 ago. 2019.
>
> Para saber mais sobre a história do desenho geométrico, leia a dissertação de mestrado de Elenice de Souza Lodron Zuin, com o título "Da régua e do compasso: as construções geométricas como um saber escolar no Brasil", defendida em 2001.

Agora que você já conhece um pouco da história do desenho geométrico, vamos conhecer os materiais utilizados para as construções geométricas?

1.2 Materiais de desenho geométrico e sua utilização

No desenho geométrico são utilizados alguns materiais que você provavelmente conheça de sua trajetória escolar ou acadêmica, como régua e compasso. Esses materiais trazem exatidão ao colocar e traçar uma medida no papel.

A régua pode ser graduada ou não graduada, isto é, pode ter as marcações de medidas (que facilitam muito) ou ser totalmente transparente.

Figura 1.1 – Régua graduada e régua não graduada

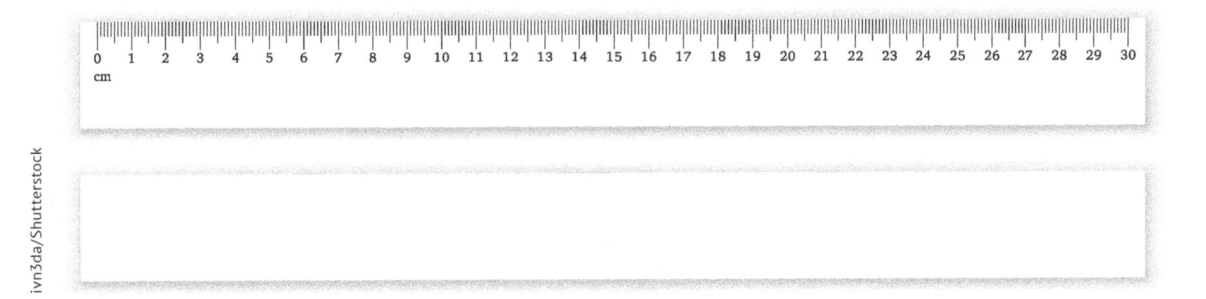

A régua não graduada é o instrumento correto para desenho geométrico, uma vez que as medidas para a construção de figuras geométricas devem ser dadas graficamente. No entanto, para facilitar e agilizar o processo, admite-se a utilização da régua graduada para a obtenção das medidas.

Já o compasso é o instrumento empregado para desenhar circunferências e arcos de circunferências. Seu uso é necessário quando o objetivo é obter todos os pontos que estão a certa distância de um ponto fixo; além disso, o compasso é utilizado sempre que for necessário transferir uma medida de um segmento de reta para uma reta ou semirreta.

As partes de um compasso são: a ponta-seca (parte que se parece com uma agulha), que tem a finalidade de determinar o ponto fixo no papel; e a ponta de grafite, que tem a finalidade de traçar a circunferência, obtendo, assim, todos os pontos que estão a certa distância do ponto fixo.

Figura 1.2 – Compasso e seus elementos

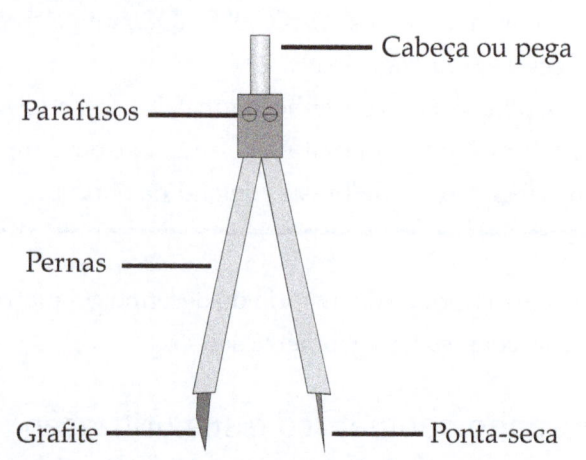

O grafite do compasso deve estar posicionado e apontado corretamente, conforme a Figura 1.3, ou seja, é necessário realizar um chanfro no grafite na parte externa do compasso e alinhá-lo com a ponta-seca.

Figura 1.3 – Apontando e alinhando o grafite do compasso

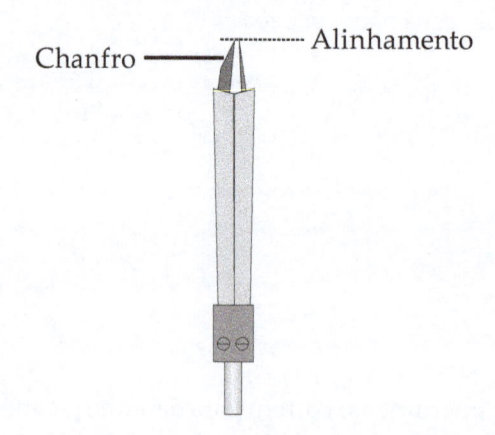

Verificadas essas duas condições, averigua-se se as pernas do compasso não estão frouxas; do contrário, elas podem abrir ao se traçar a circunferência. Para deixar as pernas do compasso mais firmes, basta apertar um pouco os parafusos.

Vamos utilizar o compasso na construção de uma rosácea de seis pétalas para treinar o uso desse instrumento?

Indicações culturais

TAHAN, M. As maravilhas da matemática. 2. ed. Rio de Janeiro: Bloch, 1973.

Leia o capítulo "Ao reflorir suave das rosáceas", da obra *As maravilhas da matemática*, de Malba Tahan. Na introdução desse capítulo, pode-se ler: "As rosáceas são curvas bem curiosas que o geômetra estuda por meio de fórmulas e de equações. Aparecem, com muito destaque, em um dos capítulos da matemática denominado álgebra ornamental. É claro que todo professor de matemática deve conhecer, e conhecer bem, as caprichosas rosáceas com suas singularidades geométricas" (Tahan, 1973, p. 183).

Para construir uma rosácea de seis pétalas, siga o processo descrito a seguir:

1. Abra as pernas do compasso com uma medida igual a 20 mm; isso quer dizer que, da ponta-seca até o grafite, deve haver 2 cm. Essa medida pode ser obtida diretamente na régua.
2. Marque um ponto no papel e o nomeie *P*. Lembre-se de que, para marcar um ponto, deve-se defini-lo como a interseção entre dois segmentos.
3. Coloque a ponta-seca no ponto *P* e, segurando apenas na cabeça do compasso, gire-o para fazer uma circunferência.
4. Marque com o lápis um ponto da circunferência que você acabou de traçar. Vamos denominá-lo *A*.
5. Com a mesma abertura do compasso (2 cm), coloque a ponta-seca no ponto *A* e trace um arco de circunferência *BF* apenas no interior da circunferência.
6. Repita o procedimento 5, colocando a ponta-seca do compasso em *B* para obter o arco de circunferência *AC*; coloque a ponta-seca do compasso no ponto *C*, obtendo o arco *DB*. Repita sucessivamente esse processo de construção até obter todos os arcos de circunferência que aparecem na Figura 1.4.

Figura 1.4 – Rosácea de seis pétalas

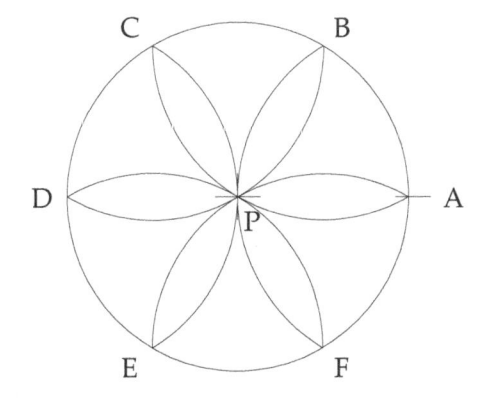

Com o processo de construção descrito, é possível obter o hexágono regular. Para isso, basta traçar, de forma sequencial, os segmentos de retas entre os pontos encontrados na circunferência, como apresentado na Figura 1.5.

Figura 1.5 – Hexágono regular

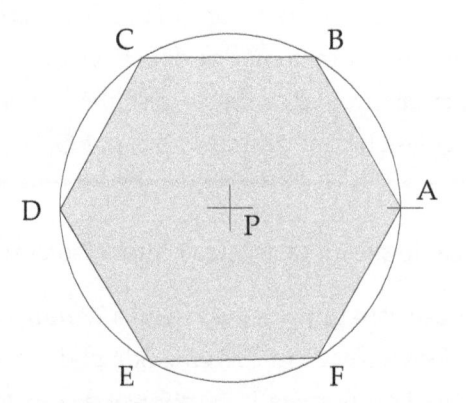

Com o passar do tempo, outros materiais para desenho foram sendo criados, como os esquadros (que agilizam o traçado de retas paralelas, retas perpendiculares e dos ângulos notáveis), as curvas francesas (utilizadas para traçar curvas), o escalímetro (utilizado para traçar segmentos cujas medidas estejam em escalas), o transferidor (utilizado para medir ângulos), entre outros.

Figura 1.6 – Instrumentos de desenho: (a) par de esquadros, (b) curva francesa, (c) escalímetro e (d) transferidor

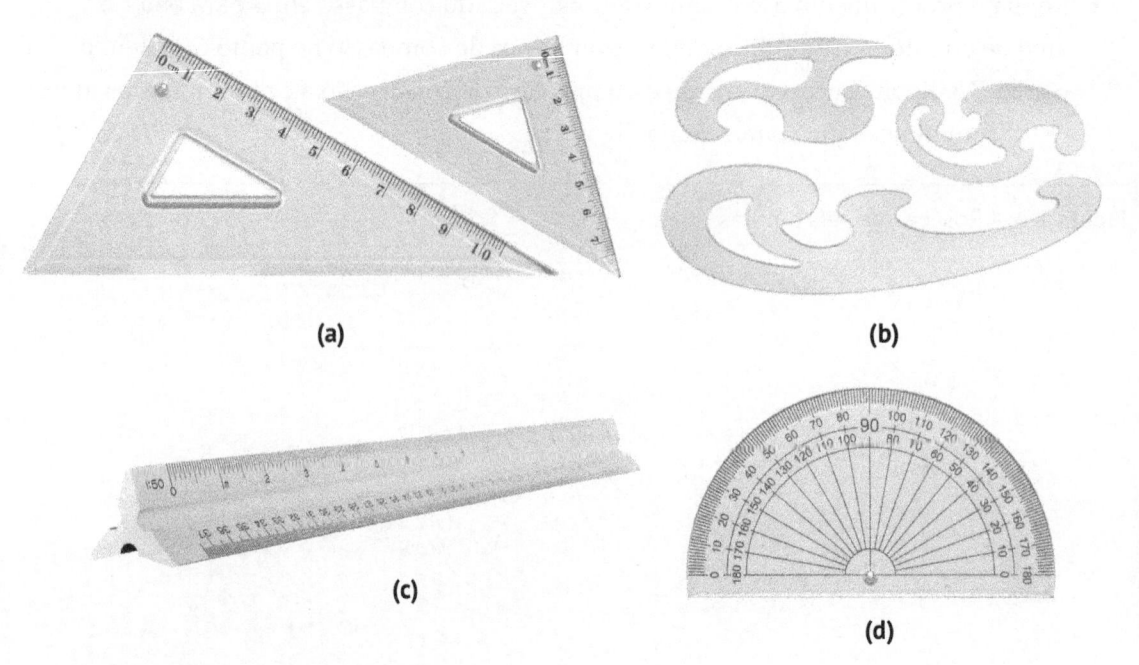

(a)

(b)

(c)

(d)

Odua Images, PRILL e Ciftography/Shutterstock

No entanto, no desenho geométrico, segundo Marmo (1964), utilizam-se a régua e o compasso. O autor explica três regras que ele denomina *postulados* (ou seja, algo que é aceito como verdade e não se discute o motivo):

> 1º Postulado – Os únicos instrumentos permitidos no Desenho Geométrico, além do lápis, papel, prancheta e borracha, são: a régua não graduada e os compassos comum e de ponta-seca [...]. A graduação da régua ou "escala" só pode ser usada para colocar no papel os dados de um problema ou eventualmente para medir a resposta, a fim de conferi-la. [...]
> 2º Postulado – É proibido em Desenho Geométrico fazer contas com as medidas dos dados; todavia, considerações algébricas são permitidas na dedução (ou justificativa) de um problema, desde que a resposta seja depois obtida graficamente obedecendo aos outros postulados. [...]
> 3º Postulado – Em Desenho Geométrico é proibido obter respostas "à mão livre", bem como "por tentativas". [...] Admite-se, no entanto, o traçado de uma cônica à mão livre ou com o uso de curvas francesas, desde que a resposta de um problema não seja obtida através desse traçado. (Marmo, 1964, p. 15-18)

Essas regras são seguidas na maior parte desta obra, exceto quando houver indicação contrária. Na próxima seção, vamos utilizá-las em algumas construções básicas do desenho geométrico.

1.3 Construções dos ângulos notáveis

Na resolução de diversos problemas de desenho geométrico, são necessárias as construções de ângulos. Alguns são denominados *ângulos notáveis* (30°, 45°, 60° e 90°), uma vez que, por meio deles, é possível construir outros ângulos realizando composições e operações. No entanto, antes de apresentar a construção dos ângulos de 30°, 45°, 60° e 90°, é necessário indicar o conceito e a propriedade de **bissetriz**.

A Figura 1.7 apresenta um ângulo e sua bissetriz.

Figura 1.7 – Construção da bissetriz do ângulo AÔB

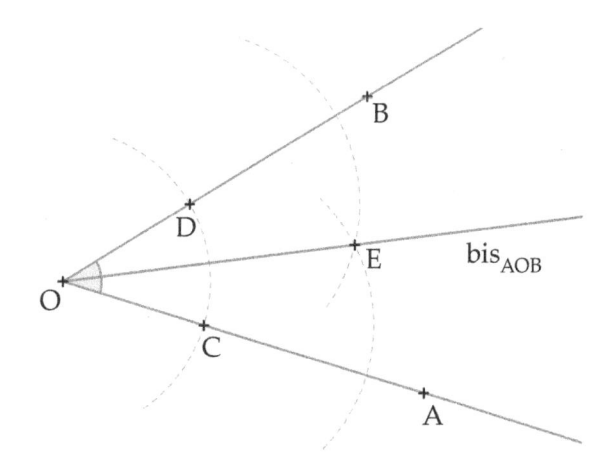

Bissetriz é uma semirreta que divide um ângulo em duas partes congruentes, ou seja, em dois ângulos com mesma medida.

O processo de construção da bissetriz é:

1. Dado um ângulo AÔB, construa uma circunferência com qualquer medida de raio, mas com centro no vértice (O), obtendo, assim, o ponto C, sobre o lado $\overrightarrow{OA}$ do ângulo AÔB, e o ponto D, sobre o lado $\overrightarrow{OB}$ do ângulo AÔB.
2. Construa duas circunferências de mesmo raio, mas com medidas maiores que o da circunferência do passo anterior. Uma com centro em C e outra com centro em D, obtendo o ponto E na interseção dessas circunferências.
3. A semirreta $\overrightarrow{OE}$ é a bissetriz do ângulo AÔB.

A forma simplificada da descrição do processo de construção dada anteriormente é:

1. Circunf(O, R_1) $\cap$ $\overrightarrow{OA}$ = C
2. Circunf(O, R_1) $\cap$ $\overrightarrow{OB}$ = D
3. Circunf(C, R_2) $\cap$ Circunf(D, R_2) = E
4. $\overrightarrow{OE}$ = bis_{AOB}

> **Notação**
> - Circunf(O, R_1) indica a circunferência de centro O e raio R_1;
> - $\overrightarrow{OA}$ indica a semirreta de centro O e que contém A;
> - $\cap$ indica interseção;
> - bis_{AOB} indica bissetriz do ângulo AÔB.

Compreendido o processo de construção da bissetriz, podemos estudar a construção dos ângulos notáveis.

1.3.1 Construção do ângulo de 60°

O processo de construção do ângulo de 60° é:

1. Dado um segmento de reta $\overline{AB}$, para construir um ângulo de 60° no vértice A, construa um circunferência de centro em A obtendo o ponto C em $\overline{AB}$.
2. Mantendo a mesma abertura do compasso, construa outra circunferência de centro C, obtendo o ponto D na interseção dessa circunferência com a circunferência do passo 1.
3. A medida do ângulo BÂD é 60°.

Figura 1.8 – Construção do ângulo de 60°

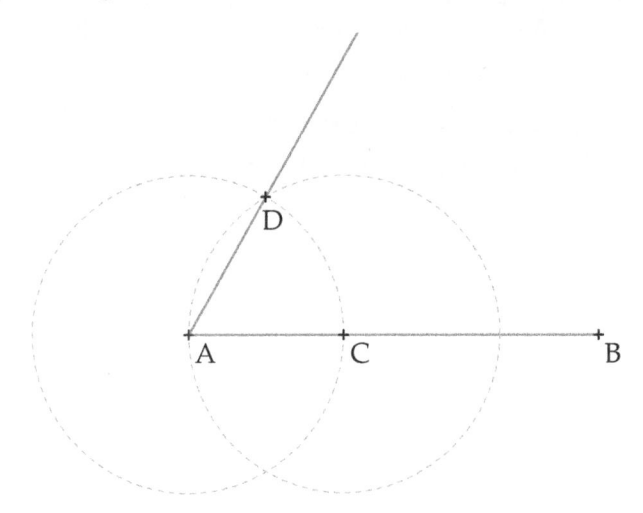

A forma simplificada da descrição do processo de construção desse ângulo é:

1. Circunf(A, R) ∩ $\overline{AB}$ = C
2. Circunf(C, R) ∩ Circunf(A, R) = D
3. BÂD = 60°

Existe um motivo para a realização de cada forma de construção. Na que apresentamos, você pôde perceber que utilizamos o processo de construção da rosácea de seis pétalas. Para construir a rosácea de seis pétalas, a circunferência foi dividida em seis partes iguais. Assim, se uma circunferência tem 360° e a dividimos em seis partes iguais, podemos concluir que cada parte tem 60°. Com isso DÂC = 60°.

Ainda, se, na construção do ângulo de 60°, traçarmos o triângulo *DAC*, ele será classificado como *triângulo equilátero*, pois $\overline{DA} = \overline{AC} = \overline{DC} = R_1$. Uma das propriedades dos triângulos equiláteros é que seus ângulos internos são todos iguais a 60°. Com isso, DÂC = 60°.

Compreendida a construção do ângulo de 60°, vamos verificar o processo de construção do ângulo de 30°.

1.3.2 Construção do ângulo de 30°

Existe uma relação entre 60° e 30°: 30° é metade do ângulo de 60°. Assim, para dividir um ângulo em duas partes com mesma medida, é necessário construir a bissetriz de um ângulo.

O processo de construção do ângulo de 30° é:

1. Dado um segmento de reta $\overline{AB}$ e partindo da construção do ângulo de 60°, para construir o ângulo de 30° em *A*, construa a bissetriz do ângulo de 60°.

2. Perceba que você já tem os pontos C e D (iniciais da construção da bissetriz). Então, construa duas circunferências de mesmo raio (que pode ser diferente do raio das circunferências que você utilizou na construção do ângulo de 60°): uma com centro em C e outra com centro em D.
3. A interseção dessas duas circunferências é o ponto E.
4. A medida do ângulo EÂB é 30°.

Figura 1.9 – Construção do ângulo de 30°

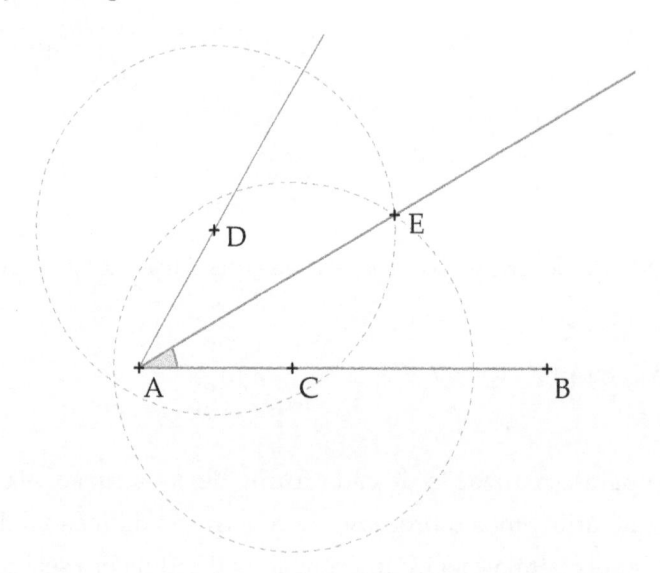

A forma simplificada da descrição do processo de construção é:

1. Circunf(A, R_1) ∩ $\overline{AB}$ = C;
2. Circunf(C, R_1) ∩ Circunf(A, R_1) = D
3. Circunf(O, R_2) ∩ Circunf(D, R_2) = E
4. EÂC = 30°

Cabe ressaltar que existem outros processos de construção desse ângulo, como indicados em Braga (1962; 1997).

A seguir, vamos ver o processo de construção do ângulo de 90°.

1.3.3 Construção do ângulo de 90°

O processo de construção do ângulo de 90° é o seguinte:

1. Dado um segmento de reta $\overline{AB}$, para construir um ângulo de 90° em A, prolongue esse segmento no sentido oposto à semirreta $\overrightarrow{AB}$ e marque no prolongamento o ponto C.
2. O ângulo CÂB tem 180°; assim, construa a bissetriz desse ângulo obtendo o ponto F.
3. A medida do ângulo FÂB é 90°.

Figura 1.10 – Construção do ângulo de 90°

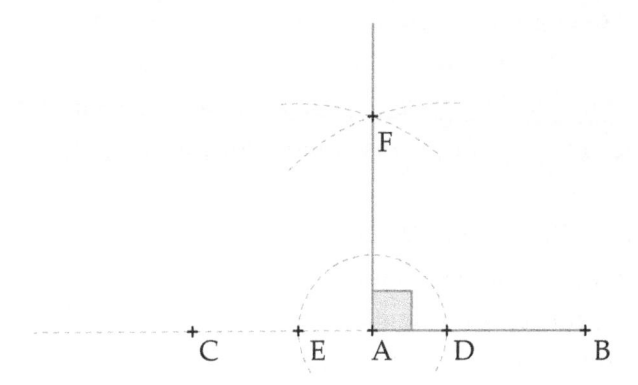

A forma simplificada da descrição do processo de construção é:

1. Circunf(A, R_1) ∩ $\overrightarrow{AB}$ = D
2. Circunf(A, R_1) ∩ $\overrightarrow{AC}$ = E
3. Circunf(D, R_2) ∩ Circunf(E, R_2) = F
4. $F\hat{A}B = 90°$

Para finalizarmos as construções dos ângulos notáveis, vamos abordar o processo de construção do ângulo de 45°.

1.3.4 Construção do ângulo de 45°

Para construir o ângulo de 45°, é necessário construir um de 90° e traçar sua bissetriz.

Figura 1.11 – Construção do ângulo de 45°

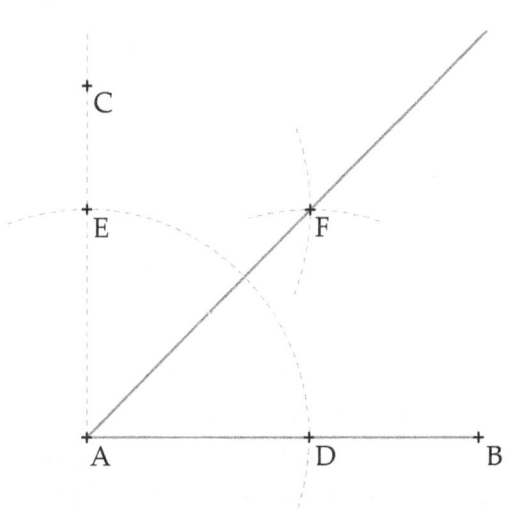

Os ângulos apresentados nesta seção (30°, 45°, 60° e 90°) são os chamados *notáveis*. Com eles, podemos construir outros ângulos realizando operações como adição ou subtração ou traçando bissetrizes. Por exemplo, se for necessário construir um ângulo de 75°, isso pode ser realizado pela composição do ângulo de 60° e o de 15°, considerando que o de 15° é obtido traçando-se a bissetriz do ângulo de 30°, ou, ainda, construindo um ângulo de 45° mais um ângulo de 30°.

1.4 Lugares geométricos elementares

Os lugares geométricos que vamos estudar nesta seção são necessários para resolver diversos problemas. Basicamente, no desenho geométrico os problemas procuram determinar pontos, sejam eles vértices de polígonos, sejam eles pontos isolados no plano. Assim, devemos determinar a interseção de duas linhas, podendo ser: curva com curva, curva com reta ou reta com reta.

Na solução desses problemas, utilizamos linhas cujos pontos contam com a mesma propriedade. Esse conjunto de pontos no plano é denominado *lugar geométrico* em relação a certa propriedade.

Para termos certeza de que uma linha é um lugar geométrico, ela deve satisfazer duas condições:

- Todo ponto que pertence ao lugar geométrico tem certa propriedade "P1".
- Todo ponto com certa propriedade "P1" pertence ao lugar geométrico.

Vamos analisar cinco dos lugares geométricos (circunferência, mediatriz, retas paralelas, bissetriz e arco capaz), aos quais chamaremos *lugares geométricos elementares*, uma vez que servirão para resolver diversos problemas. Outros lugares geométricos podem ser verificados nas obras de Marmo (1964) e Putnoki (1989).

1.4.1 Circunferência

Uma circunferência de centro O e raio d é um lugar geométrico, pois satisfaz as duas condições indicadas anteriormente, ou seja:

- Todo ponto que pertence à **circunferência** tem a propriedade de **estar a uma distância d do ponto O**.
- Todo ponto com a propriedade de **estar a uma distância d do ponto O** pertence à **circunferência**.

Considerando essa última afirmação, podemos concluir que não existe ponto no plano a uma distância d do ponto fixo O que não pertença à circunferência. Assim, se, em um problema de desenho geométrico, estivermos em busca de um ponto cuja propriedade seja estar a uma distância r conhecida de um ponto P, deveremos traçar a *Circunf(P, r)*.

Vamos analisar o Problema 1.1 a seguir.

Problema 1.1

São dados uma reta r, um ponto P e uma distância d, conforme a Figura 1.12. Vamos encontrar o ponto X que pertence à reta r e que está a uma distância d do ponto P.

Figura 1.12 – Situação apresentada no Problema 1.1

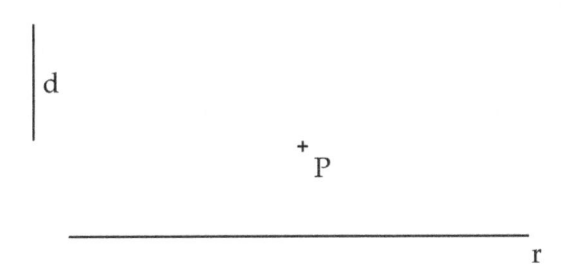

Resolução:

A primeira consideração a ser realizada é uma das apresentadas como postulado do desenho geométrico, ou seja, não podemos encontrar a solução por tentativa. Isso significa que não devemos obter a medida d com uso da régua e, a partir do ponto P, procurar um ponto que esteja à distância d de P e pertença à reta r.

Realizada tal consideração, para resolver o problema, temos de lembrar que qualquer ponto que esteja à distância d de P pertence ao lugar geométrico Circunf(P, d), ou seja, ao traçar a Circunf(P, d), teremos graficamente todos os pontos que estão distantes d de P.

No entanto, nem todos os pontos da circunferência são solução para o problema, mas somente aqueles que também pertençam à reta r.

Dessa forma, a solução desse problema são dois pontos obtidos pela interseção da Circunf(P, d) com a reta r, ou seja, Circunf(P, d) $\cap$ r.

A medida d é obtida posicionando-se a ponta-seca do compasso em uma extremidade do segmento de reta d e a ponta do grafite na outra extremidade desse segmento de reta.

Figura 1.13 – Solução do Problema 1.1

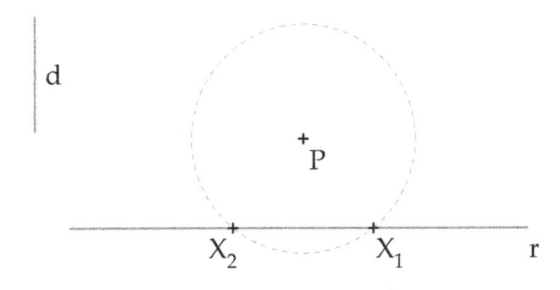

Devemos, portanto, construir uma circunferência toda vez que for necessário garantir a distância de um ponto que já conhecemos até outro, que estamos buscando descobrir. Para outras buscas, devemos construir outros lugares geométricos, como a mediatriz, que veremos a seguir.

1.4.2 Mediatriz

A mediatriz é um lugar geométrico que garante que um ponto esteja equidistante de dois pontos fixos. Trata-se de um lugar geométrico, pois satisfaz as duas condições indicadas:

- Todo ponto que pertence à **mediatriz** tem a propriedade de **ser equidistante a dois pontos do plano**.
- Todo ponto com a propriedade de **ser equidistante a dois pontos do plano** pertence à **mediatriz**.

Por essas afirmações, podemos concluir que não existem pontos no plano que sejam equidistantes de dois pontos fixos e não pertençam à mediatriz. Com isso, se, em um problema de desenho geométrico, estivermos em busca de um ponto cuja propriedade seja *estar a uma distância d conhecida de dois pontos (A e B)*, teremos de traçar a $\text{med}_{\overline{AB}}$.

A mediatriz é uma reta e, sendo assim, é necessário determinar dois pontos para construí-la. Ainda, esses dois pontos devem ser equidistantes dos dois pontos dados.

O processo de construção da mediatriz de *A* e *B* é:

1. $\text{Circunf}(A, R) \cap \text{Circunf}(B, R) = C \text{ e } D$
2. $\overleftrightarrow{CD} = \text{med}_{\overline{AB}}$

Figura 1.14 – Construção da mediatriz

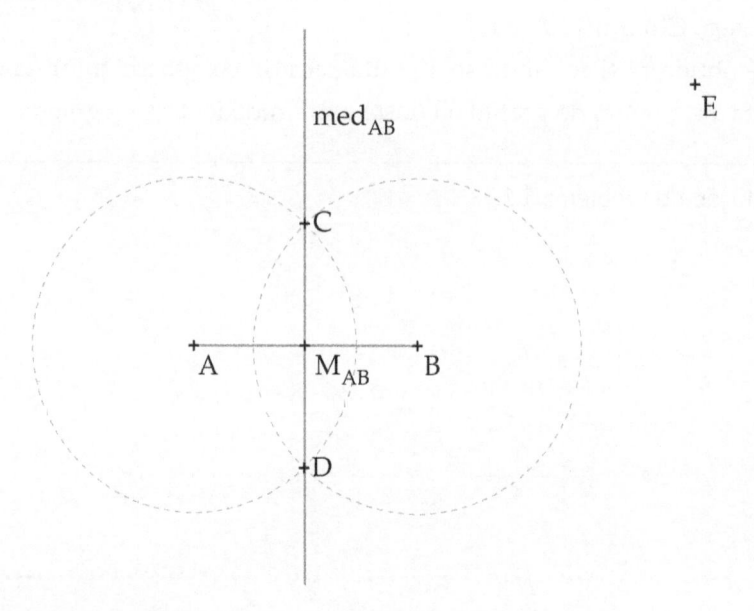

Há duas propriedades importantes na construção da mediatriz do segmento de reta $\overline{AB}$:
A $\text{med}_{\overline{AB}}$ é perpendicular a $\overline{AB}$.

A interseção da med$_{\overline{AB}}$ com $\overline{AB}$ fornece o ponto médio do segmento de reta $\overline{AB}$, o qual denotamos por M_{AB}.

O Problema 1.2, a seguir, apresenta uma situação em que é necessária a construção da mediatriz.

Problema 1.2

Vamos determinar um ponto X tal que esse ponto pertença à reta r e seja equidistante de A e B.

Figura 1.15 – Situação apresentada no Problema 1.2

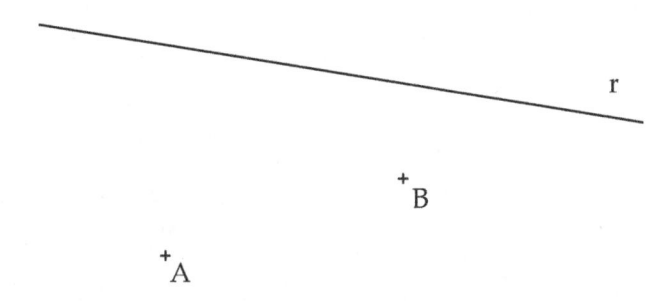

Resolução:

O ponto a ser determinado precisa ser equidistante de A e B; o lugar geométrico de todos os pontos do plano equidistantes de dois pontos dados é a mediatriz, nesse caso, med$_{\overline{AB}}$.

Ainda, o problema informa que o ponto a ser determinado deve estar na reta r. Então, o ponto X deve ser a interseção da reta r com a med$_{\overline{AB}}$.

Figura 1.16 – Solução do Problema 1.2

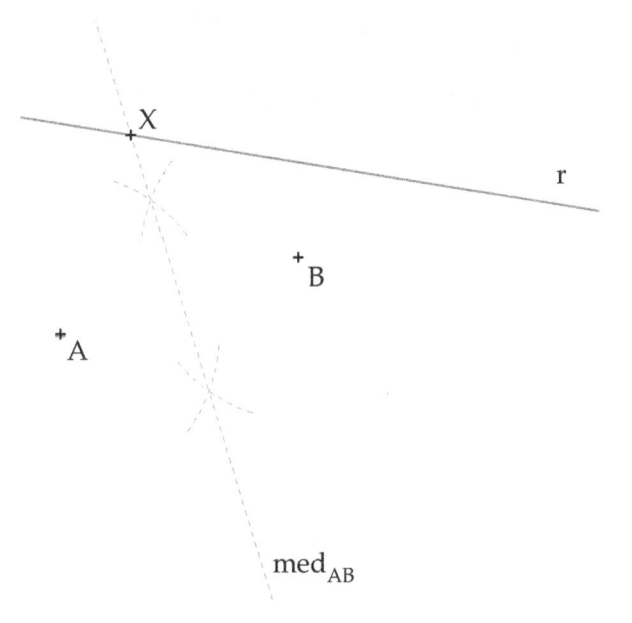

Apresentado esse problema, vamos verificar o lugar geométrico denominado *paralelas*.

1.4.3 Paralelas

Paralelas é o lugar geométrico que garante que a distância de um ponto a uma reta seja a mesma. É um lugar geométrico porque satisfaz as duas condições indicadas a seguir:

- Todo ponto que pertence às **paralelas** tem a propriedade de **estar à mesma distância de uma reta**.
- Todo ponto com a propriedade de **estar à mesma distância de uma reta** pertence às **paralelas**.

Utilizamos o termo *paralelas*, no plural, uma vez que esse lugar geométrico é composto de duas retas (p_1 e p_2) cujos pontos estão a uma distância d da reta r, como apresentado na Figura 1.17.

Figura 1.17 – Retas paralelas

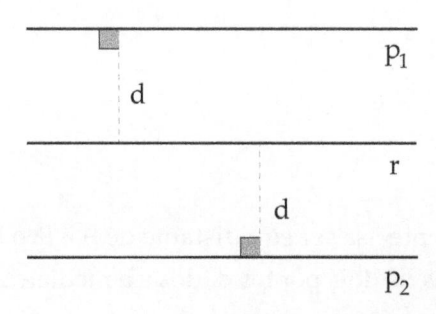

Assim, se, em um problema de desenho geométrico, estivermos buscando um ponto que esteja a uma distância d de uma reta r, deveremos traçar uma reta paralela a r com a distância d.

Existem, pelo menos, três maneiras de traçar retas paralelas utilizando régua e compasso. Esses processos de construção são apresentados a seguir.

Processo 1 para a construção de retas paralelas

1. Dada a reta r, escolha dois pontos quaisquer dela: A e B.
2. Tanto em A como em B, trace uma reta perpendicular (s e t), ou seja, um ângulo de 90°.
3. Em s e em t, marque a distância d, denominando os pontos de C e D.
4. Trace p_1 passando por C e D, obtendo a reta p_1.
5. Com isso, a reta p_1 será paralela à reta r.

Ao realizar esse processo no semiplano inferior determinado $\overleftrightarrow{AB}$, obtemos p_2.

Figura 1.18 – Processo 1 de construção de retas paralelas

Processo 2 para a construção de retas paralelas

1. Dada a reta *r*, escolha um ponto qualquer dela: *A*.
2. Trace em *A* uma reta perpendicular *s*, ou seja, um ângulo de 90°.
3. Nessa reta, marque a distância *d*, denominando o ponto de *B*.
4. Em *B*, construa uma reta p_1 perpendicular à *s*.
5. Com isso, p_1 será paralela à *r*.

Esse processo de construção pode ser realizado no semiplano inferior obtendo p_2.

Figura 1.19 – Processo 2 de construção de retas paralelas

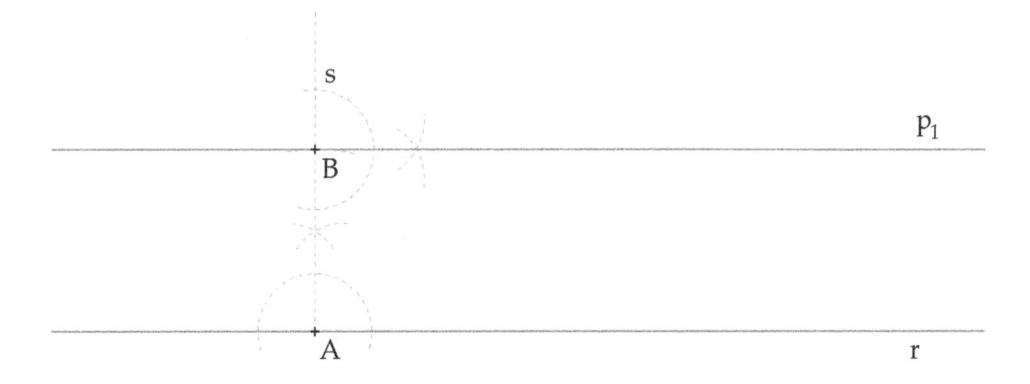

Processo 3 para a construção de retas paralelas

Nesse processo de construção, consideramos uma reta dada r e um ponto A fora dela, ou seja, o ponto por onde a reta paralela deve passar já está definido.

Processo de construção:

1. Com uma abertura R do compasso, suficiente para alcançar a reta r, trace a Circunf(A, R), obtendo B em r.
2. Circunf(B, R) $\cap$ r = C.
3. Circunf(C, R) $\cap$ Circunf(A, R) = D.
4. $\overleftrightarrow{AD}$ é a reta p_1 paralela à r.

Figura 1.20 – Processo 3 de construção de retas paralelas

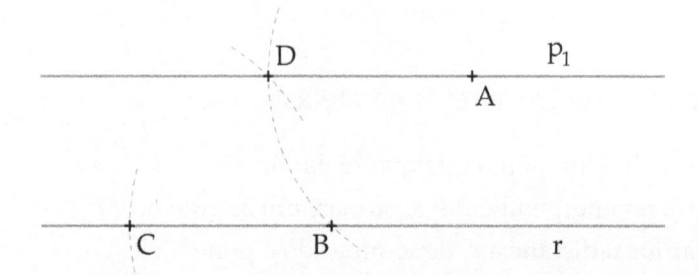

Esse processo de construção recebe o nome de *método do losango*, pois $\overline{AB} = \overline{BC} = \overline{CD} = \overline{AD}$. Em um losango, os lados opostos são paralelos, ou seja, $\overline{AB} \parallel \overline{BC}$ e $\overline{CD} \parallel \overline{AD}$.

Vamos analisar um problema de desenho geométrico no qual a construção de reta paralela é necessária para a resolução.

Problema 1.3

Determine o(s) ponto(s) da circunferência que está/estão a uma distância d da reta r.

Figura 1.21 – Situação apresentada no Problema 1.3

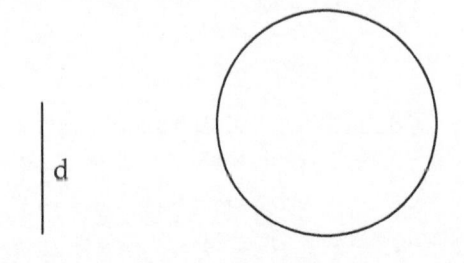

Resolução:

Para determinarmos os pontos que estão a uma distância *d* de uma reta *r*, devemos traçar uma reta paralela. Como o problema solicita que os pontos pertençam à circunferência, nossa solução será a interseção da reta paralela com a circunferência.

Figura 1.22 – Solução do Problema 1.3

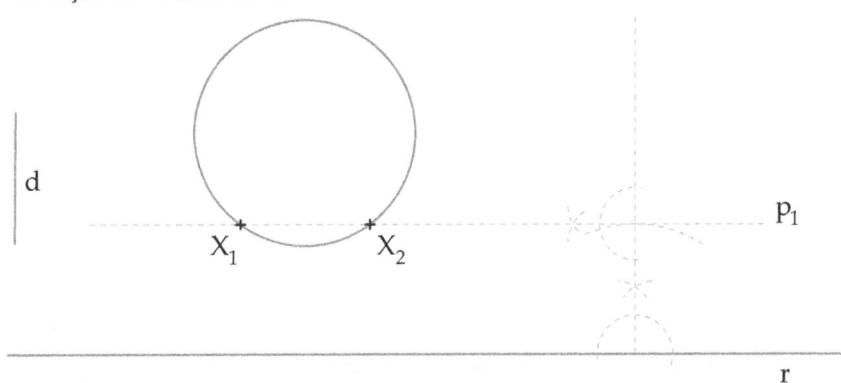

Nessa resolução, utilizamos o Processo 1.2 de construção para determinar $p_1 // r$.

O próximo lugar geométrico a ser apresentado é a bissetriz.

1.4.4 Bissetriz

Anteriormente, analisamos o processo de construção da bissetriz. Agora, vamos verificar a bissetriz como lugar geométrico. É o lugar geométrico que garante que todos os pontos pertencentes a ele sejam equidistantes de duas retas dadas. Para ser considerada *lugar geométrico*, precisa satisfazer as duas condições a seguir:

- Todo ponto que pertence à **bissetriz** tem a propriedade de **estar à mesma distância de duas retas**.
- Todo ponto com a propriedade de **estar à mesma distância de duas retas** pertence à **bissetriz**.

Se as retas *r* e *s* são concorrentes, temos um par de bissetrizes (b_1 e b_2) e, para construí-las, utilizamos o processo aplicado a dois ângulos adjacentes formados por *r* e *s*.

Figura 1.23 – Bissetrizes de retas concorrentes

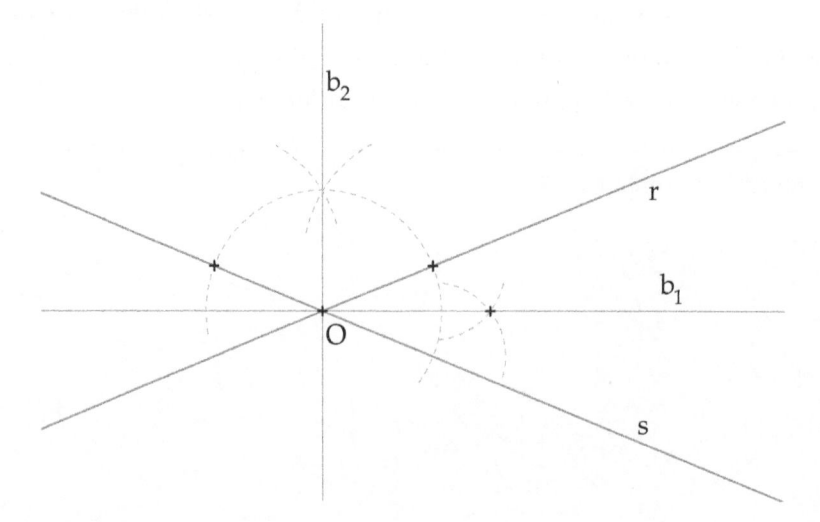

Quando *r* e *s* são concorrentes, b_1 e b_2 são perpendiculares entre si. A seguir, é realizada a demonstração dessa propriedade tendo como visualização a Figura 1.24.

Na Figura 1.24, estão indicados cinco pontos para facilitar a compreensão da explicação: sobre a reta *s*, marcamos os pontos *A* e *C*; sobre a reta *r*, marcamos o ponto *B*; sobre b_1, marcamos *D*; e sobre b_2, marcamos *E*.

Como b_1 é bissetriz do ângulo AÔB, os ângulos AÔD = BÔD = α. Realizando a mesma análise, temos que BÔE = CÔE = β.

No entanto, AÔC = 180° e AÔC é a soma de 2α com 2β, ou seja, 2α + 2β = 180°, com isso α + β = 90°. No entanto, α + β é o ângulo formado entre b_1 e b_2, concluindo, assim, que b_1 é perpendicular a b_2.

Figura 1.24 – Demonstração de que b_1 e b_2 são perpendiculares entre si

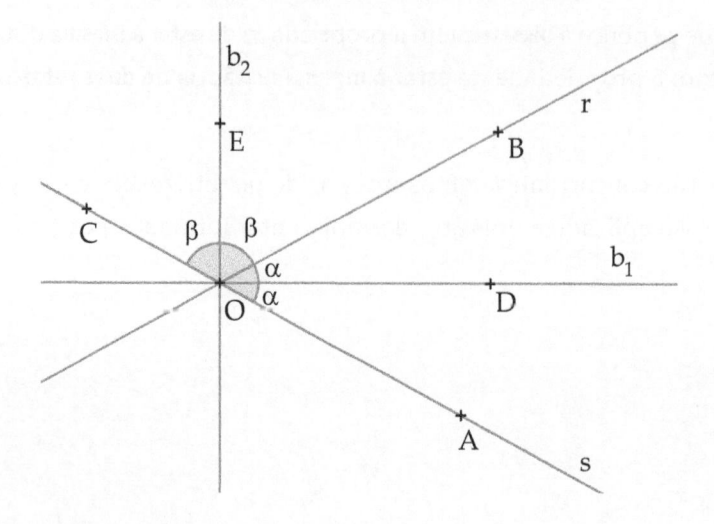

No segundo caso, temos as retas r e s paralelas. Assim, haverá apenas uma bissetriz que será paralela e equidistante a r e s.

Figura 1.25 – Bissetriz de retas paralelas

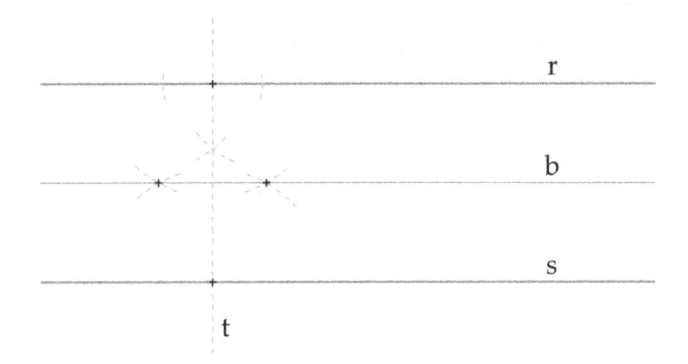

Para construir a bissetriz b apresentada na Figura 1.25, escolhemos um ponto qualquer de r (ou de s), traçamos uma reta perpendicular t e determinamos a mediatriz entre as interseções $t \cap r$ e $t \cap s$.

Vamos analisar a aplicação do lugar geométrico *bissetriz* no Problema 1.4.

Problema 1.4

Determine o ponto X sabendo que ele pertence à reta r e é equidistante de s e t.

Figura 1.26 – Situação apresentada no Problema 1.4

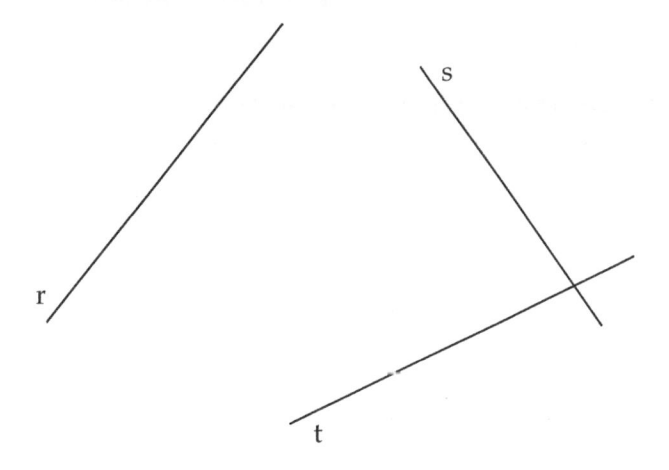

Resolução:
Para que o ponto X seja equidistante de s e t, X deve pertencer à bissetriz de s e t, que denotaremos por bis_{st}. Mas X também deve pertencer à reta r, pois é uma condição indicada no enunciado. Assim, $X = \text{bis}_{st} \cap r$.

Figura 1.27 – Solução do Problema 1.4

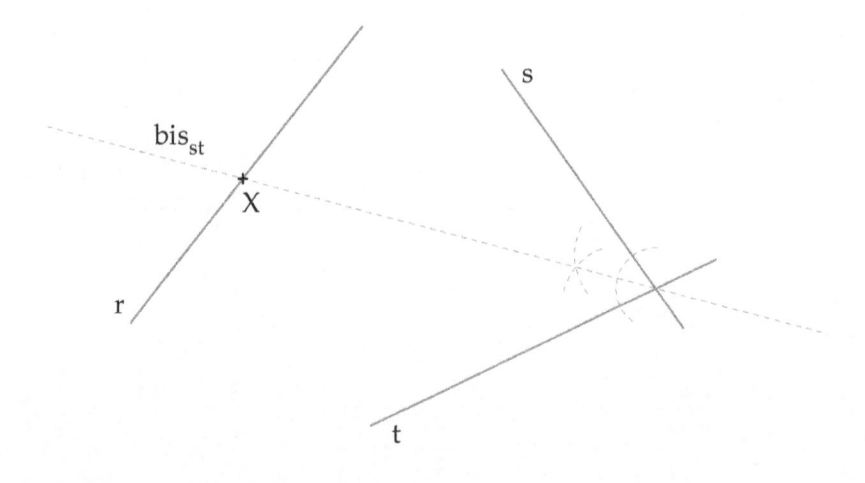

Por fim, vamos estudar o lugar geométrico chamado *arco capaz*.

1.4.5 Arco capaz

O arco capaz é o lugar geométrico do plano que garantirá que um ponto "enxergue" um segmento sob um ângulo dado. É um lugar geométrico porque satisfaz as duas condições a seguir:

- Todo ponto que pertence ao **arco capaz** tem a propriedade de **"enxergar" um segmento sob determinado ângulo**.
- Todo ponto com a propriedade de **"enxergar" um segmento sob determinado ângulo** pertence ao **arco capaz**.

Essas propriedades determinam que não existem pontos no plano que "enxergue" um segmento sob determinado ângulo dado e que não pertença ao arco capaz.

Dessa forma, se um problema de desenho geométrico busca pontos em que a propriedade seja "enxergar" um segmento (ou dois pontos fixos) sob um ângulo dado α, devemos traçar o arco capaz de α.

O processo de construção do arco capaz de α, quando α < 90°, é:

1. Dado o segmento $\overline{AB}$ e α = 60°.
2. Construa o ângulo de 60°, na extremidade A, no semiplano inferior a $\overline{AB}$, obtendo r.
3. Em A e perpendicular a r, trace t.
4. Trace a $\text{med}_{\overline{AB}}$.

5. $t \cap \text{med}_{\overline{AB}} = O_1$.

6. O_1 é o centro do arco capaz que se encontra no semiplano superior.

7. Para obter O_2, temos que $\overline{MO_2} = \overline{MO_1}$ e que O_2 é o centro do arco capaz que se encontra no semiplano inferior.

Figura 1.28 – Processo de construção de arco capaz de $\alpha < 90°$

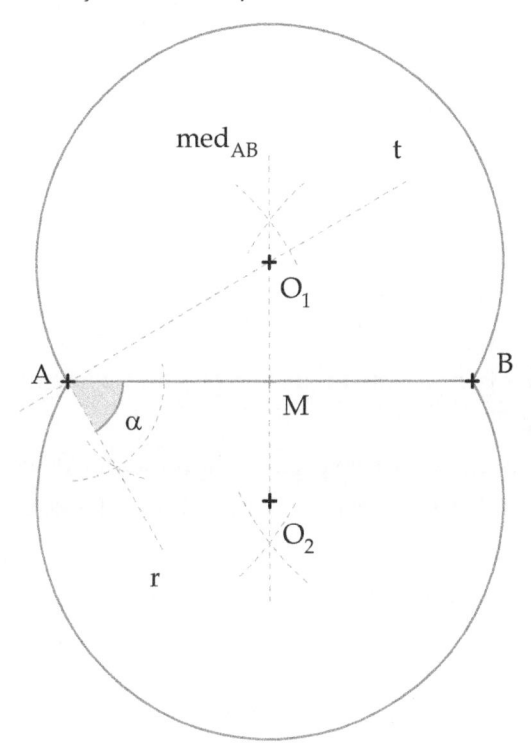

Assim, para qualquer ponto P de um dos arcos indicados no procedimento que acabamos de executar, quando unidos a A e a B, teremos $A\hat{P}B = 60°$.

Para construir o arco capaz de α, com $90° < \alpha < 180°$, construímos o arco capaz do ângulo β (em que β é o suplemento de α, ou seja, $\alpha + \beta = 180°$) e traçamos o arco no semiplano oposto ao do centro do arco capaz de β.

Como exemplo, veja o processo de construção do arco capaz de $\alpha = 120°$:

1. Dado o segmento $\overline{AB}$ e $\alpha = 120°$, construa o arco capaz de $\beta = 60°$.

2. Obtendo O_1 (centro do arco capaz de β), costrua o arco que se encontra no semiplano oposto a O_1. Realize o mesmo com o O_2.

Figura 1.29 – Processo de construção de arco capaz para 90° < α < 180°

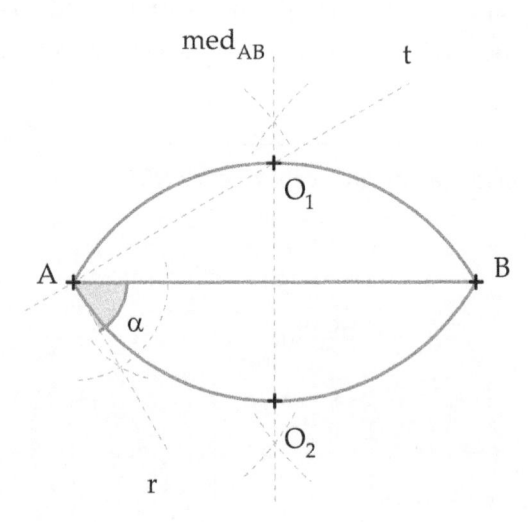

Com isso, para qualquer ponto p de um dos arcos traçados nesse exemplo quando unidos a A e a B, teremos $A\hat{P}B = 120°$.

Por fim, se for necessário traçar o arco capaz do ângulo de 90°, construímos a semicircunferência de AB em cada semiplano, ou seja, traçamos a circunferência cujo diâmetro é $\overline{AB}$.

Figura 1.30 – Processo de construção de arco capaz de = 90°

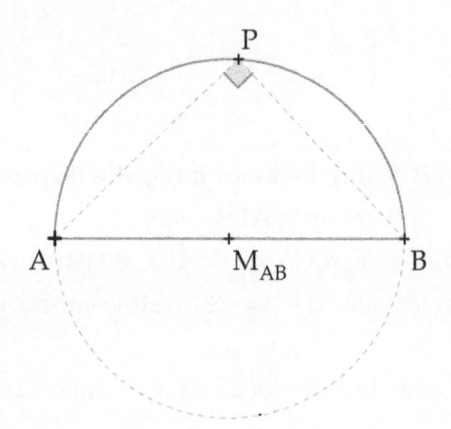

Com esse exemplo, finalizamos a apresentação dos lugares geométricos que denominamos *elementares*.

Síntese

Iniciamos o estudo neste capítulo analisando a origem do desenho geométrico e sua presença na educação brasileira. Na sequência, apresentamos os materiais de desenho geométrico, estabelecendo que, nesta obra, apenas a régua e o compasso serão utilizados. Com esses instrumentos, aprendemos a construir os ângulos notáveis e que, com eles, podemos realizar composições para obter outros ângulos.

Por fim, na busca de fornecer ferramentas para resolver os problemas de desenho geométrico, indicamos cinco lugares geométricos (circunferência, mediatriz, paralelas, bissetriz e arco capaz) e vimos a aplicação deles em alguns problemas.

Indicações culturais

GOOGLE Arts & Culture. Wassily Kandisnsky. Disponível em: <https://artsandculture.google.com/entity/m0856z?categoryId=artist>. Acesso em: 29 ago. 2019.

Analise as obras do artista Wassily Kandinsky e veja como estão repletas de elementos geométricos.

Atividades de autoavaliação

1) Dados dois pontos do plano (A e B) e uma distância d, conforme a figura a seguir, construa a(s) circunferência(s) cujo raio seja d e que contenha(m) os pontos A e B.

2) Dada a circunferência representada a seguir, determine seu centro.

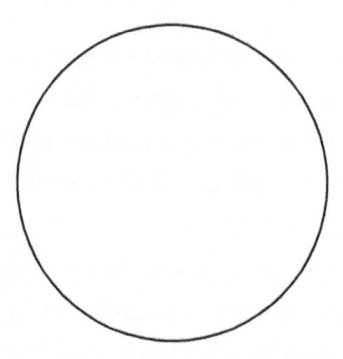

3) Determine o(s) ponto(s) X equidistante(s) dos pontos A e B e que esteja(m) a uma distância d da reta r, conforme a figura a seguir.

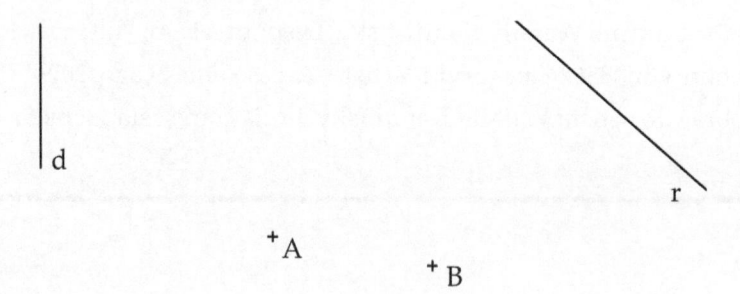

4) Dada a figura a seguir, determine o ponto X equidistante às retas r, s e t.

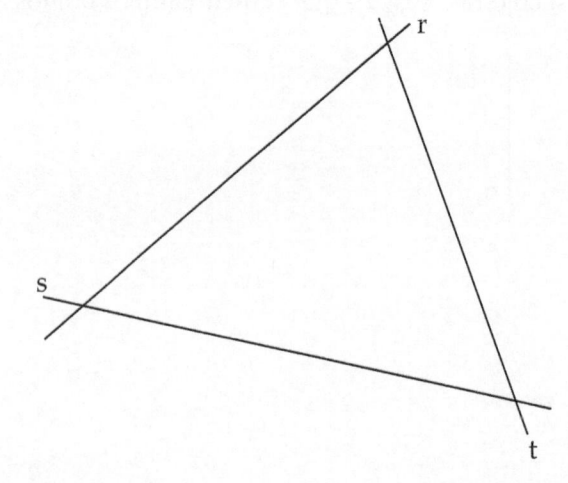

5) Dada a figura a seguir, determine um ponto X pertencente à reta r, tal que AX̂B = 45°.

A   B

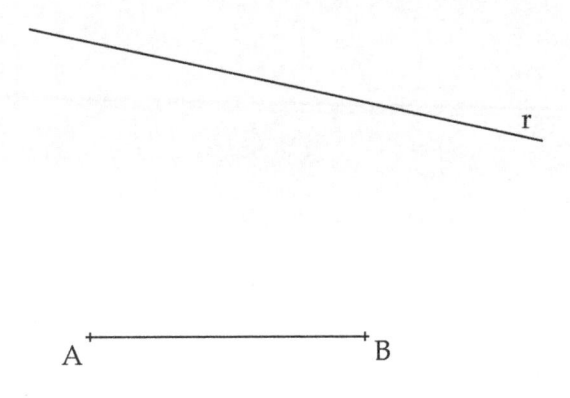

Atividades de aprendizagem

Questões para reflexão

1) Marque no papel dois pontos (A e B) com uma distância de 10 cm entre eles. Agora, procure determinar um ponto C que esteja a uma distância de 4 cm do ponto A e, ao mesmo tempo, a uma distância de 5 cm do ponto B. É possível determinar esse ponto C? Explique sua resposta.

2) Para a construção da planta baixa de um ambiente quadrado, é necessário marcar quatro segmentos de mesma medida no papel, traçando, assim, um polígono. Considerando apenas essa descrição, é possível afirmar que a figura construída é realmente um quadrado? Justifique sua resposta.

Atividade aplicada: prática

1) Na seção "Breve histórico do desenho geométrico na educação brasileira", estudada neste capítulo, são apresentados alguns momentos na história da educação brasileira cruciais para o desenho geométrico. Organize essas informações em um quadro e discuta com seu grupo de estudos as principais informações quanto à presença do desenho geométrico nos documentos oficiais.

Para agilizar os processos de construções geométricas, iniciamos este capítulo mostrando como utilizar os esquadros para obter retas paralelas, retas perpendiculares e ângulos.

Com isso, abordamos os lugares geométricos estudados no capítulo anterior aplicados à construção de triângulos e quadriláteros. Na sequência, apresentamos tópicos relacionados ao estudo de segmentos como método para dividir um segmento em partes iguais ou proporcionais utilizando o teorema de Tales; abordamos também o teorema de Pitágoras, a obtenção da média geométrica e a construção geométrica do segmento áureo.

2
Aplicações e relações métricas

2.1 Utilização dos esquadros

Os esquadros são instrumentos utilizados para traçar retas paralelas, retas perpendiculares e ângulos notáveis. Conforme pode ser visto na Figura 2.1, os esquadros têm o formato de triângulo retângulo. Em um deles estão os ângulos de 30° e de 60° e, no outro, o ângulo de 45°, além do ângulo reto (90°).

Figura 2.1 – Par de esquadros

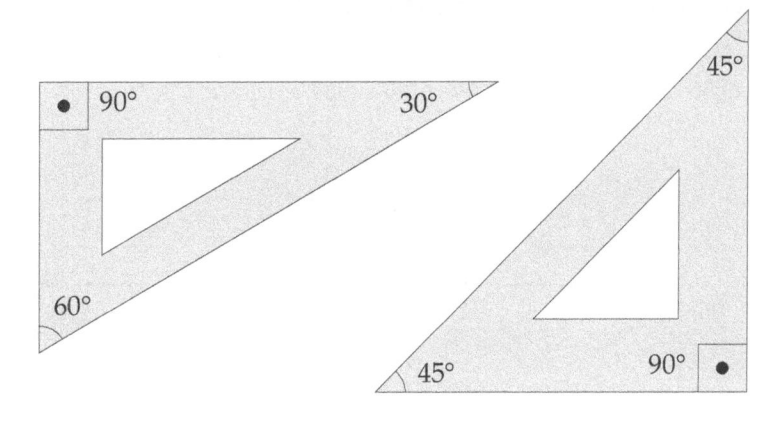

Vamos verificar como traçar retas paralelas utilizando o esquadro em duas situações.

2.1.1 Construção da reta s paralela à reta r que contenha P, com P ∉ r

Para construir a reta s paralela à r que contenha P, com P ∉ r, temos de apoiar qualquer lado de um dos esquadros na reta r. Em seguida, apoiamos em outro lado do esquadro a régua ou o segundo esquadro (como na Figura 2.2a). Segurando a régua, movimentamos o esquadro até o ponto P e traçamos a reta s (Figura 2.2b).

Figura 2.2 – Construção da reta *s* paralela à *r* que contenha *P*, com P ∉ r

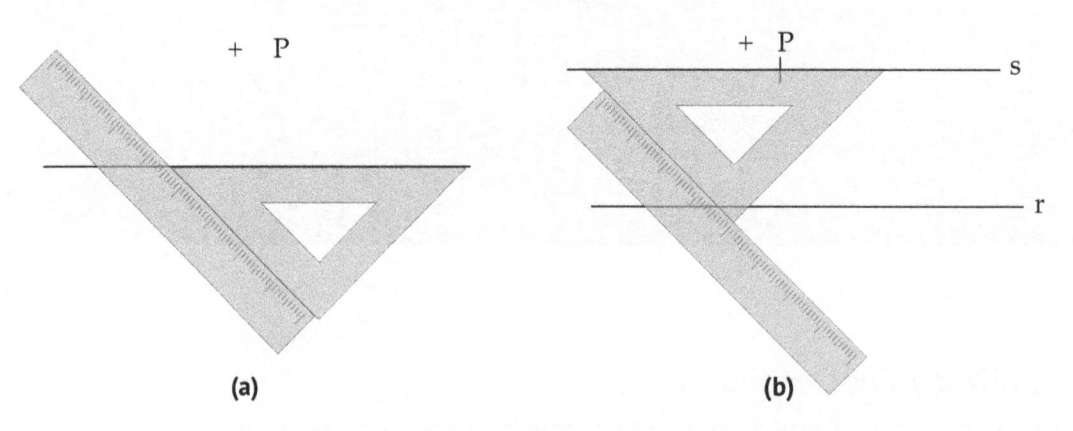

(a)　　　　　　　　　　　　　　　(b)

2.1.2 Construção da reta *s* paralela à reta *r* conhecendo a distância entre *s* e *r*

Para construir a reta *s* paralela à reta *r* conhecendo a distância *d* entre elas, devemos apoiar um dos catetos do esquadro na reta *r*; no outro cateto, apoiamos a régua graduada (Figura 2.3a). Segurando a régua, movimentamos o esquadro na medida *d* e traçamos a reta *s*. Com isso, obtemos *s* paralela a *r* com distância *d* entre elas (Figura 2.3b).

Figura 2.3 – Construção da reta *s* paralela à *r* conhecendo a distância entre *s* e *r*

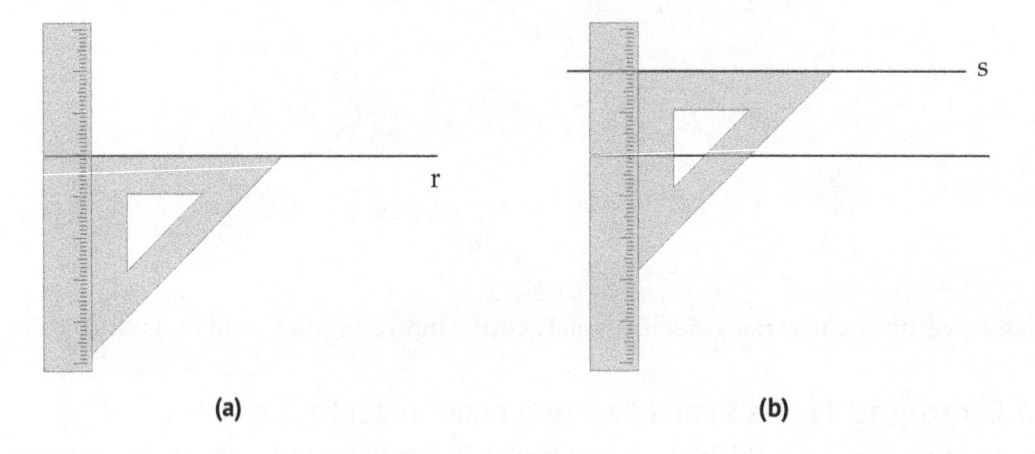

(a)　　　　　　　　　　　　　　　(b)

2.1.3 Construção da reta *s* perpendicular à reta *r* em *P*

Para construir a reta *s* perpendicular à *r* em *P*, devemos apoiar a hipotenusa de um dos esquadros na reta *r* e, em um dos catetos, apoiamos a régua (Figura 2.4a). Mantendo a régua fixa, giramos o esquadro para que se apoie na régua pelo outro cateto. Movimentamos o esquadro até que a hipotenusa encontre o ponto *P*, obtendo a reta *s* perpendicular à *r* em *P* (Figura 2.4b).

Figura 2.4 – Construção da reta s perpendicular à r em P

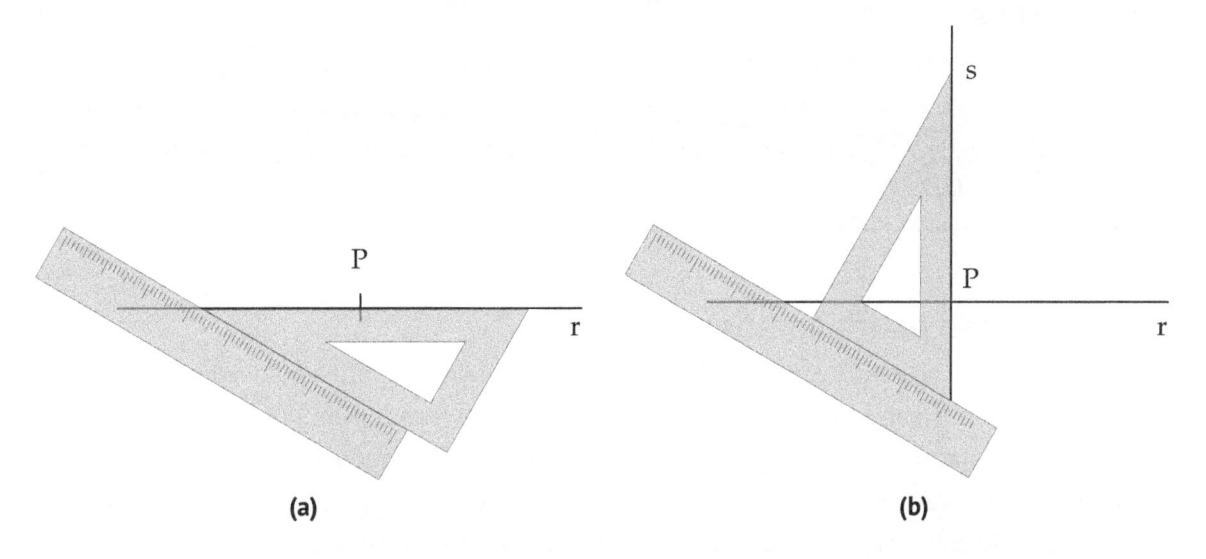

(a)   (b)

2.1.4 Construção de ângulos notáveis com os esquadros

Como mencionado, um dos esquadros tem os ângulos de 30°, 60° e 90°, e o outro tem dois ângulos de 45° e um ângulo de 90°. Dessa forma, podemos utilizar esses instrumentos para traçar os ângulos.

Na Figura 2.5, temos a construção do ângulo de 30°, em que partimos de uma reta r e um ponto $P \notin r$. Em seguida, apoiamos o esquadro na reta r de tal forma que o ponto P esteja em um dos lados do ângulo de 30° do esquadro (Figura 2.5a). No lado oposto ao ângulo de 30°, apoiamos a régua, movimentamos o esquadro até que encontre o ponto P e traçamos a reta s (Figura 2.5b). O ângulo formado por r e s é de 30°.

Figura 2.5 – Construção do ângulo de 30° com esquadro

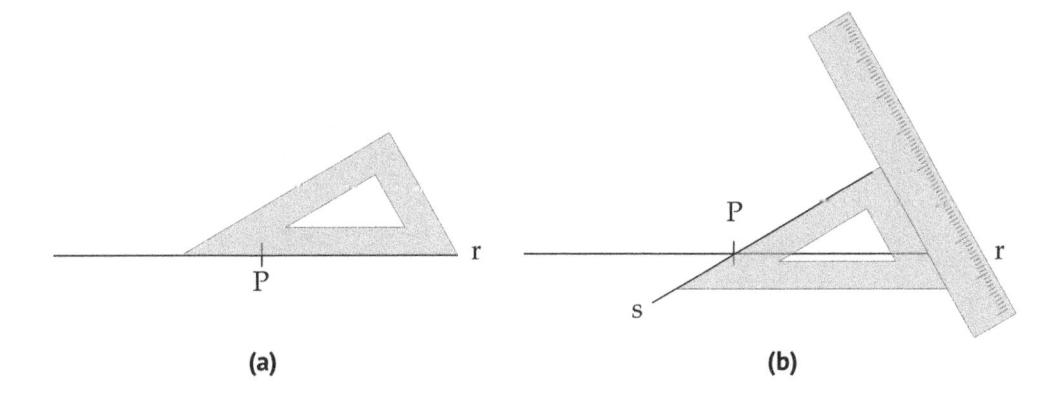

(a)   (b)

> **Importante!**
> A partir desse momento, as construções podem ser realizadas com os esquadros para agilizar o processo. No entanto, em alguns dos exemplos desta obra, será mantida a construção com régua e compasso para que a visualização do processo realizado ocorra com maior facilidade.

2.2 Construção de triângulos

O estudo da construção de triângulos é um dos tópicos que o desenho geométrico se propõe a analisar, pois traz diversos problemas que precisam ser observados em detalhes.

O triângulo é um polígono composto de três lados; como consequência, há três vértices e três ângulos internos. Para construir um triângulo, é preciso determinar seus três vértices, ou seja, três pontos (não colineares) do plano que vão fornecer a figura indicada.

Os problemas que solicitam a construção de um triângulo devem fornecer ao menos três elementos, entre estes: medida de lados; medida de ângulos; medida de raio de circunferência inscrita ou circunscrita; medida da mediana relativa a um lado; medida da bissetriz de um ângulo; medida da altura; além de outros. No entanto, um desses elementos deve ser linear, ou seja, não pode ser medida de ângulo.

O motivo pode ser visto no Problema 2.1.

Problema 2.1

Construa o triângulo ABC cujos ângulos internos são 90°, 30° e 60°.

Resolução:

Esse problema tem infinitas soluções (tamanhos diferentes), como pode ser observado na Figura 2.6, em que todos os triângulos apresentam os ângulos internos solicitados.

Figura 2.6 – Triângulos com ângulos internos iguais a 30°, 45° e 60°

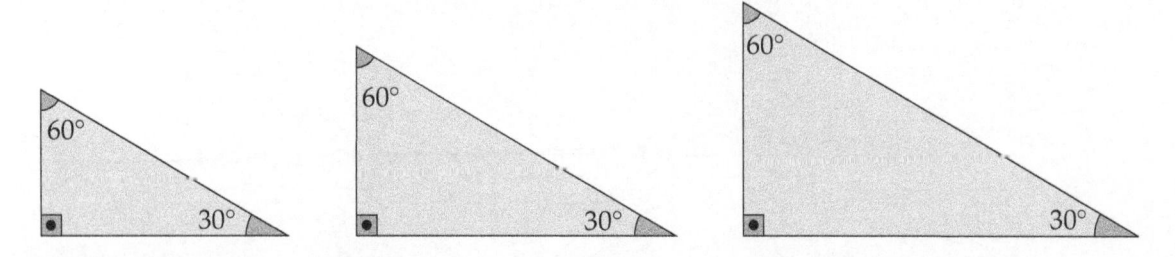

O Problema 2.1 nos mostra o motivo da necessidade de que seja fornecida ao menos uma medida linear, pois, sem ela, o problema pode ter infinitas soluções ou indeterminações.

Vamos analisar o Problema 2.2, em que há uma medida linear dada.

Problema 2.2

Construa o triângulo ABC cujos ângulos internos sejam $\hat{B} = 60°$ e $\hat{C} = 30°$ e sabendo que o lado a ($\overline{BC}$) mede 40 mm.

Resolução:

1. Trace o lado a ($\overline{BC}$).
2. Construa $\hat{B} = 60°$, obtendo a semirreta $\overrightarrow{BD}$.
3. Construa $\hat{C} = 30°$, obtendo a semirreta $\overrightarrow{CE}$.
4. Na interseção $\overrightarrow{BD}$ com $\overrightarrow{CE}$, temos o vértice A.

Figura 2.7 – Solução do Problema 2.2

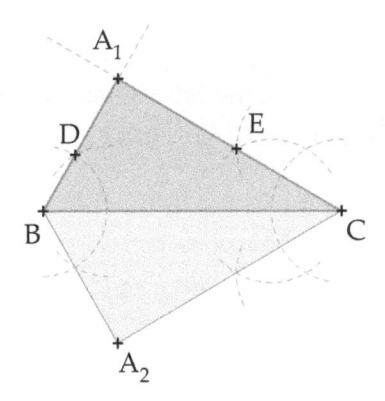

No Problema 2.2, podemos analisar o que denominamos *solução de posição* e *solução métrica*.

> **Importante!**
> A quantidade de soluções métricas é obtida analisando-se o formato e as medidas (a métrica) do(s) triângulo(s) determinado(s) no procedimento de solução. No Problema 2.2, por exemplo, é possível verificar visualmente que os triângulos determinados na solução são iguais, ou seja, têm mesmo formato e mesmas medidas. Ainda, seria possível demonstrar essa afirmação utilizando algum caso de congruência de triângulos.

Perceba que, no Problema 2.2, quando colocamos no papel a primeira medida linear (lado a = $\overline{BC}$ = 40 mm), temos duas opções para construir B̂ ou Ĉ. Isso fornecerá o mesmo triângulo, mas em duas posições diferentes. Dessa forma, o número de soluções para esse problema é uma solução métrica e duas soluções de posição.

> **Importante!**
> Na resolução de problemas que envolvem triângulos, a sugestão é fazer um rascunho (que pode ser feito sem instrumentos) imaginando o triângulo construído e indicando os elementos fornecidos. Na sequência, analisamos o lugar geométrico do(s) pontos(s) que precisamos obter para construir o solicitado.

Vamos analisar o Problema 2.3, em que há duas medidas lineares dadas.

Problema 2.3

Construa o triângulo ABC conhecendo a medida do lado a ($\overline{BC}$ = 60 mm), a altura relativa ao lado a (h_a = 40 mm) e a medida do ângulo B̂ (B̂ = 30°).

Resolução:

Para auxiliar na resolução desse problema, vamos construir o esboço da solução (Figura 2.8) destacando o lado a, o ângulo B̂ e a altura relativa ao lado a.

Figura 2.8 – Esboço da solução do Problema 2.3

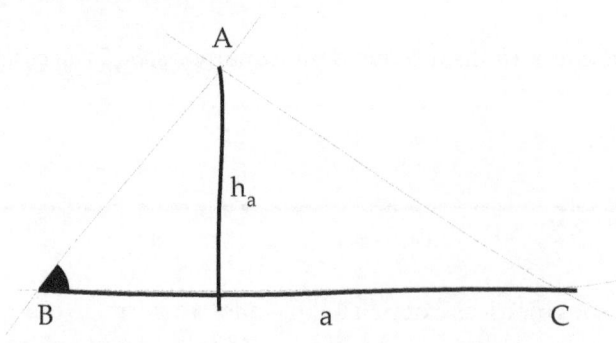

Analisando a Figura 2.8, podemos marcar o lado a no papel. Com isso, obtemos os vértices B e C, faltando obter somente o vértice A para construir o triângulo.

Para definir o vértice A, devemos obter a interseção de duas linhas, pois é dessa maneira que se define um ponto no plano.

Uma dessas linhas é o lado do ângulo B̂. A outra linha deve garantir a distância de 40 mm do vértice A até o lado a, ou seja, o lugar geométrico *paralela*, pois é ele que garante a distância de um ponto até uma reta, um segmento ou uma semirreta.

Figura 2.9 – Solução do Problema 2.3

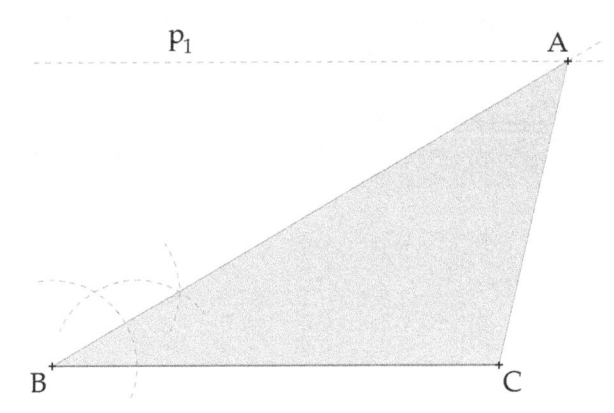

No Problema 2.3, temos uma solução métrica e duas de posição, pois, ao marcarmos o lado *a*, definimos os vértices *B* e *C* (ou seja, não podemos considerar a mudança de posição entre *B* e *C*). Na sequência, poderíamos ter construído o ângulo $\hat{B}$ no semiplano inferior e, assim, ter traçado a reta paralela naquele semiplano, obtendo outro triângulo igual ao construído, mas em uma posição diferente.

Vamos analisar o Problema 2.4, em que há três medidas lineares dadas.

Problema 2.4

Construa o triângulo *ABC* conhecendo a medida do lado *a* ($\overline{BC}$ = 40 mm), a medida da mediana relativa ao lado *a* (m_a = 35 mm) e a medida do lado *b* ($\overline{AC}$ = 25 mm).

Resolução:

No esboço, estão destacados o lado *a* ($\overline{BC}$), a mediana relativa ao lado *a* (m_a) e o lado *b* ($\overline{AC}$).

Figura 2.10 – Esboço da solução do Problema 2.4

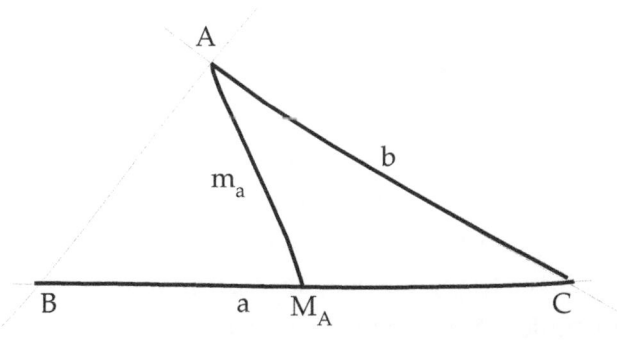

Podemos perceber que, se traçarmos o lado *a*, teremos definida a posição dos vértices *B* e *C*. Com isso, a resolução para o problema se resume a determinar o vértice *A*.

Ainda pela Figura 2.10, é possível verificar que, para definir o vértice A, temos de garantir a distância do ponto A até o vértice C (que é a medida do lado b) e, também, a distância do ponto A até o ponto M_a (que é a medida da mediana m_a).

O lugar geométrico que garante a distância entre dois pontos é a circunferência; dessa forma, para determinar o vértice A, devemos obter a interseção de duas circunferências: Circunf(C, b) com Circunf(M_a, m_a).

Figura 2.11 – Solução do Problema 2.4

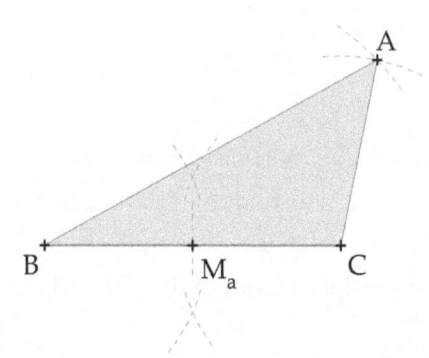

Quanto à quantidade de soluções do Problema 2.4, devemos lembrar que começamos a análise na primeira medida linear marcada no papel. Nesse caso, o segmento $\overline{BC}$. Com isso, o vértice A pode também ser obtido pela interseção da Circunf(C, b) com Circunf(M_a, m_a) no semiplano inferior.

Assim, há dois triângulos possíveis de construir com a mesma métrica (formato e medida), do que concluímos que há uma solução métrica e duas soluções de posição.

Em relação aos problemas de construção de triângulos, há diversas possibilidades. Aqui, apresentamos três problemas para servir de introdução ao estudo. Na próxima seção, vamos abordar a construção de quadriláteros.

2.3 Construção de quadriláteros

O estudo da construção de quadriláteros é semelhante aos estudos de construção de triângulos. No entanto, se, para construir triângulos, necessitamos de três informações, para a construção de quadriláteros, são necessárias cinco, sendo uma delas uma medida linear.

É comum que muitos dos problemas de construção de quadriláteros sejam subdivididos em dois problemas relacionados ao triângulo, pois, ao traçarmos uma das diagonais de um quadrilátero, obtemos dois triângulos. Assim, ao construir um dos triângulos, teremos três vértices do quadrilátero, restando apenas determinar o quarto vértice.

Vamos analisar o Problema 2.5.

Problema 2.5

Construa o paralelogramo *ABCD* sabendo que o lado $\overline{AB}$ = 50 mm, o lado $\overline{BC}$ = 30 mm e a diagonal $\overline{AC}$ = 70 mm.

Resolução:

Para a construção de quadriláteros, necessitamos de cinco informações, mas o enunciado desse problema parece nos informar apenas três.

No entanto, há uma informação importante: o fato de o quadrilátero ser um paralelogramo. Isso quer dizer que seus lados opostos são iguais, ou seja, $\overline{AB} = \overline{CD}$ e $\overline{BC} = \overline{AD}$ e, dessa maneira, podemos destacar as informações fornecidas no esboço da solução do problema (Figura 2.12).

Figura 2.12 – Esboço da solução do Problema 2.5

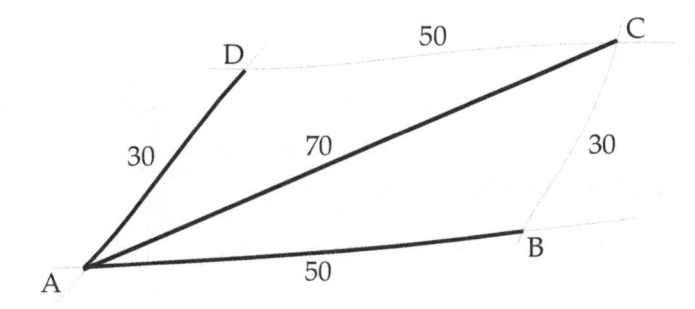

Na Figura 2.12, podemos perceber que há dois triângulos: $\triangle ABC$ e $\triangle CDA$. Assim, a construção desse paralelogramo começa pela construção do triângulo *ABC* e depois do triângulo *CDA*.

O procedimento para construção é:

1. Marque $\overline{AB}$.
2. Circunf(A, $\overline{AC}$) ∩ Circunf(B, $\overline{BC}$) = C.
3. Circunf(A, $\overline{DA}$) ∩ Circunf(C, $\overline{CD}$) = D.
4. *ABCD* é o paralelogramo solicitado.

Figura 2.13 – Solução do Problema 2.5

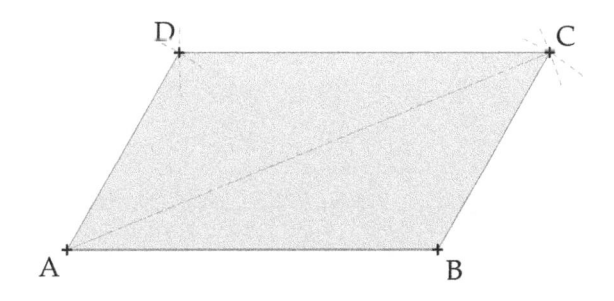

Para a análise da quantidade de soluções, partimos do momento em que marcamos no papel a primeira medida linear, ou seja, $\overline{AB}$. A partir de $\overline{AB}$, construímos o vértice C e esse vértice poderia ser construído no semiplano inferior. Uma vez definido C, não temos outra opção de construção de D a não ser a determinada.

••■

Assim, a quantidade de soluções para o Problema 2.5 é uma métrica e duas de posição.

Problema 2.6

Construa o trapézio ABDC conhecendo as bases $\overline{AB}$ = 70 mm e $\overline{CD}$ = 30 mm, o lado $\overline{BC}$ = 40 mm e altura h = 30 mm.

Resolução:

O enunciado fornece quatro informações sobre medidas lineares e, ainda, indica que o quadrilátero é um trapézio. Como propriedade, o trapézio tem as bases paralelas.

Figura 2.14 – Esboço da solução do Problema 2.6

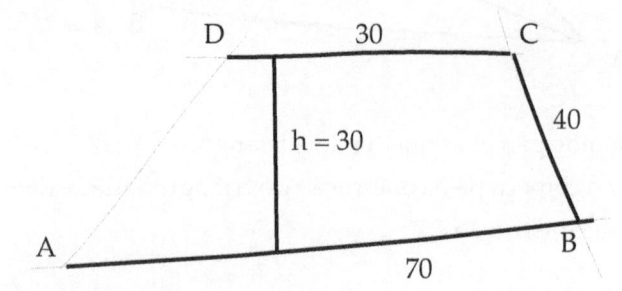

Assim, analisando o esboço, um procedimento para construção do trapézio solicitado é:

1. Marque $\overline{AB}$.
2. Construa a reta r paralela ao segmento $\overline{AB}$ com distância de 30 mm.
3. Circunf (B, $\overline{BC}$) ∩ r = C.
4. Circunf (C, $\overline{CD}$) ∩ r = D.
5. ABCD é o trapézio solicitado.

Figura 2.15 – Solução do Problema 2.6

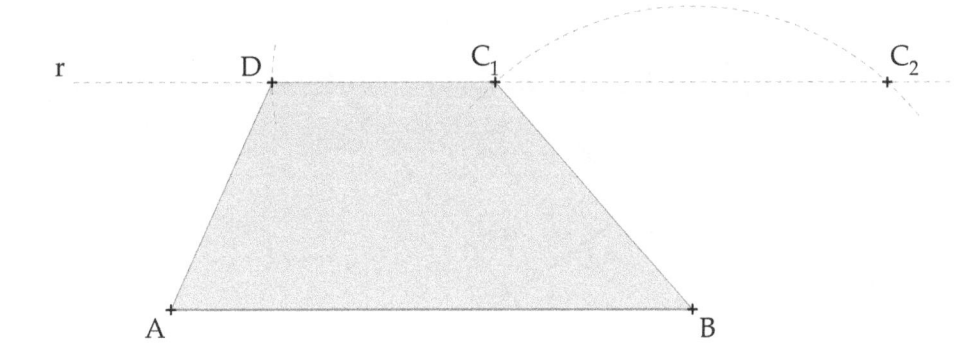

No Problema 2.6, temos duas soluções métricas, uma vez que, ao traçar a $\text{Circunf}(B, \overline{BC}) \cap r$, temos duas opções de $C = C_1$ ou C_2. Ainda, a reta r poderia ser construída no semiplano inferior e, dessa forma, ter essa mesma quantidade de soluções métricas, mas em posição diferente, o que nos leva a concluir que temos duas soluções de posição para cada solução métrica encontrada.

Observação
Na Figura 2.14, o vértice D não pode estar à direita de C; caso contrário, o polígono não seria convexo e, assim, a figura não seria um trapézio.

Compreendida a construção dos quadriláteros, vamos dar continuidade ao estudo com o tópico de divisão de segmentos em partes proporcionais. Para isso, vamos utilizar um teorema conhecido, abordado no ensino fundamental, na disciplina de matemática: o teorema de Tales.

2.4 Teorema de Tales e divisão de segmentos

Segundo Boyer (1996), não há muitas informações sobre Tales de Mileto. No entanto, acredita-se que viveu 40 anos. Tales é considerado o primeiro matemático "verdadeiro" em virtude de ele ter sistematizado a geometria dedutiva, ou seja, aquela que podemos mostrar que é verdadeira.

Entre os grandes feitos de Tales está o teorema que recebe seu nome, originado de experimentos realizados por meio da observação da sombra de uma pirâmide para determinar a altura desta.

Seu teorema informa que, dadas retas transversais e um feixe de retas paralelas, a razão entre as medidas dos segmentos de uma das transversais é igual à razão entre as medidas dos segmentos correspondentes da outra transversal. Assim, analisando a Figura 2.16, se a, b e c são as retas que compõem o feixe de paralelas e se r e s são retas transversais, temos que $\dfrac{x}{y} = \dfrac{w}{z}$.

Figura 2.16 – Teorema de Tales

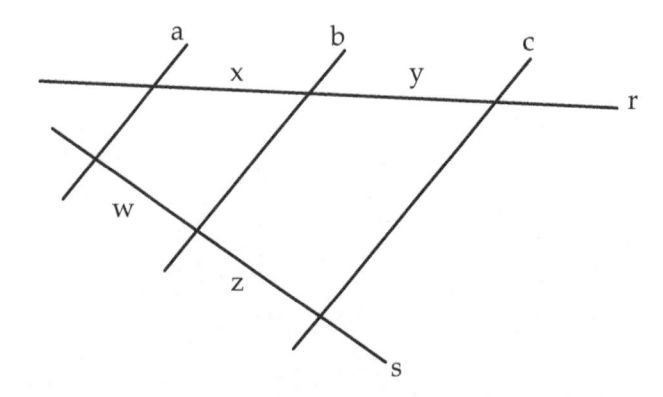

No desenho geométrico, o teorema de Tales é utilizado para a divisão de segmentos em partes congruentes (razão 1, ou seja, iguais) ou outras razões.

Na resolução do Problema 2.7, vamos fazer a construção e, na sequência, demonstrar que o teorema de Tales está presente nesse procedimento.

Problema 2.7

Divida o segmento $\overline{AB}$ = 50 mm em três partes congruentes.

Resolução:

Marcamos o segmento $\overline{AB}$ e traçamos uma reta auxiliar r em uma das extremidades com qualquer inclinação. Como queremos dividir o segmento $\overline{AB}$ em três partes iguais, vamos marcar com o compasso três medidas iguais em r a partir de A. Na sequência, traçamos o segmento $\overline{B3}$ e, por 1 e 2, traçamos retas paralelas a esse segmento obtendo 4 e 5 em $\overline{AB}$. Dessa forma, os segmentos $\overline{A4}$, $\overline{45}$ e $\overline{5B}$ são iguais, pois os segmentos $\overline{A1}$, $\overline{12}$ e $\overline{23}$ são iguais.

Figura 2.17 – Solução do Problema 2.7

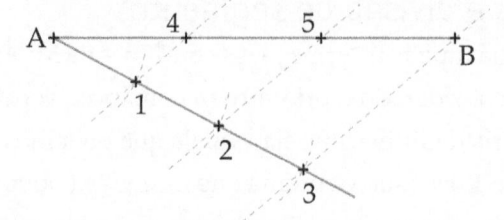

No Problema 2.7, o fato de os segmentos $\overline{A4}$, $\overline{45}$ e $\overline{5B}$ serem iguais decorre do teorema de Tales, pois temos um feixe de segmentos de retas paralelas ($\overline{B3}$, $\overline{52}$ e $\overline{41}$) e um segmento de retas transversais (reta suporte de $\overline{AB}$ e r). Logo, se a razão entre $\overline{A1}$, $\overline{12}$ e $\overline{23}$ é 1 (ou seja, segmentos congruentes), então, $\overline{A4}$, $\overline{45}$ e $\overline{5B}$ também têm a mesma razão 1 (ou seja, segmentos congruentes).

Problema 2.8

Divida o segmento $\overline{AB}$ = 70 mm em duas partes proporcionais aos segmentos *a* e *b* dados.

Figura 2.18 – Medidas de *a* e *b* do Problema 2.8

$$\underline{\qquad\qquad}\ a$$
$$\underline{\qquad}\ b$$

Resolução:

Na resolução do Problema 2.8, marcamos, na reta auxiliar, as medidas dos segmentos *a* e *b*, obtendo os pontos 1 e 2. Assim, traçamos o segmento $\overline{B2}$ e uma reta paralela a esse segmento em 1, obtendo 3 em $\overline{AB}$. Com isso, temos que $\dfrac{a}{b} = \dfrac{\overline{A3}}{\overline{3B}}$, ou seja, $\overline{A3}$ e $\overline{3B}$ são proporcionais a *a* e *b* respectivamente.

Figura 2.19 – Solução do Problema 2.8

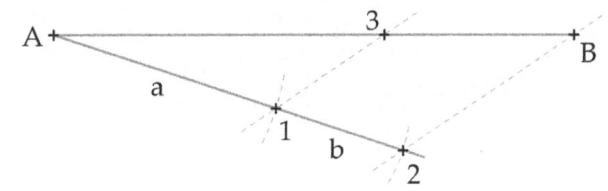

Indicações culturais

BONGIOVANNI, V. O Teorema de Tales: uma ligação entre o geométrico e o numérico. **Revista Eletrônica de Educação Matemática**, v. 2.5, p. 94-106, 2007. Disponível em: <https://periodicos.ufsc.br/index.php/revemat/article/view/12993/12094>. Acesso em: 1º out. 2019.

Leia esse texto de Vincenzo Bongiovanni e aprenda um pouco mais sobre a origem do teorema de Tales, como ele é tratado em diversos países e as percepções de estudantes em relação a ele.

Agora, vamos estudar outro teorema abordado na educação básica e que pode ser desenvolvido utilizando o desenho geométrico: o teorema de Pitágoras.

2.5 Construção e aplicação do teorema de Pitágoras[1]

O teorema de Pitágoras é o mais famoso dos estudados na educação básica. Ele está formulado da seguinte maneira: em um triângulo retângulo, o quadrado da hipotenusa é igual à soma dos quadrados dos catetos ou hipotenusa^2 = cateto$_1^2$ + cateto$_2^2$ ou, ainda, $a^2 = b^2 + c^2$.

Há algumas interpretações geométricas sobre esse teorema, como a apresentada na Figura 2.20, em que o quadrado construído sobre o lado da hipotenusa tem área igual à soma das áreas dos quadrados construídos sobre os catetos.

Figura 2.20 – Interpretação geométrica do teorema de Pitágoras

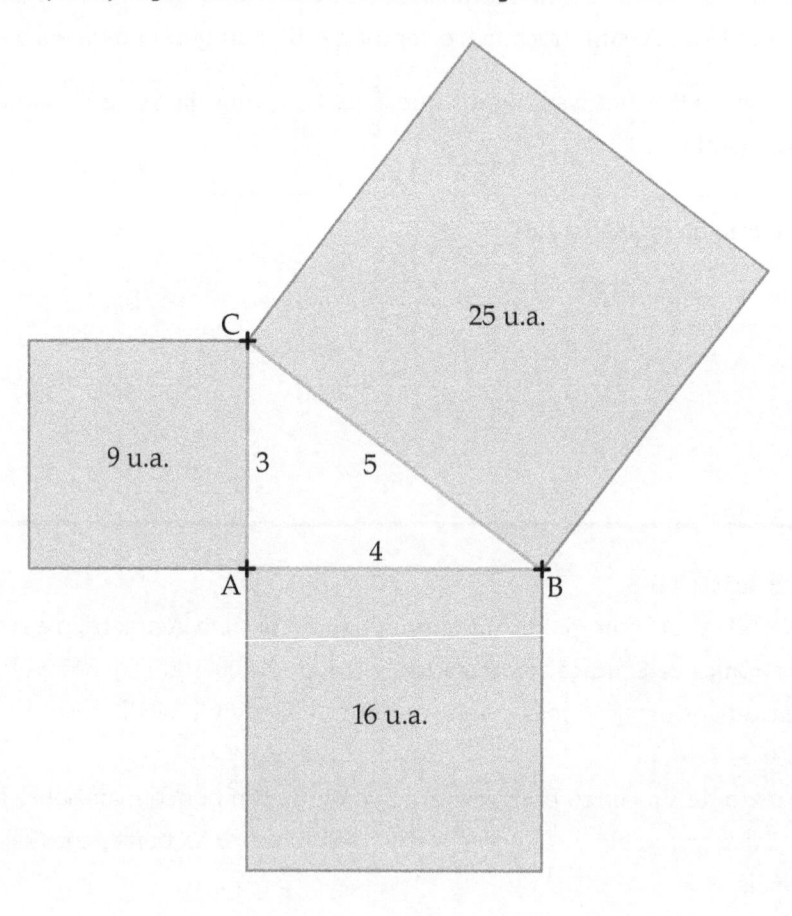

---

[1] Pitágoras foi um filósofo e matemático grego, que viveu entre 570 e 497 a.C., aproximadamente.

Importante!

1. *u.a.* significa "unidade de área".
2. A área do quadrado é determinada pela multiplicação das dimensões de dois de seus lados, ou seja, $A = l \cdot l = l^2$.
3. A área de uma circunferência é determinada multiplicando-se a constante π pela medida do raio da circunferência ao quadrado, ou seja, $A = \pi \cdot R^2$.
4. A área do triângulo equilátero é dada por $A = \dfrac{l^2\sqrt{3}}{4}$.

Apesar de correta, essa interpretação pode ser expandida para tantas outras figuras geométricas, como as apresentadas na Figura 2.21.

Figura 2.21 – Interpretação geométrica do teorema de Pitágoras: (a) Semicircunferências sobre hipotenusa e catetos; (b) Triângulo equilátero sobre hipotenusa e catetos

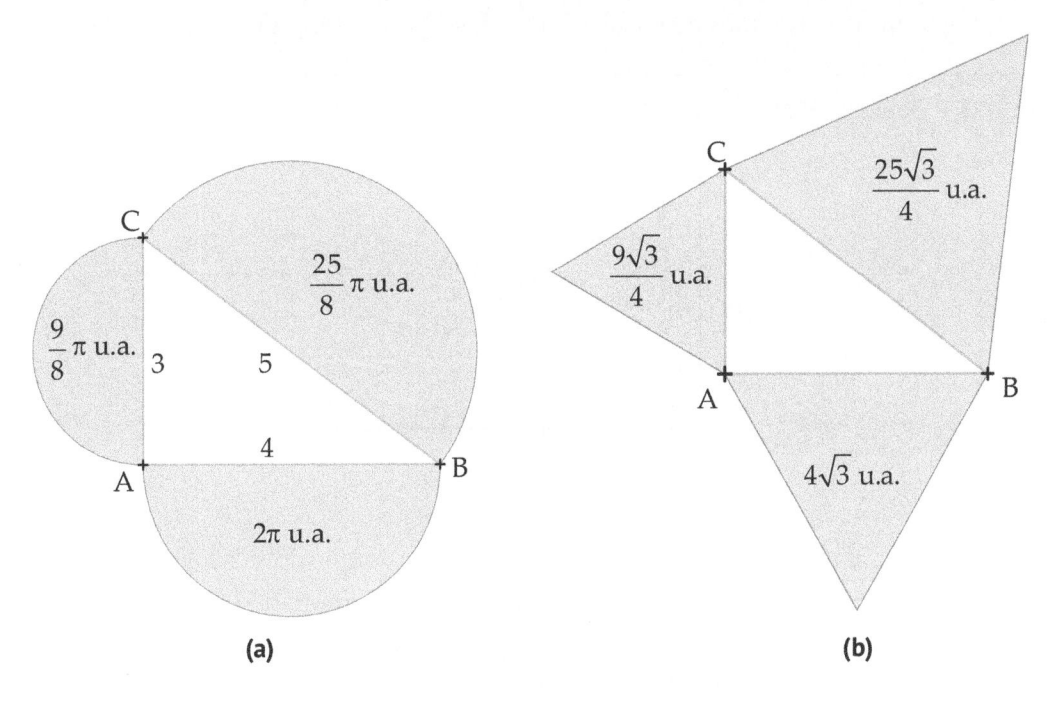

Na Figura 2.21a, foram construídas semicircunferências; na Figura 2.21b, foram construídos triângulos equiláteros.

Uma aplicação desse teorema ao desenho geométrico é apresentada no Problema 2.9.

Problema 2.9

Conhecendo a medida dos segmentos $\overline{AB}$ e $\overline{CD}$, determine graficamente o valor dos segmentos $\overline{EF}$ e $\overline{GH}$, sabendo que $\overline{EF}^2 = \overline{AB}^2 + \overline{CD}^2$ e $\overline{GH}^2 = \overline{AB}^2 - \overline{CD}^2$.

Figura 2.22 – Medida dos segmentos $\overline{AB}$ e $\overline{CD}$ do Problema 2.9

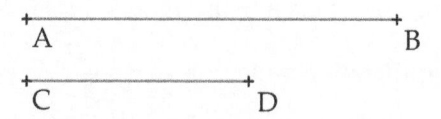

Resolução:

Para resolver o Problema 2.9, vamos dividi-lo em duas partes: na primeira, determinamos $\overline{EF}$ e, na segunda, determinamos $\overline{GH}$.

i) Para obter $\overline{EF}$, analisamos a primeira equação $\overline{EF}^2 = \overline{AB}^2 + \overline{CD}^2$, que nos remete ao teorema de Pitágoras, em que $\overline{EF}$ é a hipotenusa do triângulo retângulo cujos catetos são $\overline{AB}$ e $\overline{CD}$, ou seja, para determinar $\overline{EF}$, temos de construir esse triângulo retângulo (Figura 2.23).

Figura 2.23 – Obtenção de $\overline{EF}$

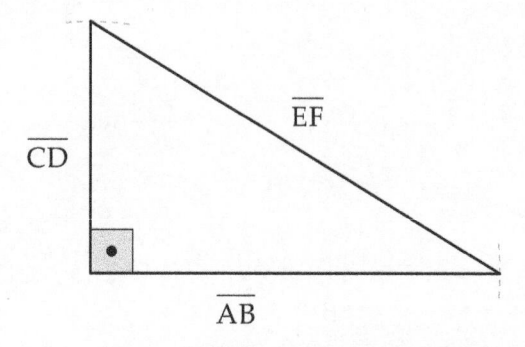

Na Figura 2.23, marcamos os catetos $\overline{AB}$ e $\overline{CD}$ (lembrando que devem formar um ângulo de 90° entre si) e obtemos graficamente a hipotenusa, que é o segmento $\overline{EF}$ solicitado.

i) Para obter $\overline{GH}$, realizamos algumas operações algébricas na segunda equação $\overline{GH}^2 = \overline{AB}^2 - \overline{CD}^2$ para obtermos $\overline{AB}^2 = \overline{CD}^2 + \overline{GH}^2$. Desse modo, $\overline{GH}$ é um dos catetos do triângulo retângulo cuja hipotenusa é $\overline{AB}$ e o outro cateto é $\overline{CD}$.

Figura 2.24 – Obtenção de $\overline{GH}$

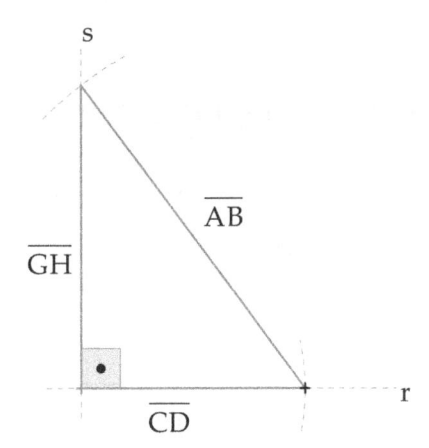

Na Figura 2.24, traçamos duas retas perpendiculares r e s. A partir da interseção r e s, marcamos, em r, a medida do segmento $\overline{CD}$. Na extremidade de $\overline{CD}$, traçamos a circunferência com raio $\overline{AB}$, obtendo um ponto em s. Dessa forma, construímos um triângulo retângulo cuja hipotenusa é $\overline{AB}$ e um cateto é $\overline{CD}$; logo, o segmento determinado em s é o segmento $\overline{GH}$ solicitado.

Indicações culturais

MARQUES, S. C. **A descoberta do teorema de Pitágoras**. São Paulo: Livraria da Física, 2011.

A autora descreve as aplicações do teorema de Pitágoras em algumas civilizações antigas, como a Mesopotâmia, o Egito e a Grécia, e seu resultado. Contextualiza o teorema na cultura e nos conhecimentos matemáticos dessas civilizações. Com esse material, é possível ampliar o conhecimento sobre o teorema.

PITÁGORAS e a música: Donald no País da Matemágica. Disponível em: <https://www.youtube.com/watch?v=66l6MBQgcRg>. Acesso em: 2 set. 2019.

Assista à animação e conheça mais sobre Pitágoras e suas contribuições.

TAHAN, M. **As maravilhas da matemática**. 2. ed. Rio de Janeiro: Bloch, 1973.

No capítulo "Os ternos pitagóricos e o amor sincero", o autor escreve: "Exaltavam os pitagóricos o chamado teorema de Pitágoras. Os adversários do famoso geômetra tentavam, por todos os meios, abalar a fama daquele que era apontado como o maior geômetra e filósofo de seu tempo. E para denegrir a obra de Pitágoras recorriam até a caricatura. Aqui estudamos as curiosas propriedades dos ternos pitagóricos, dando ao problema um desfecho poético, totalmente imprevisível para o leitor" (Tahan, 1973, p. 73).

Na próxima seção, vamos abordar o conceito de média geométrica. Sua obtenção ocorre pelas relações métricas de um triângulo retângulo, por consequência, uma aplicação do teorema de Pitágoras.

2.6 Relações métricas no triângulo retângulo e construção de média geométrica

O conceito de média geométrica entre dois números a e b é definido como $\sqrt{a \cdot b}$. Como não realizamos cálculos numéricos no desenho geométrico, precisamos determinar graficamente a medida $x = \sqrt{a \cdot b}$ ou $x^2 = a \cdot b$, quando conhecemos a e b.

Para esse processo de construção, vamos analisar as relações métricas no triângulo retângulo.

Figura 2.25 – Relações métricas no triângulo retângulo

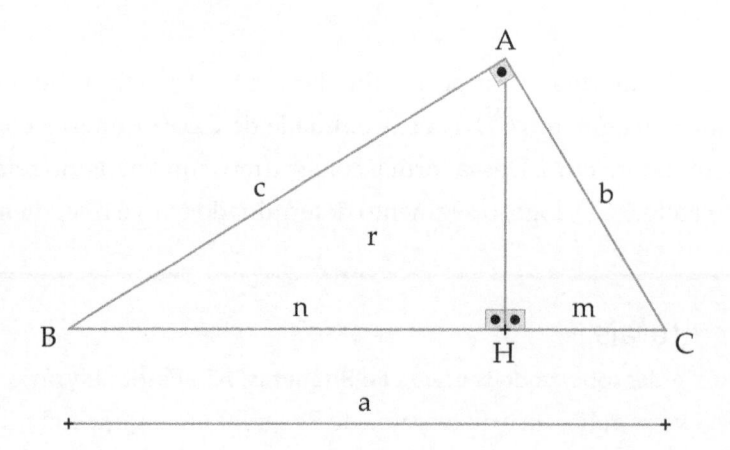

Na Figura 2.25, temos que o triângulo ABC é retângulo em A, em que a é hipotenusa do triângulo, b e c são os catetos e m e n são as projeções ortogonais dos catetos b e c, respectivamente, sobre a hipotenusa. Com isso, $A\hat{H}B$ e $A\hat{H}C$ medem $90°$ e os triângulos AHB e AHC são triângulos retângulos.

É possível mostrar que os triângulos ABC, HBA e HAC são semelhantes e, desse fato, temos três considerações importantes:

1. Com base nos triângulos ABC e HBA e na semelhança entre eles, temos que $\dfrac{a}{c} = \dfrac{c}{n} = \dfrac{b}{h}$.

   Da primeira relação de igualdade, verificamos que $c^2 = a \cdot n$ ou, ainda, $c = \sqrt{a \cdot n}$, ou seja, c é a média geométrica entre os segmentos a e n.

2. De maneira análoga, analisando os triângulos ABC e HAC, é possível verificar que $b = \sqrt{a \cdot m}$, em que b é a média geométrica entre os segmentos a e m.

3. Analisando a semelhança entre os triângulos HBA e HAC, temos que $\dfrac{h}{m} = \dfrac{n}{h} = \dfrac{c}{b}$.

   Da primeira relação de igualdade, verificamos que $h^2 = m \cdot n$ ou, ainda, $h = \sqrt{m \cdot n}$, ou seja, h é a média geométrica entre os segmentos m e n.

Dos itens 1 e 2, é possível obter a média geométrica ao determinarmos o cateto de um triângulo retângulo quando temos a hipotenusa desse triângulo e a projeção ortogonal desse cateto sobre a hipotenusa.

Pelo item 3, determinamos a média geométrica por meio da altura relativa à hipotenusa desse triângulo retângulo quando conhecemos as projeções dos catetos sobre a hipotenusa.

Há dois procedimentos de construção da média geométrica. Para ambos, utilizamos os segmentos x e y dados.

Figura 2.26 – Medidas dos segmentos x e y

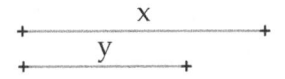

2.6.1 Construção da média geométrica entre x (hipotenusa do triângulo retângulo) e y (projeção ortogonal de um cateto sobre a hipotenusa)

O procedimento de construção da média geométrica entre x e y, considerando x a hipotenusa do triângulo retângulo e y a projeção ortogonal de um cateto sobre a hipotenusa, está descrito a seguir e ilustrado na Figura 2.27.

1. Marque x, denominando de P e Q suas extremidades.
2. Marque em x o segmento y de extremidades P e R.
3. Construa o arco capaz de 90° (ou seja, obtenha o ponto médio M de $\overline{PQ}$ e trace a semicircunferência).
4. Em R, trace uma reta perpendicular a x, obtendo S na semicircunferência.
5. O segmento $\overline{PS}$ é a média geométrica entre x e y.

Figura 2.27 – Média geométrica entre x (hipotenusa do triângulo retângulo) e y (projeção ortogonal de um cateto sobre a hipotenusa)

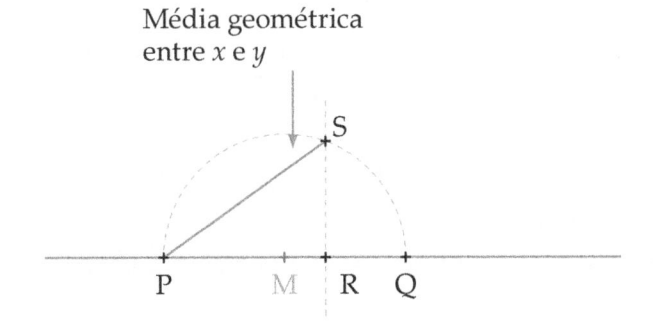

2.6.2 Construção da média geométrica entre x e y (projeções ortogonais dos catetos sobre a hipotenusa do triângulo retângulo)

O procedimento de construção da média geométrica entre x e y, considerando esses dois segmentos as projeções ortogonais dos catetos sobre a hipotenusa do triângulo retângulo, está descrito a seguir e ilustrado na Figura 2.28.

1. Marque x, denominando de P e Q suas extremidades.
2. Na reta suporte de x, marque o segmento y com extremidades Q e R.
3. Construa o arco capaz de 90° do segmento $\overline{PR}$ (ou seja, obtenha o ponto médio M de $\overline{PR}$ e trace a semicircunferência).
4. Em Q, trace uma reta perpendicular a $\overline{PR}$, obtendo S na semicircunferência.
5. O segmento $\overline{QS}$ é a média geométrica entre x e y.

Figura 2.28 – Média geométrica entre x e y (projeções ortogonais dos catetos sobre a hipotenusa do triângulo retângulo)

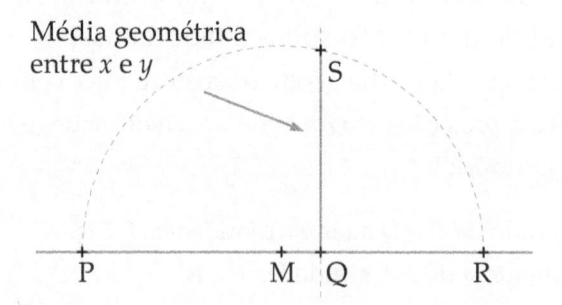

Assim, ao serem fornecidos dois segmentos e for solicitada a obtenção da média geométrica entre eles, deve-se utilizar um dos dois procedimentos, que resultarão na mesma medida.

Experimente! Defina dois segmentos quaisquer e construa a média geométrica pelos dois procedimentos indicados. Esse problema fica como sugestão para sua aprendizagem.

2.7 Segmento áureo

Segundo Góes e Góes (2015), na Grécia Antiga, uma pessoa era considerada bela se sua anatomia seguisse alguns padrões que envolviam o número de ouro, ou razão áurea. A razão áurea, ou número de ouro, consiste na razão entre um segmento e seu segmento áureo, denotada pela letra grega ϕ e tendo valor aproximado de 1,618.

Para determinar o segmento áureo ($\overline{AP}$) de um segmento de reta $\overline{AB}$, utilizamos a construção geométrica em que devemos determinar um ponto P em $\overline{AB}$ (Figura 2.29) que satisfaça a relação $\overline{AP}^2 = \overline{PB} \cdot \overline{AB}$, ou seja, o segmento áureo é a média geométrica em $\overline{AB}$ e $\overline{PB}$.

Figura 2.29 – Segmento áureo ($\overline{AP}$) de um segmento de reta $\overline{AB}$

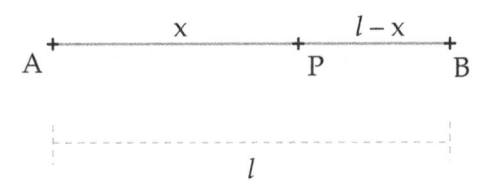

Sendo $l = \overline{AB}$ e $x = \overline{AP}$, temos que $\overline{PB} = l - x$. Aplicando essas informações a $\overline{AP}^2 = \overline{PB} \cdot \overline{AB}$, obtemos a equação $x^2 + lx - l^2 = 0$, que tem duas soluções:

$$\Rightarrow \begin{cases} x_1 = \dfrac{l\sqrt{5}}{2} - \dfrac{l}{2} \\ x_2 = -\dfrac{l\sqrt{5}}{2} - \dfrac{l}{2} \text{ (valor negativo)} \end{cases}$$

Apenas uma dessas soluções pode ser considerada: $\dfrac{l\sqrt{5}}{2} - \dfrac{l}{2}$, visto que não existe medida negativa de segmento de reta.

Geometricamente, o valor $\dfrac{l\sqrt{5}}{2}$ é a hipotenusa do triângulo retângulo cujos catetos são l e $\dfrac{l}{2}$. Assim, para determinar o segmento áureo, é preciso subtrair da hipotenusa desse triângulo o cateto $\dfrac{l}{2}$, conforme a Figura 2.30.

Figura 2.30 – Processo de construção do segmento áureo ($\overline{AP}$) de um segmento de reta $\overline{AB}$

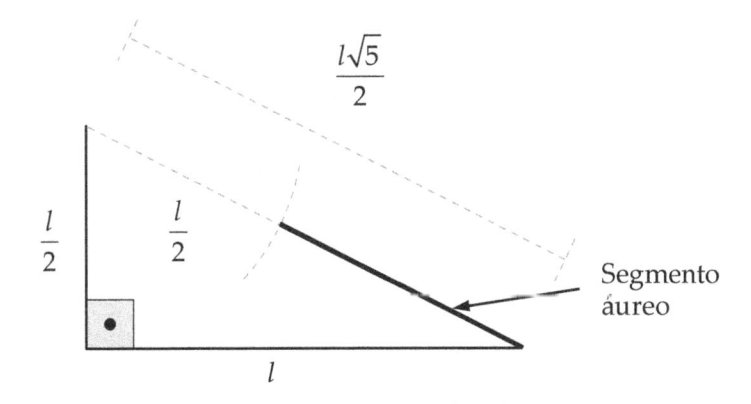

De maneira análoga, podemos pensar na seguinte situação: se conhecemos o segmento áureo $a = \overline{AQ}$, como obtemos o segmento "original" $x = \overline{AB}$?

Figura 2.31 – Segmento áureo ($\overline{AQ}$) de um segmento de reta $\overline{AB}$

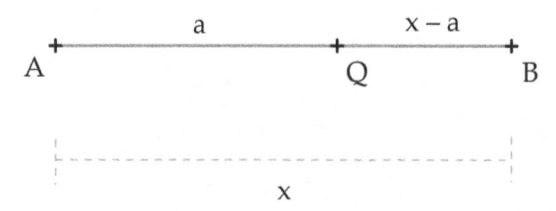

Esses segmentos devem satisfazer a equação da média geométrica, ou seja, $\overline{AQ}^2 = \overline{QB} \cdot \overline{AB}$. Disso obtemos $x^2 - ax - a^2 = 0$, que tem duas raízes:

$$\Rightarrow \begin{cases} x' = \dfrac{a\sqrt{5}}{2} + \dfrac{a}{2} \\ x'' = -\dfrac{a\sqrt{5}}{2} + \dfrac{a}{2} \text{ (valor negativo)} \end{cases}$$

Considerando apenas a solução positiva $\left(\dfrac{a\sqrt{5}}{2} + \dfrac{a}{2}\right)$, para obter graficamente o segmento do qual conhecemos o segmento áureo, é necessário construir o triângulo retângulo indicado anteriormente e acrescentar à hipotenusa o cateto $\dfrac{a}{2}$, conforme a Figura 2.32.

Figura 2.32 – Processo de construção do segmento de reta $\overline{AB}$ quando conhecemos o segmento áureo ($\overline{AQ}$)

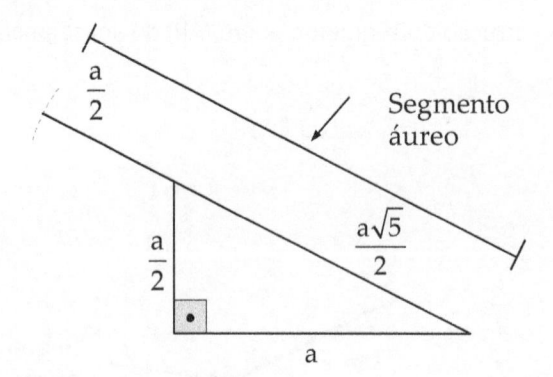

As aplicações de segmento áureo aparecem em problemas de construção de triângulos ou em tópicos específicos, como na construção da espiral áurea, que pode ser vista em Lauro (2005).

Indicações culturais

PATO Donald e a sequência de Fibonacci (Regra de ouro). Disponível em: <https://www.youtube.com/watch?v=nv7OAMUuUW0>. Acesso em: 2 set. 2019.

GÓES, A. R. T.; GÓES, H. C. **Ensino da matemática**: concepções, metodologias, tendências e organização do trabalho pedagógico. Curitiba: InterSaberes, 2015.

Para verificar exemplos da sequência de Fibonacci (Regra de ouro) na arquitetura e na natureza, bem como a demonstração matemática do número de ouro, você pode consultar a obra de Góes e Góes, estão presentes no tópico "A beleza matemática", na página 60.

TAHAN, M. **As maravilhas da matemática**. 2. ed. Rio de Janeiro: Bloch, 1973.

Em Tahan (1973), é interessante ler com atenção o texto "O ponto de ouro, sua beleza e seu mistério", na página 227.

Síntese

Iniciamos este capítulo utilizando os esquadros para construir retas paralelas e perpendiculares. A função desses instrumentos de desenho geométrico é agilizar as construções na resolução de problemas.

Em seguida, vimos algumas considerações para a construção de triângulos, com a apresentação de problemas resolvidos. Depois, seguimos para o estudo dos quadriláteros. Após a análise da construção das figuras indicadas, verificamos algumas relações métricas nos segmentos, como divisão de um segmento em partes iguais e proporcionais utilizando o teorema de Tales; aplicação do teorema de Pitágoras; obtenção gráfica da média geométrica entre dois segmentos de reta; e o segmento áureo.

Atividades de autoavaliação

1) São dados uma circunferência e dois pontos no plano (*B* e *C*) bases de um triângulo isósceles. Construa o triângulo *ABC*, sabendo que o vértice *A* pertence à circunferência dada.

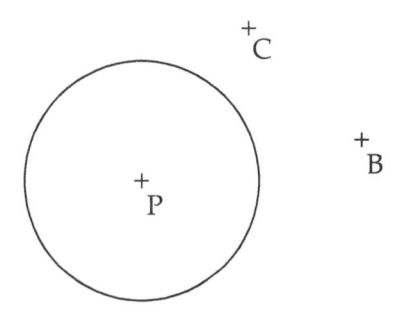

2) Determine graficamente o comprimento do raio da circunferência inscrita em um triângulo *ABC* isósceles de base $\overline{BC}$ = 60 mm e ângulo $\hat{B}$ = 45°.

3) Construa um losango *ABCD*, sendo fornecidas as medidas do lado $\overline{AB}$ = 30 mm e do ângulo interno $\hat{A}$ = 45°.

4) Construa o quadrado *ABCD*, que tem a medida da diagonal $\overline{AC}$ igual a 30 mm.

5) Construa o retângulo ABCD, sabendo que suas diagonais medem 60 mm e o maior ângulo formado entre elas é 135°.

Atividades de aprendizagem

Questões para reflexão

1) Analise a seguinte situação: Você dispõe de papel e tesoura e precisa mostrar a indivíduos que estão iniciando os estudos sobre triângulos que a soma dos ângulos internos de um triângulo é 180°. Como você pode realizar essa demonstração?

2) É possível afirmar que todo quadrado é um retângulo e um losango ao mesmo tempo? Explique.

Atividade aplicada: prática

1) Na subseção sobre o teorema de Pitágoras, apresentamos algumas figuras construídas sobre os lados de um triângulo retângulo. Para elas, a soma das áreas das figuras construídas sobre os catetos é igual à área da figura construída sobre a hipotenusa. Procure identificar outras figuras que seguem essa regra e analise essas figuras.

Neste capítulo, apresentamos os conceitos de tangência e concordância por meio de algumas aplicações, bem como os métodos para a construção de tangentes exteriores e interiores a duas circunferências.

Na sequência, abordamos a divisão da circunferência em partes iguais: métodos exatos, aproximados e método geral. Como aplicações da divisão de circunferência, analisamos as construções de polígonos regulares e polígonos estrelados.

Finalizamos o capítulo verificando o procedimento para retificar a circunferência e o arco de circunferência, ou seja, determinar graficamente (de forma linear) o comprimento da circunferência e do arco de circunferências.

3
Circunferências e polígonos regulares

3.1 Tangência e concordância

Iniciamos esta seção analisando a Figura 3.1, em que consta uma correia e duas engrenagens, como as que estão presentes nas bicicletas. Uma engrenagem é denominada *coroa* e a outra, *catraca*.

Figura 3.1 – Correia e duas engrenagens

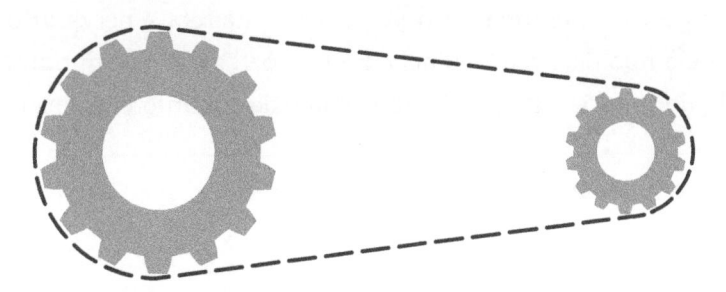

Na Figura 3.1, se traçamos as retas suporte dos pedaços da correia que não estão em contato com as engrenagens, podemos verificar que estas tocam cada engrenagem em apenas um ponto (Figura 3.2).

Figura 3.2 – Retas suporte da correia da Figura 3.1

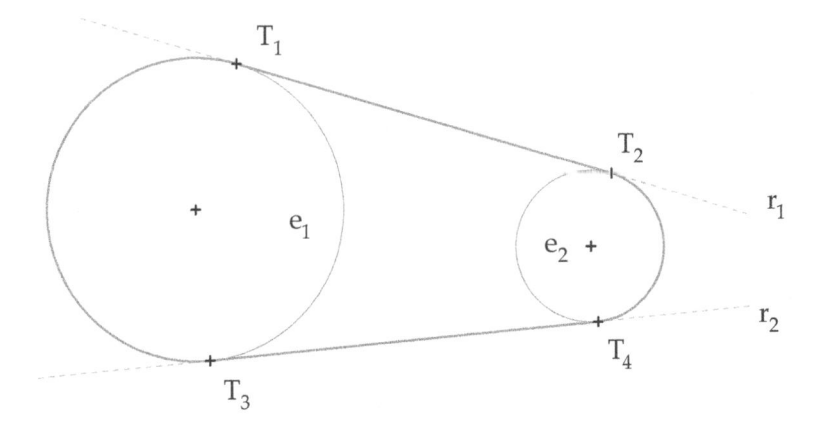

Os pontos T_1, T_2, T_3 e T_4 são denominados *pontos de tangência* por serem os únicos pontos comuns às duas curvas ($T_1 : r_1 \cap e_1$; $T_2 : r_1 \cap e_2$; $T_3 : r_2 \cap e_1$; $T_4 : r_2 \cap e_2$).

Com isso, podemos definir reta tangente a uma curva como a reta que tem apenas um ponto comum com a curva.

O conceito de tangência é estendido ao caso de termos duas curvas; assim, uma curva é tangente a outra quando estas têm apenas um ponto em comum.

Vamos analisar o caso em que a curva é uma circunferência.

Importante!
A circunferência é uma linha curva, fechada e plana. Ainda, todos os pontos pertencentes à circunferência estão à mesma distância (raio) de um ponto fixo (centro da circunferência) (Putnoki, 1989).

Para que haja tangência entre uma circunferência e uma reta, é necessário que o ângulo formado pela reta e pelo raio da circunferência, no ponto *T*, seja 90°. Em outras palavras, a reta tangente a uma circunferência é perpendicular ao raio da circunferência no ponto de tangência.

Figura 3.3 – Tangência entre reta e curva

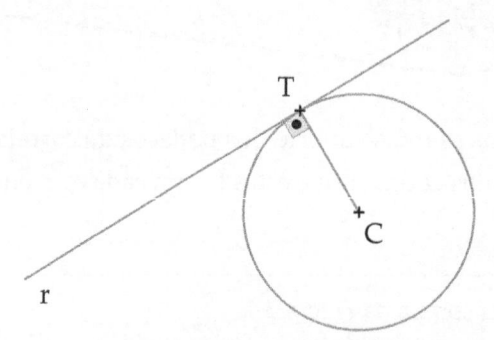

Para que duas circunferências sejam tangentes, é necessário que o centro delas e o ponto de tangência estejam na mesma reta, isto é, que sejam colineares.

Figura 3.4 – Tangência entre circunferências

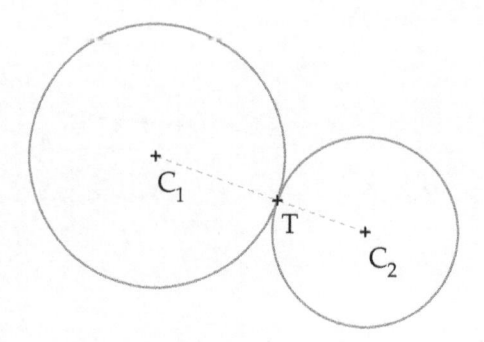

O estudo e o conhecimento das duas propriedades de tangência citadas (reta e circunferência; circunferência e circunferência) são importantes para abordarmos o conceito de concordância.

A concordância entre uma reta e uma curva ou entre duas curvas é a união dessas formas geométricas, em que se pode passar de uma forma para a outra de maneira suave. É facilmente encontrada em objetos de nosso cotidiano, pois não formam quinas, tornando o manuseio agradável.

No desenho de um vaso indicado na Figura 3.5, apresentamos quatro concordâncias: C_1 e C_2 são concordâncias entre reta e circunferência; C_3 e C_4 são concordâncias entre duas circunferências.

Figura 3.5 – Exemplo de concordâncias

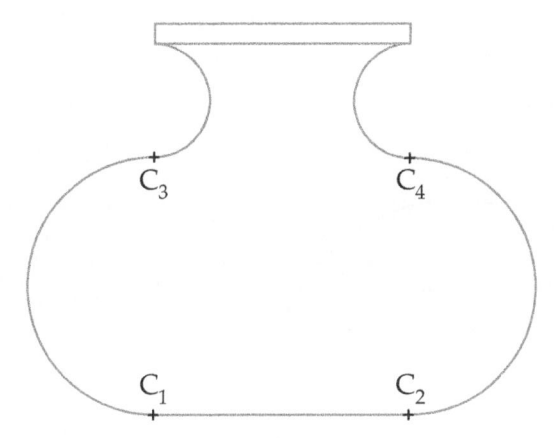

Analisando o traçado (Figura 3.6) do vaso da Figura 3.5, percebemos que, para haver concordância, é necessário que primeiro haja tangência.

Figura 3.6 – Traçado do vaso da Figura 3.5

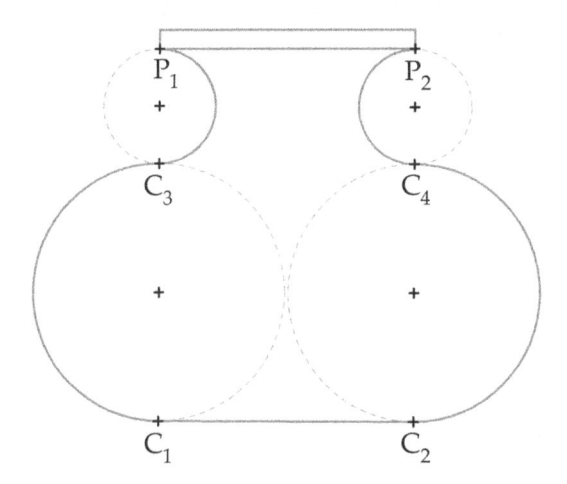

No entanto, nem todas as tangências resultarão em concordâncias, como no caso dos pontos P_1 e P_2 da Figura 3.6, em que a figura passa de uma reta para uma curva por meio de uma reversão.

Compreendida a diferença entre *tangência* e *concordância*, vamos analisar novamente a Figura 3.1 (correia, coroa e catraca), em que temos duas circunferências e retas tangentes às circunferências.

Para construir esse desenho, vamos utilizar o processo denominado *tangente exterior*.

3.1.1 Processo de construção de tangente exterior

Dadas duas circunferências (e_1 e e_2), para construir a reta tangente exterior (r_1) a essas duas circunferências, devemos construir uma nova circunferência (e_3). A circunferência e_3 deve ser concêntrica com a circunferência de raio maior (nesse caso, e_1) e a medida de seu raio deve ser a diferença entre os raios das duas circunferências dadas ($e_1 - e_2$).

Figura 3.7 – Determinando e_3

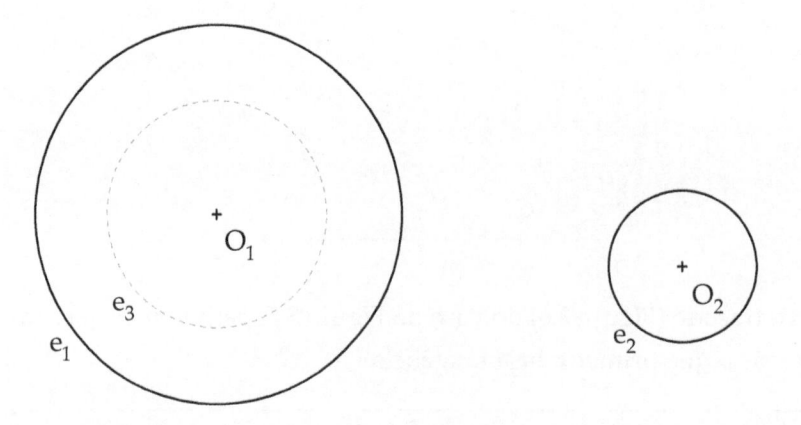

Construída e_3, o problema se resume a determinar a reta tangente t a e_3 e que contenha o ponto O_2. Para isso, traçamos o arco capaz de 90° de $\overline{O_1O_2}$ e sua interseção com e_3 fornece o ponto de tangência T, sendo a reta tangente $t = \overleftrightarrow{TO_2}$.

Figura 3.8 – Determinando a reta *t* tangente a e_3 e que contém O_2

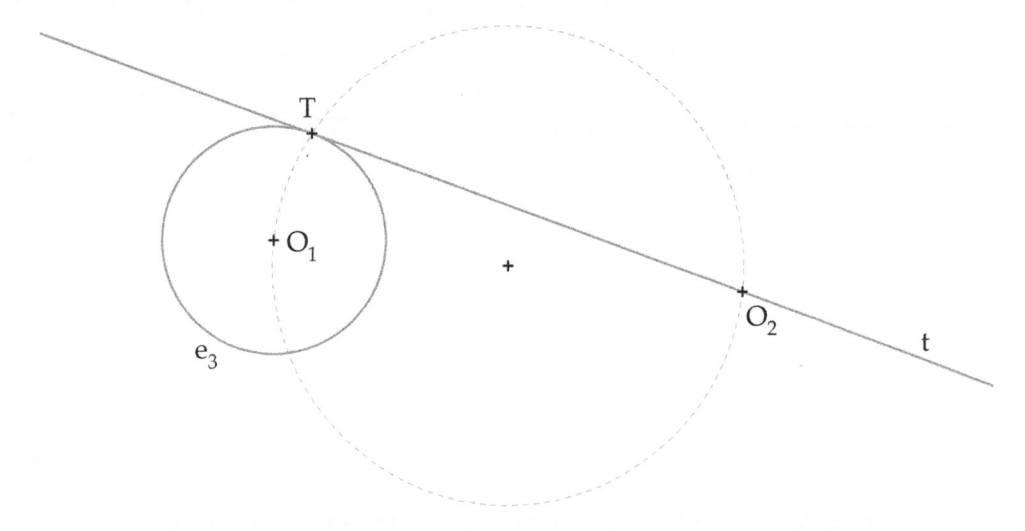

Para obter os pontos de tangência T_1 e T_2 em e_1 e e_2, respectivamente, devemos traçar duas retas perpendiculares a *t*: uma contendo O_1 e outra contendo O_2.

Figura 3.9 – Obtendo T_1 e T_2, e_1 e e_2

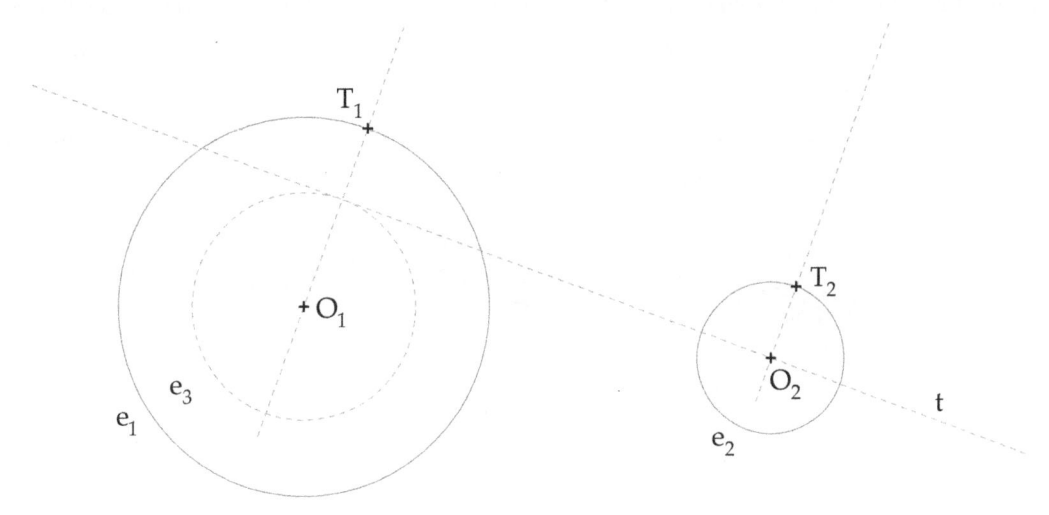

Dessa forma, $r_1 = \overline{T_1 T_2}$ é reta tangente a e_1 e e_2, também denominada *tangente exterior*.

Figura 3.10 – Tangente exterior a duas circunferências

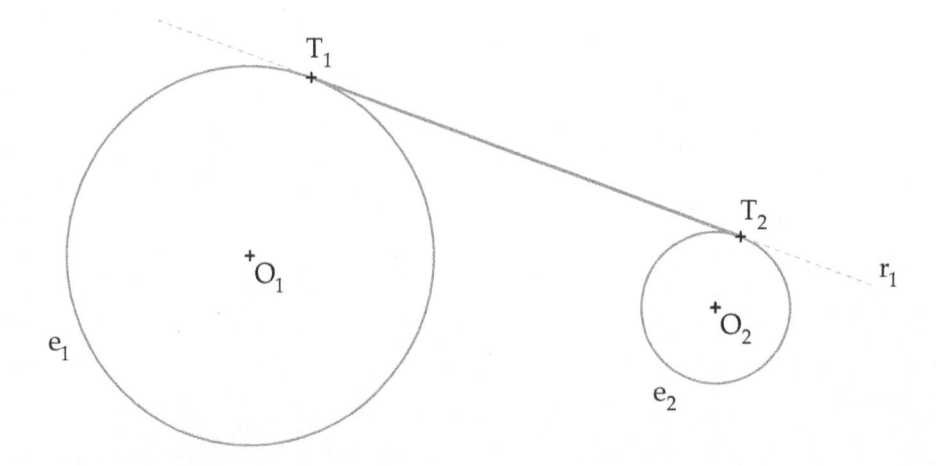

Esse método também é chamado *método da contração*, pois podemos associar e_3 à circunferência e_1 com o raio diminuído (contraído).

O procedimento pode ser aplicado na parte inferior para determinar T_3 e T_4, construindo, assim, a Figura 3.2.

O mecanismo apresentado na Figura 3.1 faz com que a correia e as engrenagens girem no mesmo sentido. No entanto, existem mecanismos em que é necessário que as correias girem em sentidos contrários, ou seja, uma gire no sentido horário e outra no sentido anti-horário, como apresentado na Figura 3.11.

Figura 3.11 – Mecanismo com correias cruzadas

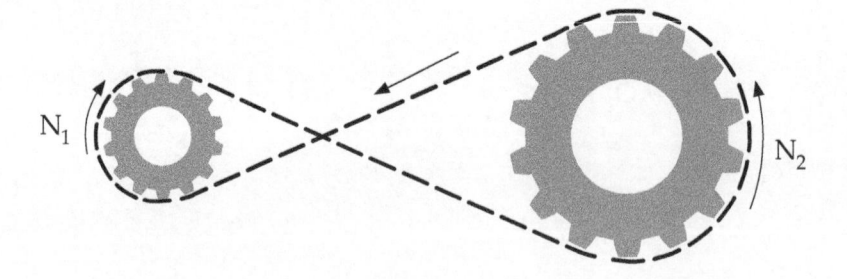

Analisando a Figura 3.11, percebemos que as retas suportes contendo as partes da correia que não estão em contato com as engrenagens são tangentes internamente a essas engrenagens. O procedimento para construir essas retas tangentes é denominado *tangente interior*.

3.1.2 Processo de construção de tangente interior

Dadas duas circunferências (e_1 e e_2), para construir a reta tangente interior (r_1) a essas duas circunferências, devemos construir uma nova circunferência (e_3). A circunferência e_3 deve ser concêntrica com a circunferência de raio maior (nesse caso, e_1) e a medida de seu raio deve ser a soma entre os raios das duas circunferências dada ($e_1 + e_2$).

Figura 3.12 – Determinando e_3

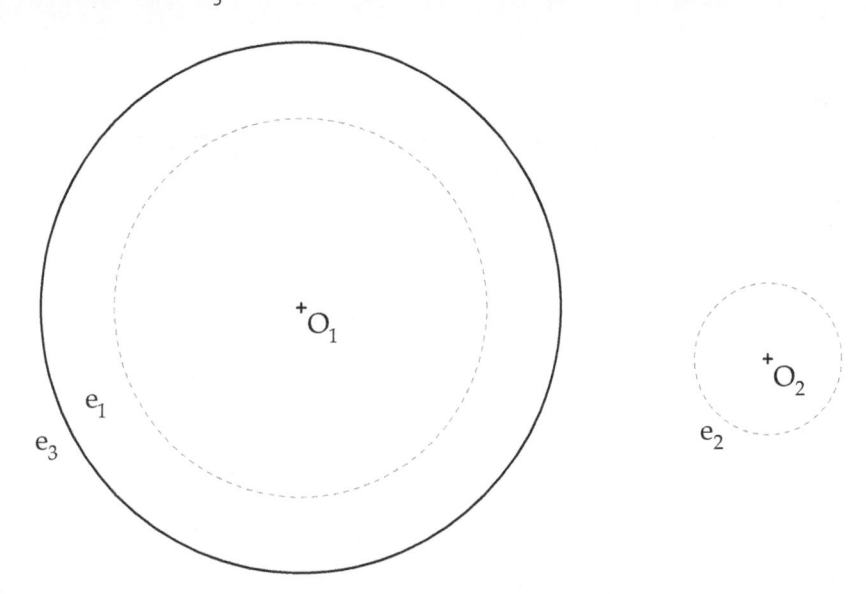

Construída e_3, o problema se resume a determinar a reta tangente t a e_3 e que contenha o ponto O_2. Para isso, traçamos o arco capaz de 90° de $\overline{O_1O_2}$ e sua interseção com e_3 fornece o ponto de tangência T, sendo a reta tangente t = $\overleftrightarrow{TO_2}$.

Figura 3.13 – Determinando a reta t tangente a e_3 e que contém O_2

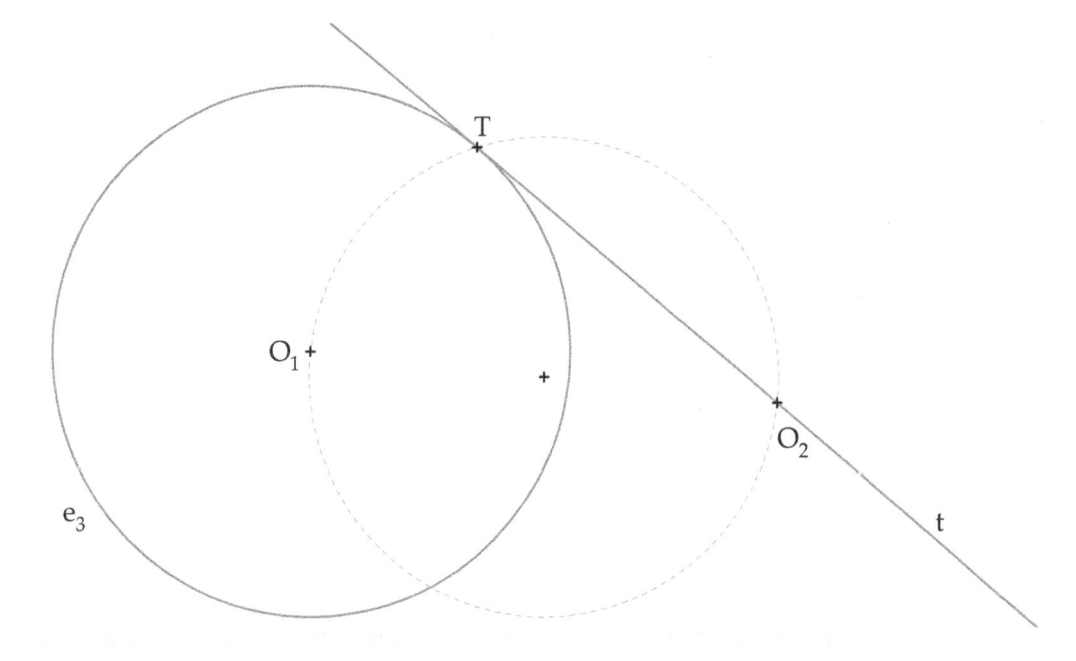

Para obter os pontos de tangência T_1 e T_2 em e_1 e e_2, respectivamente, devemos traçar duas retas perpendiculares a t: uma contendo O_1 e outra contendo O_2.

Figura 3.14 – Obtendo T_1 e T_2 em e_1 e e_2, respectivamente

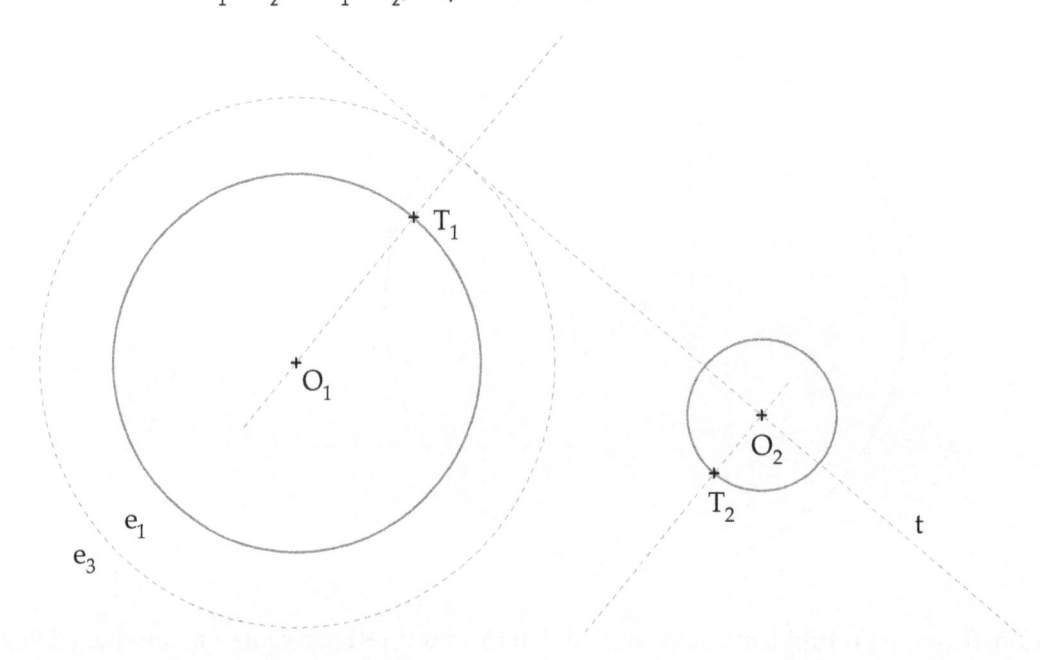

Dessa forma $r_1 = \overleftrightarrow{T_1T_2}$ é reta tangente a e_1 e e_2, também denominada *tangente interior*.

Figura 3.15 – Tangente interior a duas circunferências

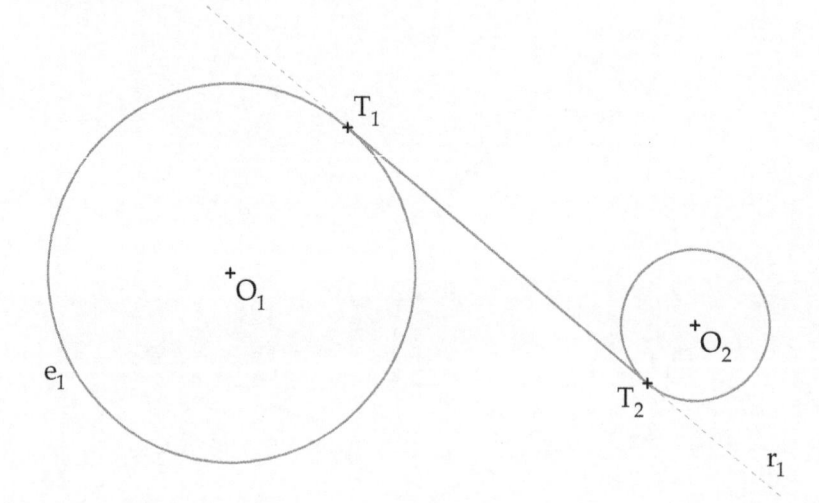

Esse método também é denominado *método da dilatação*, pois podemos associar e_3 à circunferência e_1 com o raio aumentado (dilatado).

O procedimento pode ser aplicado novamente para obter T_3 e T_4, construindo, assim, a Figura 3.11.

> **Indicações culturais**
>
> PANTOJA, J. C. T.; SOUSA, F. S. de. Uma proposta de ensino de arcos geométricos utilizando a Casa das Onze Janelas. In: ENCONTRO NACIONAL DE EDUCAÇÃO MATEMÁTICA, 12., 2016, São Paulo.
>
> Os autores apresentam uma proposta didática, abordando a construção de arcos geométricos presentes no monumento Casa das Onze Janelas, obra arquitetônica, histórica e cultural de Antônio José Landi, situada no centro histórico de Belém, Pará.
>
> ROCHA, S. M. M. **O desenho de arcos como formas de modelação e construção do real**. 151 f. Dissertação (Mestrado em Ensino de Artes Visuais) – Universidade de Lisboa, Lisboa, 2014. Disponível em: <http://repositorio.ul.pt/bitstream/10451/15915/1/ulfpie046939_tm_tese.pdf>. Acesso em: 2 set. 2019.
>
> Rocha aborda um projeto pedagógico aplicado tratando das formas geométricas, mais especificamente, da percepção e da representação de arcos arquitetônicos.
>
> SÁNCHEZ, N. S. **Geometría de los arcos**: guía para la construcción y trazado de arcos. Murcia, jul. 2011. Disponível em: <http://bibliotecadigital.educarm.es/bidimur/i18n/catalogo_imagenes/grupo.cmd?path=1000233>. Acesso em: 2 set. 2019.
>
> A obra apresenta diversas formas de arcos, com descrição e procedimentos de construção.
>
> TAHAN, M. **As maravilhas da matemática**. 2. ed. Rio de Janeiro: Bloch, 1973.
>
> Sobre circunferências tangentes e concordâncias, leia o capítulo "Círculos que se tocam com harmonia e beleza", em que Tahan (1973, p. 115) escreve: "Durante o reinado, no Egito, de Ptolomeu IV, o Filopator, viveu em Alexandria (222-205 a.C.) um geômetra chamado Apolônio de Pérgamo. Foi autor de uma obra famosa, em oito livros, sobre as seções cônicas, e estudou muitos problemas entre os quais o 'problema dos círculos tangentes' que é aqui enunciado".

3.2 Divisão de circunferência em partes iguais

Uma das aplicações da divisão da circunferência em n partes iguais (com $n \geq 3$) é a construção de polígonos regulares, pois os pontos que obtemos na divisão da circunferência são os vértices do polígono solicitado. Por exemplo, se quisermos um hexágono regular, temos de dividir a circunferência em seis partes iguais.

No entanto, para a divisão da circunferência em partes iguais, nem sempre existem métodos exatos, em que cada parte da divisão será igual a outra. Assim, os métodos podem ser exatos, aproximados (em que uma das partes é maior ou menor que as demais) ou gerais (em que os "erros" cometidos na divisão são dissipados em todas as partes).

Ao apresentar um método, este pode ser utilizado para a construção de outros polígonos traçando a bissetriz dos ângulos (cujo vértice é o centro da circunferência) formados em cada parte da circunferência. Por exemplo, utilizando o mesmo método de divisão da circunferência em seis partes iguais, podemos obter a divisão em 12 partes iguais, traçando a bissetriz em cada uma das seis partes obtidas. Por consequência, se quisermos dividir a circunferência em 24 partes iguais, traçamos a bissetriz dos ângulos de cada uma das 12 partes indicadas anteriormente. Podemos fazer isso sucessivamente para cada um dos métodos exatos ou aproximados que vamos analisar.

Notação

l_n é o comprimento do segmento cujas extremidades são dois pontos subsequentes da divisão da circunferência em n partes iguais.

Exemplo: se a circunferência for dividida em seis partes iguais, o segmento com extremidades dois pontos subsequentes nessa divisão é denominado l_6.

Figura 3.16 – Obtenção de l_6

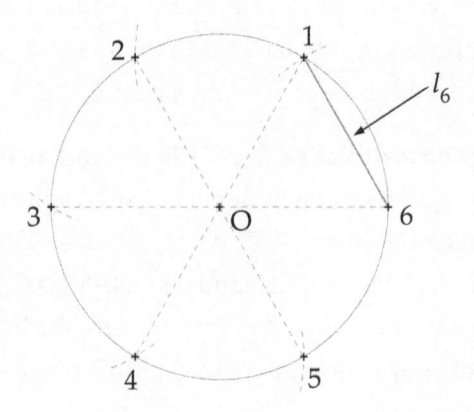

Ainda, l_n é a medida do lado do polígono regular com n lados.

Vamos iniciar nossos estudos de divisão de circunferência analisando alguns métodos exatos.

3.2.1 Métodos exatos

Os métodos exatos permitem obter partes realmente iguais ao realizar a divisão. É evidente que a construção com régua e compasso poderá gerar erros de precisão, por isso, é importante usar algum dos *softwares* de geometria dinâmica (que serão discutidos mais adiante nesta obra).

O método mais simples é o utilizado para **dividir uma circunferência em duas partes iguais**, pois consiste em traçar um diâmetro da circunferência. As extremidades do diâmetro são os dois pontos procurados, ou seja, os pontos que dividem a circunferência em duas partes iguais. Nesse procedimento, obtemos dois ângulos centrais de 180° (Figura 3.17a).

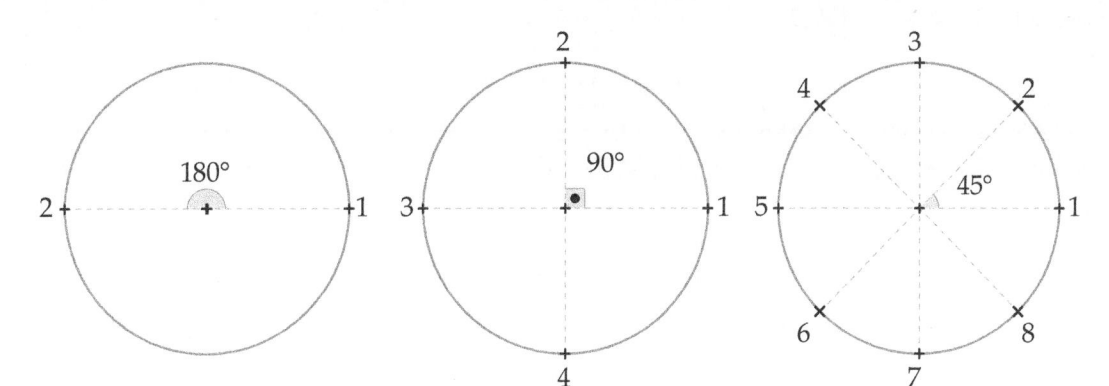

Figura 3.17 – Divisão da circunferência em n = 2, 4, 8, 16, ..., = 2 · 2^m partes iguais, com m ∈ N

(a) (b) (c)

Para dividir a circunferência em quatro partes iguais, traçamos as bissetrizes dos dois ângulos de 180°, obtendo quatro ângulos de 90° (Figura 3.17b). Já para dividir em oito partes iguais, traçamos a bissetriz de cada ângulo de 90°, obtendo ângulos de 45° (Figura 3.17c). Assim, esse método fornece as divisões em *n* partes iguais, n = 2, 4, 8, 16, ... = 2 · 2^m partes, com m ∈ N.

O próximo método fornece a **divisão da circunferência em seis partes iguais** (Figura 3.18b) e também em três partes iguais quando tomamos um ponto sim e um ponto não dessa divisão (Figura 3.18a). Dessa forma, o método fornece n = 3, 6, 12, 24, ... = 3 · 2^m partes, com m ∈ N.

Figura 3.18 – Divisão da circunferência em n = 3, 6, 12, 24, ... = 3 · 2^m partes iguais, com m ∈ N

(a) (b) (c)

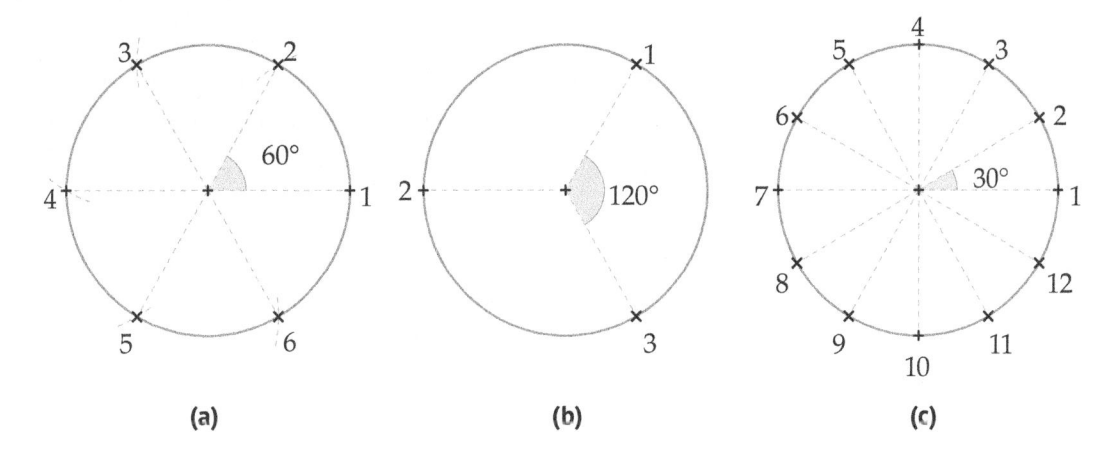

Para isso, temos de lembrar a construção da rosácea de seis pétalas, apresentada anteriormente, em que o raio da circunferência é a distância entre os pontos subsequentes da circunferência que fornecem as seis partes.

Para a obtenção da **divisão da circunferência em cinco partes iguais**, vamos utilizar a propriedade que informa que l_{10} é igual ao segmento áureo do raio da circunferência. Assim, o processo de construção de l_{10} em uma circunferência de centro O e raio r é apresentado a seguir e está representado na Figura 3.19:

1. Trace $\overline{AC}$ e $\overline{BD}$ diâmetros perpendiculares entre si.
2. Obtenha o ponto M, ponto médio de $\overline{OA}$.
3. Obtenha o ponto $E = \text{Circunf}(M, MC) \cap \overline{OC}$.
4. $l_{10} = \overline{OE}$.

Figura 3.19 – Construção de l_{10}

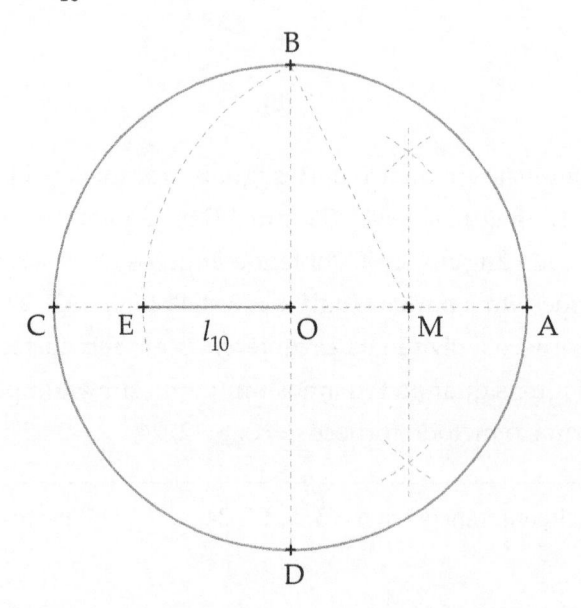

Uma vez determinado o valor de l_{10}, podemos marcar nessa circunferência os 10 pontos que a dividiram em 10 partes iguais. Ainda, na Figura 3.19, ao construirmos o triângulo OBE retângulo em O, temos que l_5 é hipotenusa ($\overline{BE}$) do triângulo retângulo cujos catetos são $l_6 (\overline{OB})$ e $l_{10}(\overline{OE})$.

Figura 3.20 – Construção de l_5, l_6 e l_{10}

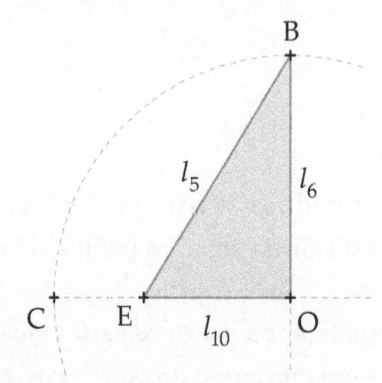

Os métodos exatos apresentados são os que utilizamos mais comumente. Existem outros, mas não os abordaremos nesta obra.

3.2.2 Métodos aproximados

Como o próprio nome informa, os métodos aproximados não fornecem com precisão os valores para a divisão da circunferência e sempre haverá um erro, por falta ou excesso. Isso quer dizer que a última parte da divisão da circunferência será maior que as demais (no caso de erro por falta) ou será menor que as demais (no caso de erro por excesso).

No entanto, esses erros são na casa de milésimos; assim, se o valor exato entre um ponto da divisão da circunferência e o ponto subsequente for 1 m, o valor aproximado será 1,001 m (erro por excesso) ou 0,999 m (erro por falta).

Na Figura 3.21, é abordado o caso da **divisão da circunferência em sete partes iguais**, por consequência em $n = 7, 14, 28\ldots = 7 \cdot 2^m$ partes, com $m \in \mathbb{N}$.

O processo para determinar l_7 em uma circunferência de centro O e raio r é descrito a seguir.

1. Trace a mediatriz do raio da circunferência, obtendo B na circunferência e C como ponto médio do raio.
2. Trace a $\text{Circunf}(B, \overline{BC})$ e, na interseção com a circunferência dada, obtenha o ponto 1.
3. $\overline{B1}$ é l_7.

Figura 3.21 – Divisão da circunferência em $n = 7, 14, 28\ldots = 7 \cdot 2^m$ partes, com $m \in \mathbb{N}$

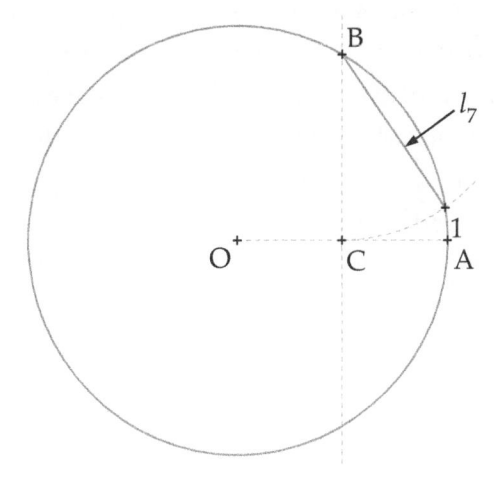

O método aproximado para l_7 gera um erro por falta, como pode ser observado na Figura 3.22.

Figura 3.22 – Circunferência dividida em sete partes: (a) processo da Figura 3.21; (b) ampliação para verificação da imprecisão

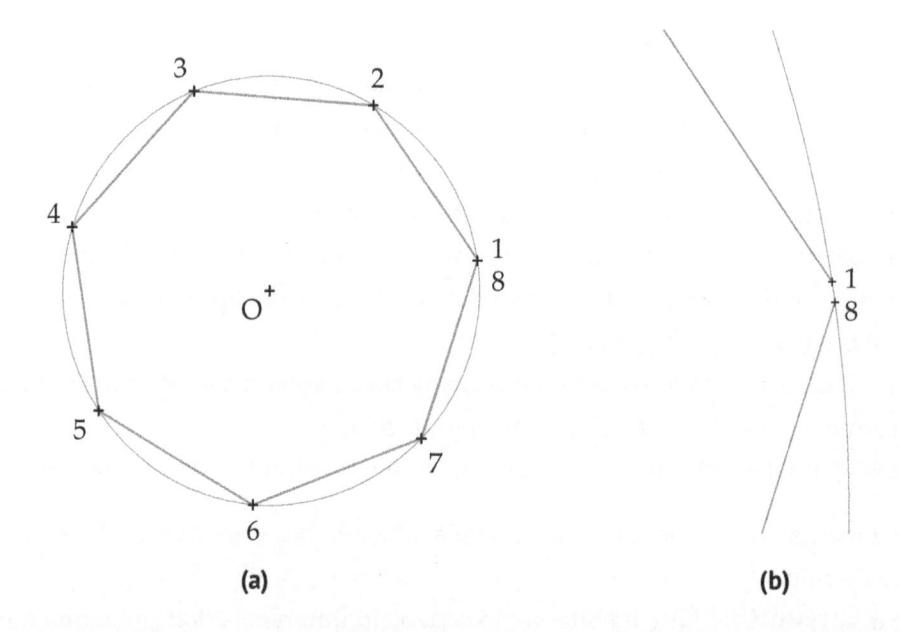

Indicações culturais

TAHAN, M. **As maravilhas da matemática**. 2. ed. Rio de Janeiro: Bloch, 1973.

Sobre a construção de polígono regular por método não exato, leia o capítulo "O heptágono regular e seu perfume", em que Tahan (1973, p. 65) comenta que: "O heptágono regular, o polígono que os árabes tanto admiram, não pode ser traçado com precisão matemática. O mais hábil desenhista, ao construí-lo, comete um erro. Diziam os antigos que, sendo um polígono sagrado, não podia ser construído pelo homem".

Os métodos aproximados não são muito utilizados, uma vez que, para cada método, há um procedimento diferente a ser realizado. Assim, há a possibilidade de ser utilizado algum processo geral, o que será visto a seguir.

3.2.3 Processo geral

Um processo geral deve ser utilizado apenas quando não se conhece um método exato de divisão da circunferência em n partes iguais. Nesta obra, apresentamos o processo geral de Rinaldini. Diferentemente dos métodos aproximados, ele dissipa o erro em todas as divisões da circunferência, e não somente na última parte.

Vamos usar o processo aplicado à divisão da circunferência em nove partes iguais. Para isso, temos de dividir o diâmetro $\overline{PQ}$ da circunferência em n partes iguais (n = 9, neste exemplo), conforme explicação dada na seção 2.4.

Figura 3.23 – Divisão do diâmetro $\overline{PQ}$ da circunferência em n partes iguais

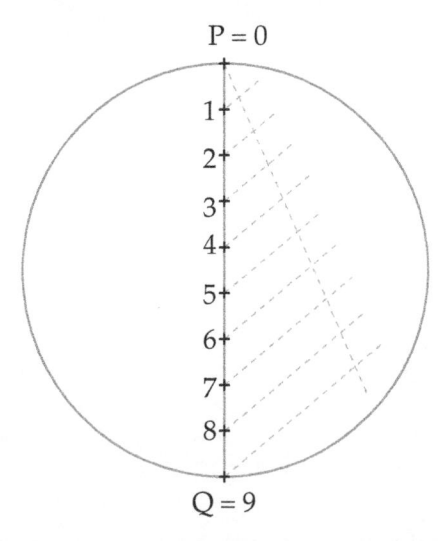

Em seguida, determinamos R e S tais que a distância desses pontos até P e Q seja igual ao diâmetro da circunferência. Prosseguimos traçando as semirretas com origem em R e em S passando pelos números pares (ou ímpares, devemos escolher uma dessas condições) até obter a segunda interseção com a circunferência.

Figura 3.24 – Obtenção dos pontos R e S e construção das semirretas

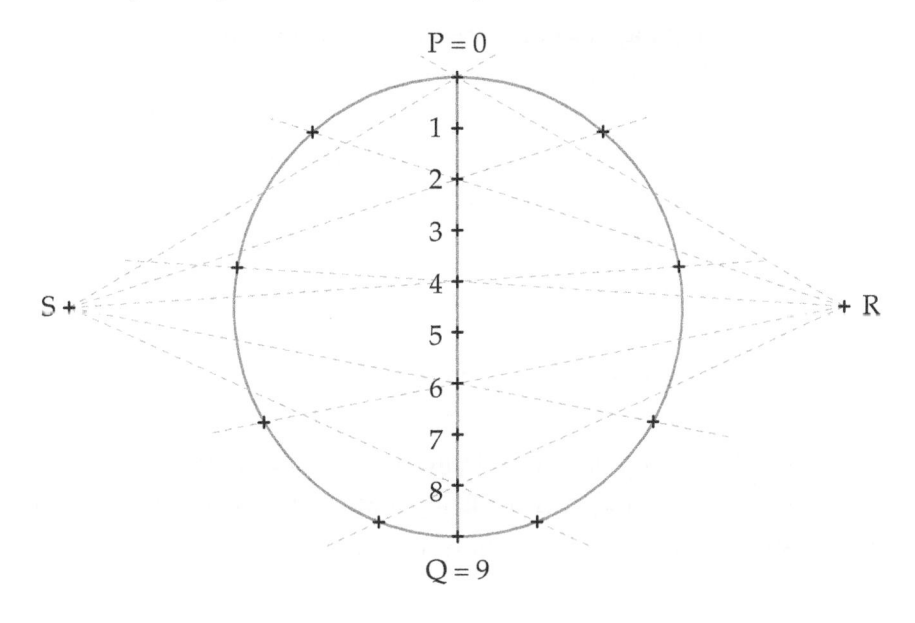

Os pontos da segunda interseção com a circunferência são seus pontos de divisão em *n* partes iguais (n = 9, nesse exemplo).

Figura 3.25 – Divisão da circunferência em nove partes

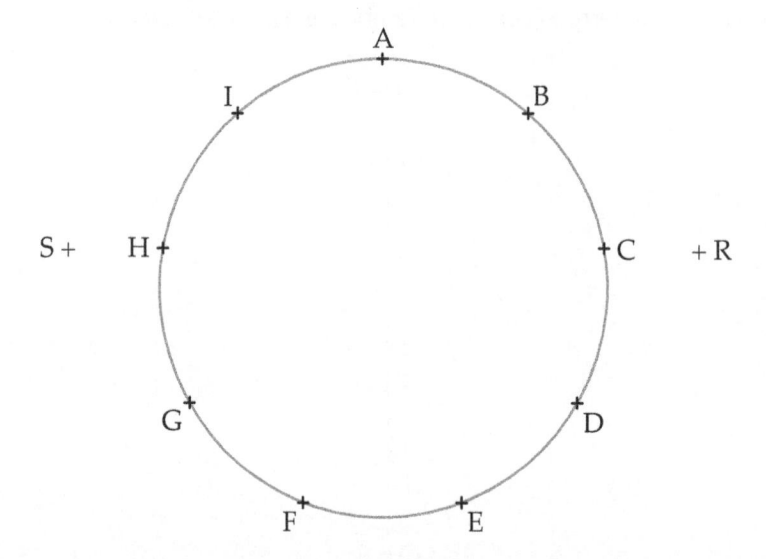

Cabe ressaltar que, para dividirmos a circunferência em outras quantidades de partes, basta dividirmos o diâmetro na quantidade que queremos e prosseguirmos com o método a partir da Figura 3.24.

Como dito no início desta seção, uma das aplicações da divisão da circunferência é a construção de polígonos regulares, assunto que será abordado na próxima seção.

3.3 Polígonos regulares

Segundo Putnoki (1989), um polígono é dito *regular* quando a medida de seus lados e ângulos internos é igual. O autor ainda informa que todo polígono regular pode ser inscrito em uma circunferência. Com isso, para construirmos um octógono, por exemplo, dividimos a circunferência em oito partes iguais e utilizamos os pontos da divisão como vértices do octógono.

Em muitos casos, é necessária a construção de um polígono regular com certa medida de lado dada. Para isso, devemos utilizar uma transformação geométrica denominada *homotetia*.

3.3.1 Homotetia

Como obter um octógono regular com uma medida de lado dada?

Perceba que não há como saber, em nenhum método da divisão da circunferência, qual será a medida do lado do polígono regular. No entanto, a figura solicitada no questionamento que inicia esta seção é semelhante a qualquer octógono regular. Assim, utilizaremos o método de homotetia para construir uma figura semelhante a outra figura dada.

Nesse método, são preservados a forma e os ângulos da figura dada, e as alterações ocorrem nas medidas lineares (podendo ser ampliadas ou reduzidas).

Para esse exemplo específico, o primeiro passo é construir o octógono regular utilizando uma circunferência com raio qualquer. Depois disso, utilizamos o procedimento descrito a seguir, que pode ser generalizado para qualquer figura.

Traçamos duas semirretas cujas origens sejam o centro da circunferência e cada uma delas contendo uma das extremidades de um dos lados do polígono regular, nesse caso, A e B. Ainda, sobre esse lado do polígono, marcamos a medida que queremos para o octógono, partindo de A em direção a B, obtendo I, em que $\overline{AI}$ é a medida dada para o lado do octógono.

Figura 3.26 – Marcando a medida do octógono

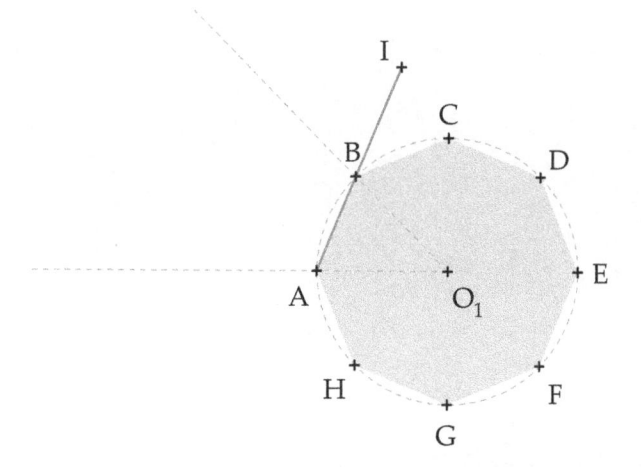

Em I, traçamos uma paralela a $\overrightarrow{O_1A}$ até obter J em $\overrightarrow{O_1B}$. Em seguida, em J, traçamos uma paralela a $\overrightarrow{AB}$ obtendo K em $\overrightarrow{O_1A}$. O segmento $\overline{JK}$ tem a medida solicitada para o polígono regular.

Figura 3.27 – Traçando o lado do octógono

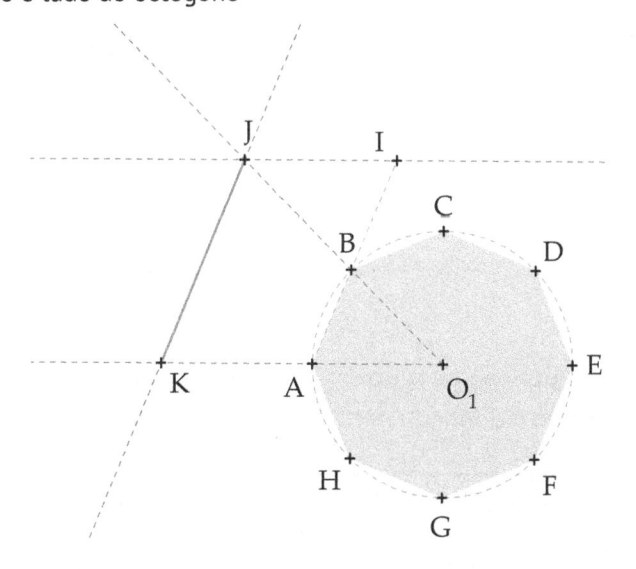

Para finalizar, traçamos os segmentos $\overline{KL}$ // $\overline{AH}$ e $\overline{LM}$ // $\overline{HG}$, e assim sucessivamente com a medida de $\overline{JK}$, até obter o octógono solicitado.

Figura 3.28 – Octógono construído com a medida do lado dada

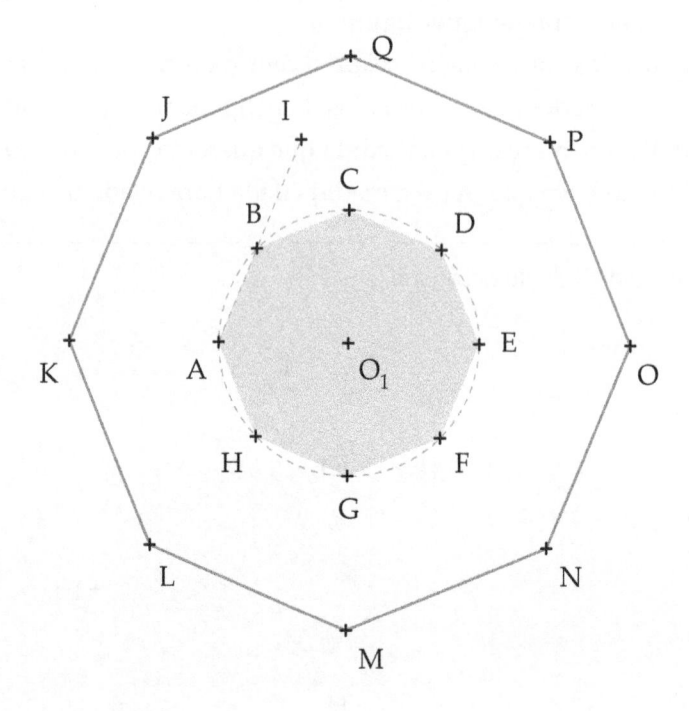

3.3.2 Escala poligonal de Delaistre[1]

Outra forma de obter um polígono regular, mas, nesse caso, por um método aproximado, é utilizando a escala poligonal de Delaistre.

Independentemente da quantidade de lados do polígono que queremos construir, o procedimento-base é o seguinte:

1. Marque a medida do lado do polígono a ser construído ($\overline{AB}$).
2. Obtenha $u = \dfrac{1}{6}\overline{AB}$.
3. Construa a med$_{\overline{AB}}$ e obtenha o ponto 6, tal que a distância de 6 até A (consequentemente, de 6 até B) seja igual à medida do segmento $\overline{AB}$.
4. Obtemos, então, os pontos 7, 8, 9, e assim sucessivamente, mantendo a distância u entre eles.

Os pontos obtidos no item 4 são os centros das circunferências circunscritas dos polígonos regulares (aproximados) cujo lado mede $\overline{AB}$.

---

[1] François-Nicolas Delaistre foi um escultor francês que viveu entre 1746 e 1832.

Figura 3.29 – Procedimento-base da escala poligonal de Delaistre

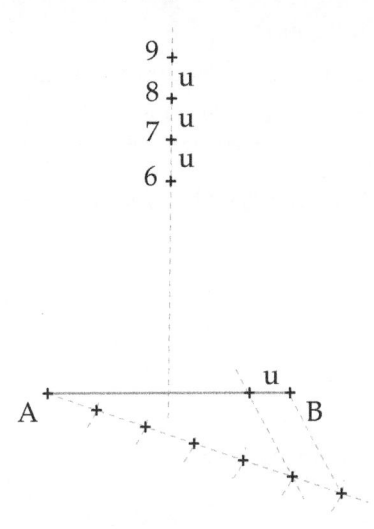

Na Figura 3.30, a seguir, construímos o octógono regular com medida $\overline{AB}$ dada, em que 8 é o centro da circunferência que contém A e B.

Figura 3.30 – Construção do octógono utilizando a escala poligonal de Delaistre

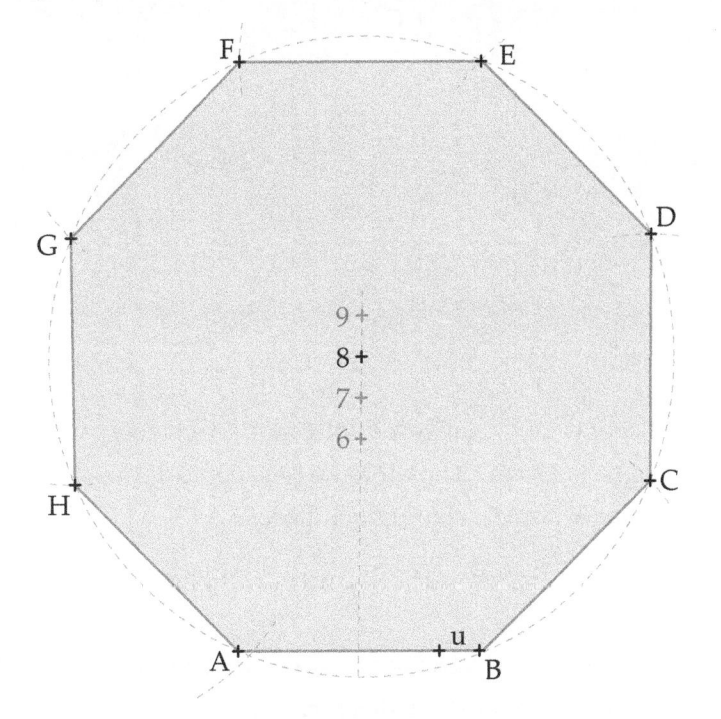

Na Figura 3.30, realizamos os quatro passos indicados para a obtenção da Figura 3.29 e, como queremos um octógono, escolhemos o ponto 8 para dar continuidade ao procedimento traçando a Circunf(8, A8).

Observação: Se quiséssemos construir um eneágono, construiríamos a Circunf(9, A9), e assim sucessivamente para os demais polígonos.

Tendo a circunferência traçada, precisamos definir os demais vértices do polígono sobre ela. Para isso, partimos de *B* marcando *C* a *H* com distância $\overline{AB}$, obtendo, assim, o octógono *ABCDEFGH*.

O método é aproximado, visto que o lado $\overline{AH}$ é menor que os demais.

3.4 Polígonos estrelados

Outra aplicação para a divisão de circunferências em partes iguais é a construção de polígonos estrelados.

Figura 3.31 – Polígonos estrelados de nove pontas

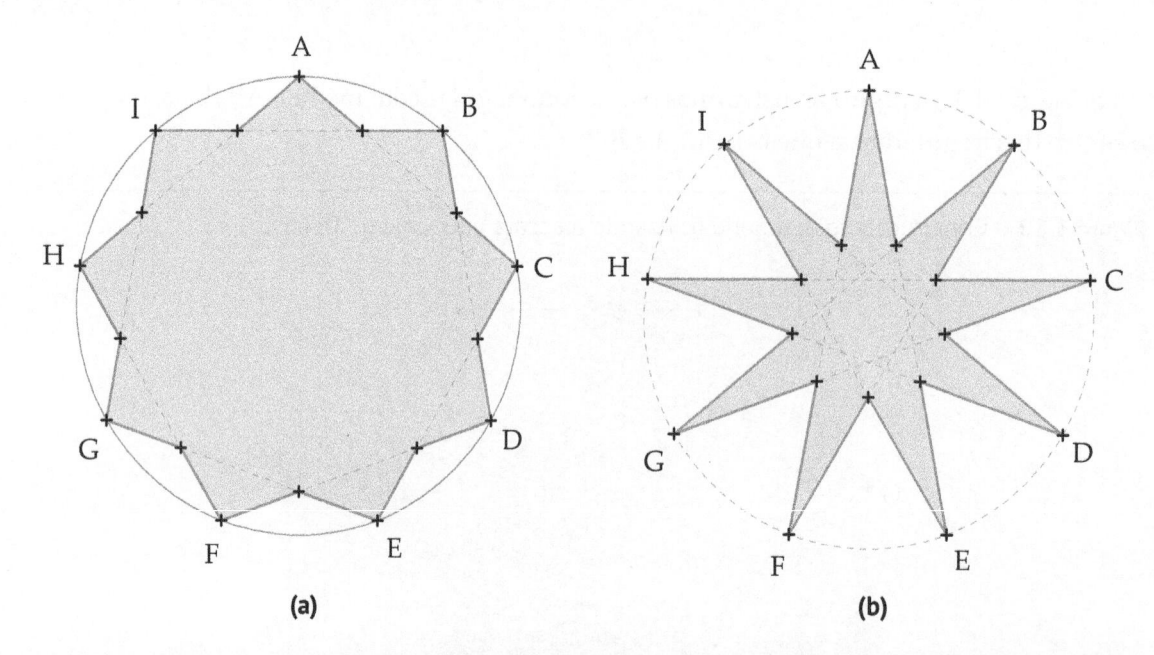

(a)　　　　(b)

Conforme Cole (2013), para a construção dos polígonos estrelados, partimos da divisão da circunferência em *n* partes iguais. Assim, denominamos cada ponto da divisão de v_j (com j = 1, 2, ..., n) e devemos uni-los de *m* em *m* pontos, sob três condições:

1. m ≠ 1, pois a união de um em um vértice fornecerá o polígono regular (não estrelado);
2. m < n/2;
3. *m* e *n* devem ser primos entre si (caso *m* e *n* não sejam primos entre si, obtemos polígonos estrelados com número de lados menor que *n*).

Assim, as Figuras 3.31a e 3.31b apresentam eneágonos (n = 9) regulares estrelados. Para a construção desses polígonos, foi necessário dividirmos a circunferência em 9 partes iguais. Na sequência, realizamos a seguinte análise:

1. m não pode ser 1;
2. m deve ser menor que a metade de 9, ou seja, menor que 4,5. Então, m pode ser 2, 3 ou 4.
3. m e n devem ser primos entre si, ou seja, o único divisor comum é 1, com isso:
   - 9 e 2 são primos entre si;
   - 9 e 4 são primos entre si;
   - 9 e 3 não são primos entre si, pois 3 é divisor comum.

Assim, na Figura 3.31a, unimos os vértices de dois em dois. Já na Figura 3.31a, unimos os vértices a cada quatro.

Indicações culturais

TAHAN, M. **As maravilhas da matemática**. 2. ed. Rio de Janeiro: Bloch, 1973.

Nessa obra, Tahan (1973, p. 197) descreve: "Estudam os matemáticos uma teoria notável, de larga aplicação em todos os ramos da ciência que é chamada 'teoria dos limites'. De acordo com essa belíssima teoria o círculo é um polígono sim, um polígono com uma infinidade de lados". Veja a relação de polígonos estrelados com a teoria que Malba Tahan apresenta no capítulo "Circunferência feita com retas".

COLE, B. S. **Polígonos estrelados regulares**. 29 f. Trabalho de conclusão (Mestrado em Matemática) – Universidade Federal Rural de Pernambuco, Recife, 2013. Disponível em: <http://www.dm.ufrpe.br/sites/www.dm.ufrpe.br/files/tcc_bruno_salgado_cole.pdf>. Acesso em: 1º out. 2019.

Considerações matemáticas sobre a construção dos polígonos regulares podem ser estudadas nessa dissertação.

3.5 Retificação da circunferência

Nas seções anteriores, abordamos os métodos para dividir circunferências em partes iguais. No entanto, muitas vezes, temos de dividir um arco em partes iguais e, para isso, há outros métodos, que consistem em retificar (tornar reto) e desretificar (processo inverso da retificação) um arco de circunferência.

A retificação de uma circunferência é necessária para obter a resolução de um problema proposto por antigos geômetras gregos: quadratura do círculo. A quadratura do círculo consiste em obter um quadrado com a mesma área de um círculo, ou seja, o círculo e o quadrado devem ser equivalentes.

Em termos matemáticos, esse problema consiste na seguinte igualdade $l^2 = \pi \cdot r^2$, em que o lado esquerdo é a área do quadrado e o lado direito é a área do círculo.

Podemos reescrever a igualdade como $l^2 = r\pi \cdot r$. Assim, temos que o lado do quadrado é a média geométrica entre $r\pi$ e r.

Então, surge o seguinte questionamento: Como obter rπ?

Sendo π um número irracional, não há como obter com exatidão sua medida, mas Arquimedes[2] propôs uma aproximação ao utilizar $\pi = \frac{22}{7} = 3\frac{1}{7} = 3,1428571...$ Essa aproximação tem um erro na casa dos milésimos, pois o valor de π é 3, 141592...

Substituindo essa aproximação de Arquimedes (na forma fracionária) em rπ, temos que:

$$r\pi = 3\frac{1}{7}r = 3r + \frac{1}{7}r$$

Figura 3.32 – Obtenção de $r\pi = 3r + \frac{1}{7}r$

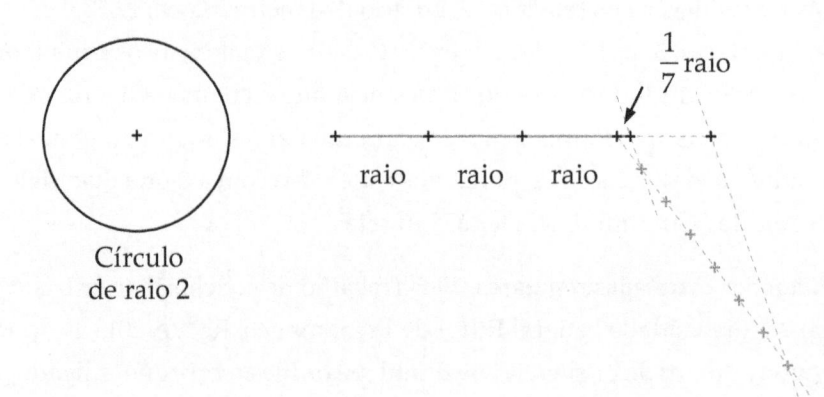

Com isso, podemos realizar a média geométrica entre $\left(3r + \frac{1}{7}r\right)$ e *r*, obtendo o lado do quadrado que tem a mesma área que a de um círculo com raio *r*.

Figura 3.33 – Obtenção do lado do quadrado equivalente ao círculo

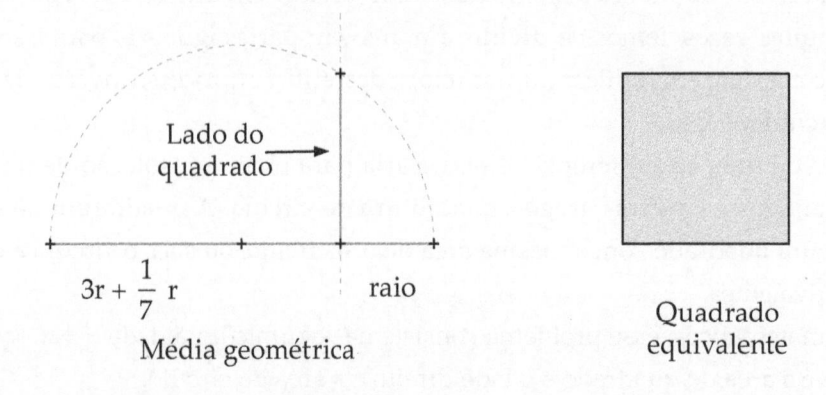

---

2 Arquimedes de Siracusa foi um matemático, físico, engenheiro, inventor e astrônomo grego que viveu entre 238 e 212 a.C.

Ainda, se quisermos determinar a medida linear gráfica do comprimento da circunferência (2πr), podemos utilizar o processo de Arquimedes, mas determinando πd (em que d é o diâmetro da circunferência), ou seja, graficamente, o comprimento da circunferência é $\left(3d + \frac{1}{7}d\right)$.

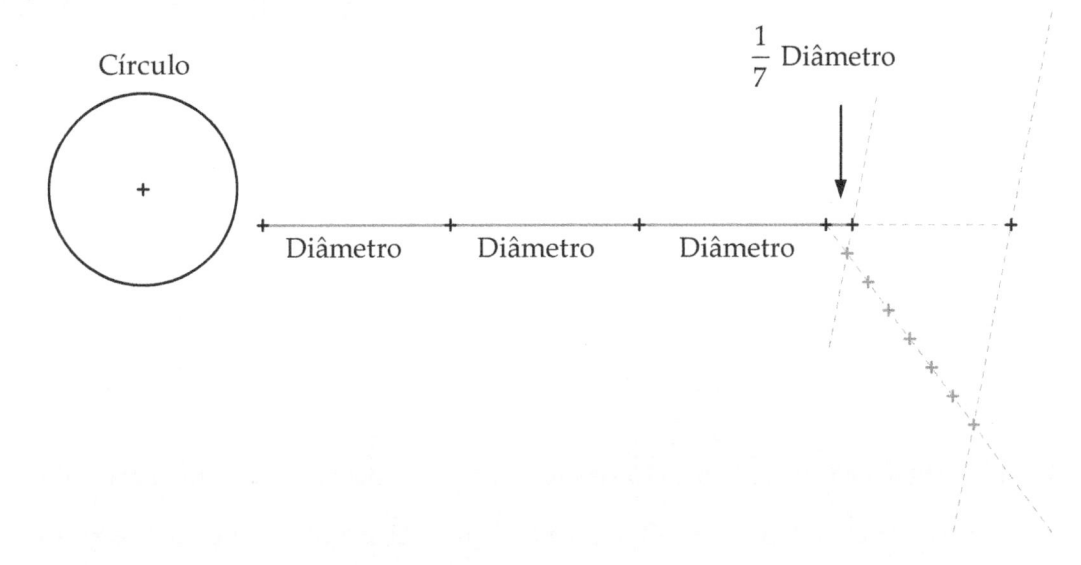

Figura 3.34 – Retificação da circunferência: comprimento igual a 2rπ

Na próxima seção, vamos ver como determinar o comprimento de um arco e dividir um arco em partes iguais (aproximadas).

3.6 Divisão de arcos de circunferência e ângulos

Dado um arco AÔB, se o ângulo correspondente é um submúltiplo do ângulo total da circunferência, podemos utilizar o método de Arquimedes para determinar o comprimento da circunferência e dividir esse comprimento em partes proporcionais ao ângulo AÔB.

Suponhamos que o arco AÔB corresponde ao ângulo de 120°, ou seja, 1/3 da circunferência. Então, o comprimento do arco será 1/3 do comprimento total da circunferência.

No entanto, em alguns problemas, devemos utilizar outro método, também atribuído a Arquimedes, que fornece valores aproximados do comprimento do arco. Vamos verificar esse procedimento a seguir, que é utilizado para arcos cujo ângulo correspondente seja menor que 90°.

Para retificar o arco AÔB, devemos traçar a semirreta $\overrightarrow{AO}$, obtendo C na circunferência e a reta s perpendicular a $\overrightarrow{AO}$ em A.

Figura 3.35 – Passo inicial da retificação de arco menor que 90°

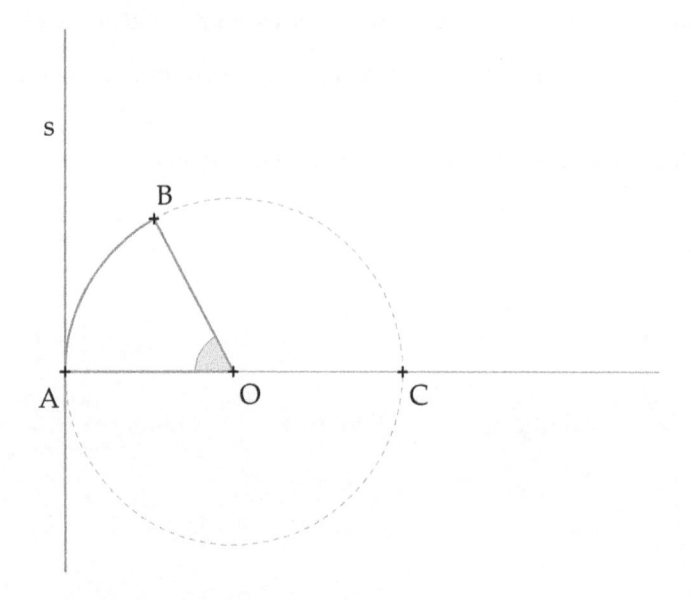

Em seguida, obtemos D e E, tal que $\overline{CD}$ seja igual a $\frac{3}{4}r$ e externo à circunferência, e E seja a interseção da semirreta $\overrightarrow{DB}$ na reta s. O segmento de reta $\overline{AE}$ é o comprimento do arco $A\hat{O}B$.

Figura 3.36 – Retificação do arco $A\hat{O}B$

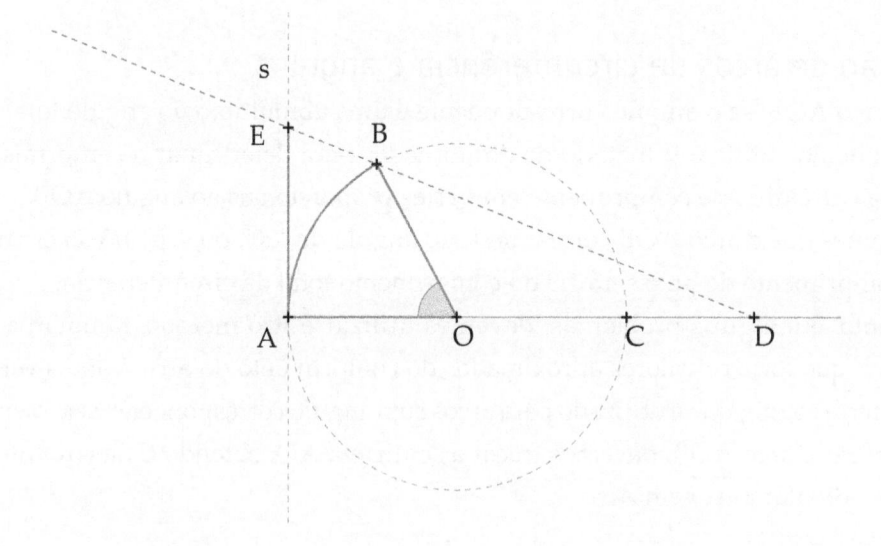

Para arcos de circunferências com valores de ângulos correspondentes entre 90° e 180°, dividimos o arco em dois menores ou iguais a 90° e aplicamos o procedimento anterior simultaneamente aos dois ângulos.

Na Figura 3.37, o arco de circunferência AÔB foi dividido em dois arcos (AÔP e PÔB). O segmento de reta $\overline{PF}$ é o comprimento do arco AÔP e $\overline{PE}$ é comprimento do arco PÔB. Assim, o comprimento do arco AÔB é $\overline{EF}$.

Figura 3.37 – Retificação do arco 90° < AÔB < 180°

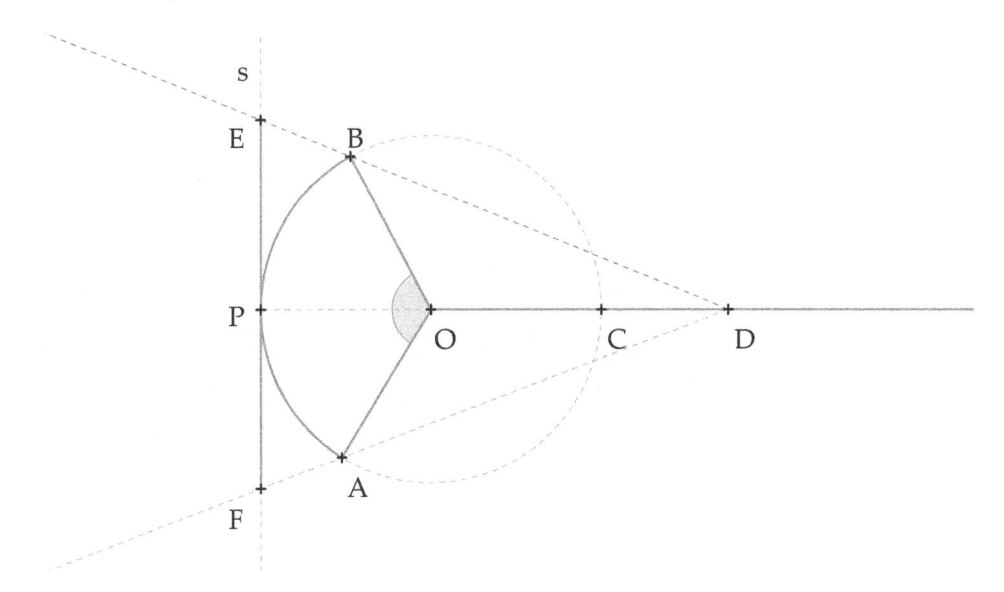

Para arcos de circunferências com valores de ângulos correspondentes maiores que 180°, podemos combinar o procedimento abordado nesta subseção e o procedimento da subseção anterior.

Por exemplo, se precisamos determinar o comprimento do arco de circunferência correspondente a um ângulo de 240°, determinamos o comprimento do arco do ângulo replementar de 240°, ou seja, do ângulo de 120°, e subtraímos esse valor do comprimento da circunferência (que corresponde a 360°) utilizando a retificação da circunferência pelo método de Arquimedes. Com isso, temos 360° − 120° = 240°.

> **Importante!**
> Ângulos replementares são ângulos cuja soma é igual é 360°.

Compreendido como retificar arcos de circunferência, vamos verificar como dividir arcos de circunferência em *n* partes, sendo necessário, para isso, realizar o procedimento da retificação.

Retificado o arco de circunferência, por exemplo, o apresentado na Figura 3.34, temos seu comprimento representado pelo segmento de reta $\overline{AE}$. Assim, se dividirmos esse segmento de reta em quantas partes forem necessárias (por exemplo, n = 3) e desretificamos (processo contrário ao de retificar, ou seja, unir os pontos da reta *s* com *D*, obtendo pontos na circunferência) essas divisões na circunferência dada, teremos a divisão do arco AÔB em *n* partes iguais.

Figura 3.38 – Divisão de um arco AÔB em *n* partes iguais

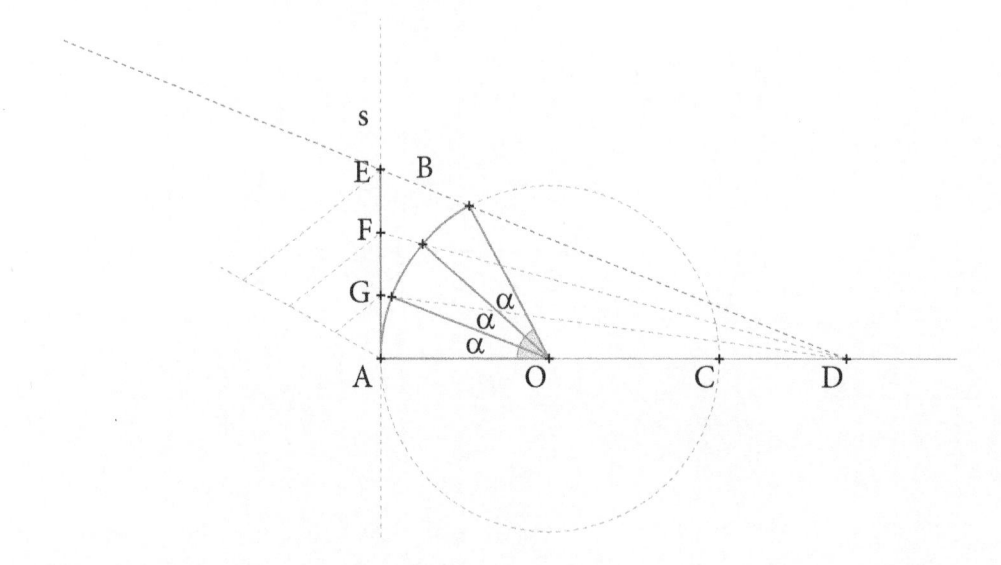

Síntese

Neste capítulo, analisamos os conceitos de tangência e concordância, apresentando a aplicação no desenho de correias e engrenagens. Para isso, vimos os métodos para a construção de tangentes exteriores e interiores a duas circunferências.

Vimos, também, divisão de uma circunferência em partes iguais por meio de métodos exatos, aproximados e geral. Realizamos a aplicação de tais métodos à construção de polígonos regulares e polígonos estrelados.

Por fim, tratamos dos procedimentos para retificar circunferências e arcos de circunferências.

Atividades de autoavaliação

1) Dada a figura a seguir, trace a circunferência que passa por um ponto P e é tangente à Circunf(C, m) em T.

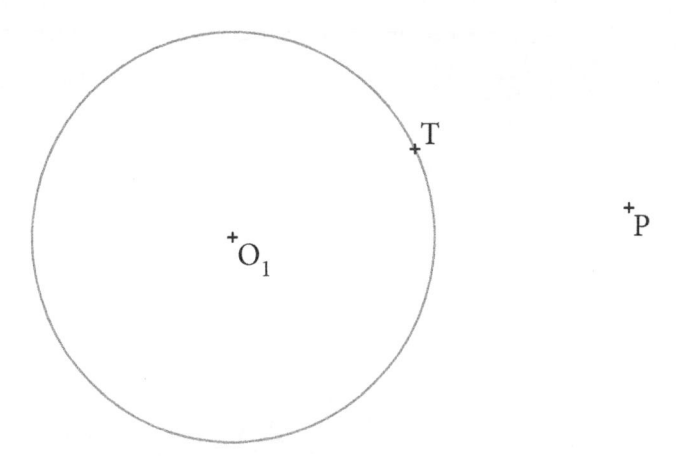

2) Dada a figura seguir, trace circunferências de raio r que passem pelo ponto P e sejam tangentes à reta s.

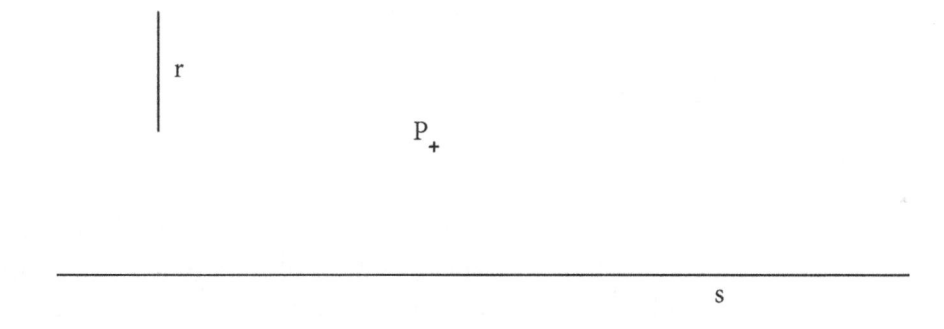

3) A Figura 3.41 é a representação de um arco conopial, muito utilizado durante os séculos XIV e XV, na arquitetura gótica flamejante. Sua característica é ter quatro centros, formando duas sequências: côncavo-convexo e convexo-côncavo. Ao unir essas sequências, forma-se algo parecido com um vértice voltado para a parte de cima.

Assim, sabendo que a distância entre os pontos A e B é de 4 cm e o raio de cada curva é de 1 cm, descreva o procedimento de construção da figura.

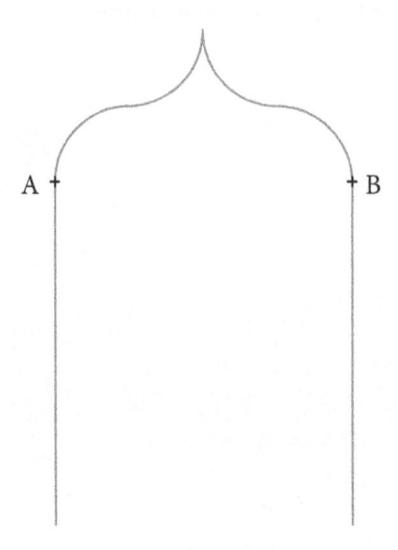

4) Construa um pentágono com lado igual a 5 cm.

5) Sabendo que um arco de circunferência tem 4 cm de comprimento, determine seu ângulo correspondente em uma circunferência de raio 3 cm.

Atividades de aprendizagem

Questões para reflexão

1) O procedimento exato para a determinação do lado de um pentadecágono (polígono com 15 lados) é determinar na mesma circunferência o lado de um hexágono e de um decágono. Com isso, o lado do pentadecágono é o segmento correspondente ao arco resultante da subtração do arco correspondente ao lado do hexágono com o arco correspondente ao lado do decágono. Por que esse procedimento está correto?

2) Em uma avaliação sobre desenho geométrico, foi solicitada a divisão da circunferência em quatro partes iguais, ou seja, determinar l_4. Na sequência, foi solicitado o valor de l_8. Para isso, um estudante concluiu que l_8 é a metade de l_4, ou seja, $\frac{l_4}{2} = l_8$. Essa conclusão está correta? Justifique sua resposta.

Atividade aplicada: prática

1) Na primeira seção deste capítulo, abordamos os conceitos de tangência e concordância por meio da apresentação de uma situação composta por uma correia, uma catraca e uma coroa de uma bicicleta. Descubra como obter o comprimento da correia se forem conhecidos o raio da catraca, o raio da coroa e a distância entre os centros da catraca e da coroa. Para tornar a atividade ainda mais interessante, faça a medição em uma bicicleta e confirme o valor encontrado. Não se esqueça de que pode haver erros de aproximações, pois a correia não fica esticada como uma reta.

Neste capítulo, apresentamos um histórico do surgimento das geometrias não euclidianas, que são fruto das inquietações do ser humano na busca de verificar os postulados de Euclides, fazendo, com isso, transpassarem-se os estudos da geometria euclidiana.

Dessas geometrias, nosso estudo continua com a geometria projetiva, realizando breve histórico e conceituando-a. Então, apresentamos os conceitos de sistemas de projeções para abordar de maneira mais específica as propriedades de projeções ortogonais. Ao final, tratamos do método da dupla projeção ortogonal – método mongeano –, ampliando, assim, os conceitos sobre projeção cilíndrica.

4
Geometria não euclidiana: geometria projetiva

4.1 Geometria não euclidiana

Antes de adentrar no assunto, precisamos realizar um contraponto com a geometria euclidiana.

A geometria euclidiana é aquela comumente estudada no ensino fundamental e no ensino médio há muitos anos e que nesta obra abordamos até o presente momento. Como o próprio nome indica, essa geometria tem suas raízes em estudos do matemático grego Euclides de Alexandria[1].

Ela tem em sua base axiomas e postulados, ou seja, verdades que não contestamos e também não conseguimos demonstrar serem verdadeiras; são, portanto, aceitas sem demonstrações.

Segundo o Dicionário Aurélio da Língua Portuguesa (Ferreira, 2001), *axioma* é uma "verdade evidente por si mesma" (p. 79) e postulado é um "princípio não demonstrado de um argumento ou teoria" (p. 549).

Segundo Moise e Downs (1971), foi por volta de 300 a.C. que Euclides escreveu sua obra *Os elementos*, composta de 13 livros. No primeiro livro da coleção, Euclides apresentou a geometria de uma forma organizada e lógica, partindo de algumas suposições simples (postulados) e desenvolvida por raciocínio lógico. Ao todo, são cinco os postulados apresentados e, a partir deles, todos os outros teoremas da geometria euclidiana são demonstrados. Os postulados apresentados por Euclides, segundo Ellenberg (2015, p. 287), são:

- Dois pontos distintos determinam uma única reta.
- Qualquer segmento de reta pode ser estendido para um segmento de reta de qualquer comprimento desejado.
- Para todo segmento de reta R há um círculo que tem R como raio.
- Todos os ângulos retos são congruentes entre si.
- Se P é um ponto e R uma reta não passando por P, existe exatamente uma reta passando por P e paralela a R.

---

[1] Euclides de Alexandria foi um professor, matemático e escritor grego, muitas vezes referido como o "pai da geometria", que viveu no século III a.C.

Em virtude da busca de se demonstrar o quinto postulado, iniciaram-se os estudos que deram origem às geometrias não euclidianas (Silva, 2011), pois muitos matemáticos acreditavam que esse postulado de Euclides seria um *teorema*, ou seja, "proposição que, para ser admitida ou se tornar evidente, necessita de demonstração" (Ferreira, 2001, p. 668).

Silva (2011) ainda comenta que, no início do século XIX, os matemáticos tentavam demonstrar o quinto postulado de Euclides para que fosse possível compreender profundamente a geometria elementar e, também, o que, anos depois, chamaríamos de *geometria não euclidiana*.

As descobertas do matemático alemão Johann Carl Friedrich Gauss, por volta do ano 1820, são consideradas importantes para o surgimento das geometrias não euclidianas. Gauss sabia que a descoberta de uma nova geometria era perigosa, pois a de Euclides era tida como verdade absoluta pela Igreja (Silva, 2011). Ainda, a existência de uma ou várias novas geometrias traria desconforto à comunidade matemática da época. Talvez tenham sido esses dois fatores que levaram Gauss a não publicar suas conclusões, alegando "falta de tempo" em uma carta ao matemático alemão Taurinus.

Na mesma época que Gauss, o matemático húngaro János Bolyai também buscava demonstrar a existência de outras geometrias. Sua obsessão com o quinto postulado de Euclides é evidenciada no trecho da carta que escreveu a seu pai, Farkas Bolyai:

> "Resolvi publicar um trabalho sobre a teoria das paralelas tão logo tenha o material organizado... o objetivo ainda não foi alcançado, mas tenho feito descobertas maravilhosas que quase sou esmagado por elas... do nada criei o universo" (Devito; Freitas; Pereira, 2006, p. 14).

Como resposta, recebeu do pai o seguinte recado:

> "Você não deve tentar essa abordagem das paralelas. Conheço o caminho até o fim. Atravessei essa noite insondável, que extinguiu toda a luz e alegria da minha vida. Eu lhe suplico, deixe as paralelas em paz. [...] Eu estava pronto a me tornar o mártir que removeria essa falha da geometria, devolvendo-a purificada à humanidade. Realizei tarefas enormes, gigantescas; minhas criações são muito melhores que as de outros, todavia não obtive sucesso completo. [...] Dei meia-volta quando vi que nenhum homem pode alcançar as profundezas da noite. Dei meia-volta inconsolável, com pena de mim mesmo e de toda a humanidade. Aprenda com o meu exemplo" (Ellenberg, 2015, p. 291).

János Bolyai, no entanto, não seguiu a recomendação paterna e persistiu em sua busca. Logo depois, chegou à conclusão de que o quinto postulado é independente dos outros axiomas da geometria euclidiana e que, em diferentes geometrias, as retas paralelas podem ser construídas para a negação do descrito por Euclides.

Parte de suas descobertas foi publicada em 1832 como apêndice de um livro de matemática de seu pai. Quando Gauss leu tais descobertas, escreveu a um amigo dizendo que János Bolyai era um grande geômetra. Para Bolyai, no entanto, Gauss escreveu "elogiar equivale a me elogiar.

Por todo o conteúdo do trabalho... coincide quase exatamente com minhas próprias meditações que ocuparam minha mente nos últimos trinta ou trinta e cinco anos" (O'Connor; Robertson, 2004).

Ao negar o quinto postulado, devem ser consideradas duas afirmações:

1) Não existe nenhuma reta paralela a uma reta dada passando por um ponto fora dessa reta.

2) Existe mais de uma paralela a tal reta passando por um ponto fora dela.

A segunda afirmação foi o trabalho desenvolvido por János Bolyai, que não aprofundou suas ideias. Já o matemático russo Nikolai Ivanovich Lobachevsky expôs essas afirmações publicamente. Hoje, elas são conhecidas como *geometria de Lobachevsky*, que traz o seguinte postulado:

1) Por um ponto fora de uma reta dada, passa mais de uma reta paralela à reta dada.

Esses estudos resultaram na geometria hiperbólica (Devito; Freitas; Pereira, 2006). Cabe ressaltar que a primeira negação ("não existe nenhuma reta paralela a uma reta dada passando por um ponto fora dessa reta") ao quinto postulado de Euclides é o postulado da geometria elíptica, também denominada *geometria de Riemann*[2].

Entre as diversas geometrias não euclidianas descobertas depois dos estudos de Gauss, Bolyai e Lobachevisky estão as denominadas *geometria elíptica*, *geometria do taxista*, *geometria fractal* e *geometria projetiva*.

Indicações culturais

ARCARI, I. **Um texto de geometria hiperbólica**. 136 f. Dissertação (Mestrado em Matemática) – Universidade de Campinas, Campinas, 2008. Disponível em: <http://www.im.ufrj.br/~gelfert/cursos/2017-1-GeoNEuc/N_ArcariInedio.pdf>. Acesso em: 1º out. 2019.

Para conhecer mais da geometria hiperbólica, leia esse trabalho de Inedio Arcari.

CARVALHO, H. C. de. **Geometria fractal**: perspectivas e possibilidades para o ensino de Matemática. 108 f. Dissertação (Mestrado em Ciências e Matemática) – Universidade Federal do Pará, Belém, 2005. Disponível em: <http://repositorio.ufpa.br/jspui/bitstream/2011/1857/1/Dissertacao_GeometriaFractalPerspectivas.pdf>. Acesso em: 1º out. 2019.

Para conhecer mais da geometria fractal, leia a dissertação de Hamilton de Carvalho.

GUSMÃO, N. L.; SAKAGUTI, F. Y.; PIRES, L. A. A geometria do táxi: uma proposta da geometria não euclidiana na educação básica. **Revista Educação Matemática Pesquisa**, São Paulo, v. 19, n. 2, p. 211-235, 2017. Disponível em: <https://revistas.pucsp.br/emp/article/view/30307/pdf>. Acesso em: 1º out. 2019.

Leia esse artigo para conhecer mais sobre a geometria do taxista.

---

2 Georg Friedrich Bernhard Riemann foi um matemático alemão que trouxe contribuições fundamentais para a análise e a geometria diferencial e viveu entre 1826 e 1866.

> MOREIRA, M. H. S. **Geometria elíptica e aplicações**. 52 f. Dissertação (Mestrado em Matemática) – Universidade Federal de Ouro Preto, Ouro Preto, 2017. Disponível em: <https://www.repositorio.ufop.br/handle/123456789/9176>. Acesso em: 1º out. 2019.
> Para conhecer mais da geometria elíptica, leia a dissertação de mestrado de Marcelo Moreira.
>
> TAHAN, M. **As maravilhas da matemática**. 2. ed. Rio de Janeiro: Bloch, 1973.
> Sobre a geometria euclidiana, leia o capítulo "Definições euclidianas", em que o autor escreve: "A análise da obra de Euclides constitui um dos pontos altos do estudo da matemática. Oferecemos aos leitores rápidos comentários, sem caráter filosófico, das vinte e três definições euclidianas. A falta de um estudo desta natureza iria constituir sensível lacuna nesta antologia" (Tahan, 1973, p. 41). Tahan também traz indícios da geometria não euclidiana no capítulo "A geometria ideal e a realidade": "A geometria estuda figuras que o homem não encontra na natureza, os entes matemáticos definidos pelos teóricos, na realidade, não existem, mas tudo, em matemática, dá certo. Certíssimo" (Tahan, 1973, p. 89).

Compreendido o surgimento da geometria não euclidiana, vamos analisar a geometria projetiva.

4.2 Geometria projetiva

Todas as imagens formadas pelo sentido da visão são denominadas *imagens projetadas*, e a geometria projetiva busca estudar as relações entre essas imagens e seus objetos reais.

As noções dessa geometria, sem seu formalismo, surgiram no Renascimento, no século XV, quando os artistas introduziram em suas obras os conceitos de ponto de fuga e perspectiva para proporcionar a percepção de profundidade em pinturas e desenhos. Com isso, buscavam imprimir "maior realismo nas obras, procurando reproduzir fielmente a 'imagem' capturada pela visão humana, ou seja, obter representações realistas de objetos tridimensionais" (Castro, 2012, p. 10).

> **Indicações culturais**
>
> SILVA, C. M. N. O traço geométrico no ensino e execução da arte: um olhar sobre Leonardo da Vinci. In: SIMPÓSIO NACIONAL DE GEOMETRIA DESCRITIVA E DESENHO TÉCNICO, 21.; INTERNACIONAL CONFERENCE ON GRAPHICS ENGINEERING FOR ARTS AND DESIGN, 10., 2013, Florianópolis. **Anais**... Disponível em: <http://wright.ava.ufsc.br/~grupohipermidia/graphica2013/trabalhos/O%20 TRACO%20GEOMETRICO%20NO%20ENSINO%20E%20EXECUCAO%20DA%20 ARTE%20UM%20OLHAR%20SOBRE%20LEONARDO%20DA%20VINCI%20-%20 C%C3%B3pia.pdf>. Acesso em: 1º out. 2019.
> Leia o artigo de Silva para verificar os traçados geométricos em obras de Leonardo da Vinci.

O formalismo da geometria projetiva é baseado em técnicas matemáticas que surgiram no século XVII, realizadas por matemáticos como Girard Desargues[3]. Já no século XVIII, motivado pela aplicação na engenharia, o matemático francês Gaspard Monge utilizou conhecimentos sobre geometria projetiva e perspectivas para criar a geometria descritiva, que é a base do desenho técnico. No século seguinte, em 1822, outro matemático francês, Jean-Victor Poncelet, tornou a geometria projetiva uma ciência independente, da forma como é conhecida atualmente, com a publicação de *Tratado das propriedades projetivas das figuras* (Auffinger; Valentim, 2003; Góes, 2004; Gonçalves, 2013).

Desse modo, enquanto a geometria euclidiana procura representar o mundo em que vivemos, a geometria projetiva procura representar o mundo que vemos.

Para ilustrar tal afirmação, podemos recorrer ao exemplo clássico de um longo trecho reto de uma estrada. Na geometria euclidiana, sabemos que a largura da estrada sempre será a mesma, ou seja, é possível representar seu limite lateral por retas paralelas (Figura 4.1a). No entanto, se pudéssemos nos posicionar no início do trecho dessa estrada e olhar para o fim dela, teríamos a noção de que essas retas paralelas vão se interceptar em seu prolongamento (Figura 4.1b).

Figura 4.1 – Estradas: (a) vista superior; (b) perspectiva

(a)   (b)

A imagem da Figura 4.1b ilustra uma característica da geometria projetiva em que duas retas paralelas se interceptam.

Segundo Gonçalves (2013), uma das grandes contribuições da geometria projetiva na atualidade é a obtenção de representações realistas planas de objetos tridimensionais, sobretudo na computação gráfica.

---

3 Girard Desargues foi um matemático, arquiteto e engenheiro militar francês, precursor da geometria projetiva, que viveu entre 1561 e 1661.

Aliada à álgebra linear e geometria analítica, a Geometria Projetiva integra o campo das disciplinas que colaboram, por exemplo, com o processamento computacional de imagens e, embora esteja intrinsecamente ligada à perspectiva em sua gênese, não ficou restrita aos problemas sugeridos por ela. (Gonçalves, 2013, p. 42)

Em razão da importância da geometria projetiva para representar aquilo que se vê de forma mais fiel, ela foi ganhando ramificações e especificidades. No entanto, todas as suas vertentes se originam dos sistemas de projeções.

4.3 Sistemas de projeções

Para que um desenho projetado seja compreendido, é necessário que as representações sejam realizadas de forma clara e concisa, mostrando elementos importantes de sua forma. Essas representações podem ser realizadas com instrumentos apropriados ou à mão livre, sob a forma de esboços, e são resultantes de projeções do objeto sobre um ou mais planos.

Uma das operações no sistema de projeção é o ato de projetar um objeto em um plano. Isso significa que devemos representar graficamente a interseção de retas projetantes que partem de um centro de projeção com o plano em questão. Realizando tal procedimento, teremos que a projeção de um objeto sobre um plano ocorre por meio de alguns elementos da projeção, como o plano de projeção, o objeto ou o ponto, a reta projetante e o centro de projeção.

Figura 4.2 – Elementos do sistema de projeção

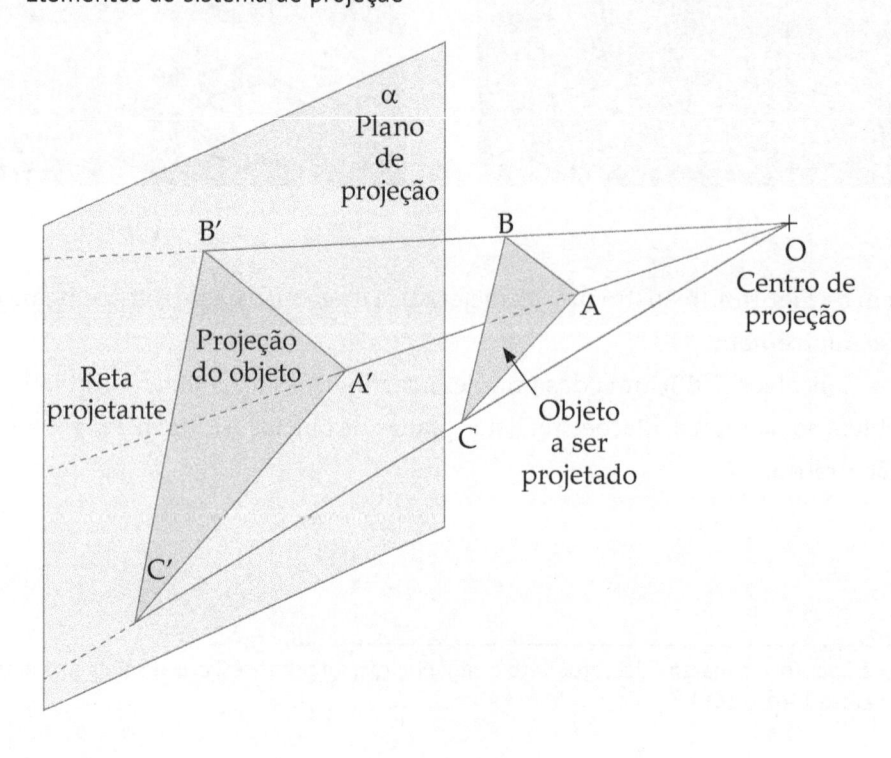

Considerando a Figura 4.2, temos que o centro de projeção é o ponto fixo O de onde partem as retas projetantes. Essas retas contêm pontos do objeto e interceptam o plano de projeção. Com essas considerações, temos a seguinte ordem dos elementos do sistema de projeção: observador, objeto e plano de projeção.

Os sistemas de projeções seguem a posição ocupada pelo centro de projeção, que pode ser finito ou infinito, e são classificados em projeção *cônica* ou *cilíndrica*. Ainda, em relação ao plano de projeção, a reta projetante pode ser ortogonal, ou seja, formar ângulo de 90° com o plano de projeção, ou oblíqua, quando formar ângulo diferente de 90°.

Um esquema de classificação do sistema de projeção está representado na Figura 4.3.

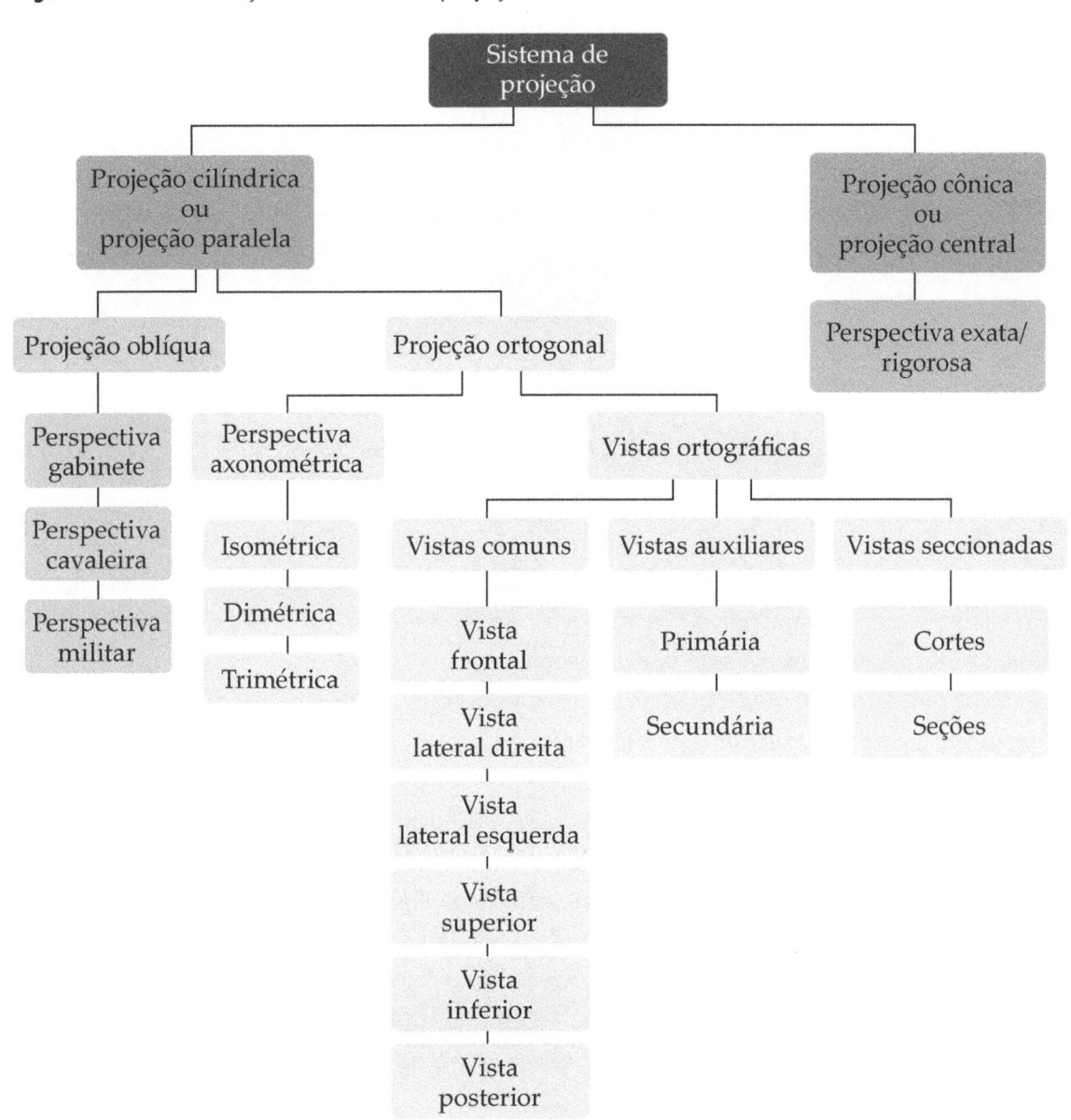

Figura 4.3 – Classificação do sistema de projeção

- Sistema de projeção
  - Projeção cilíndrica ou projeção paralela
    - Projeção oblíqua
      - Perspectiva gabinete
      - Perspectiva cavaleira
      - Perspectiva militar
    - Projeção ortogonal
      - Perspectiva axonométrica
        - Isométrica
        - Dimétrica
        - Trimétrica
      - Vistas ortográficas
        - Vistas comuns
          - Vista frontal
          - Vista lateral direita
          - Vista lateral esquerda
          - Vista superior
          - Vista inferior
          - Vista posterior
        - Vistas auxiliares
          - Primária
          - Secundária
        - Vistas seccionadas
          - Cortes
          - Seções
  - Projeção cônica ou projeção central
    - Perspectiva exata/ rigorosa

Na projeção cônica, ou projeção central, as projetantes que incidem no objeto e no plano de projeção são todas concorrentes no ponto O.

Para exemplificar esse tipo de projeção, na Figura 4.4, temos um círculo paralelo a uma superfície lisa sendo iluminado por uma fonte de luz (lâmpada incandescente) e produzindo uma sombra sobre essa superfície lisa.

Figura 4.4 – Exemplificação do sistema de projeção cônica

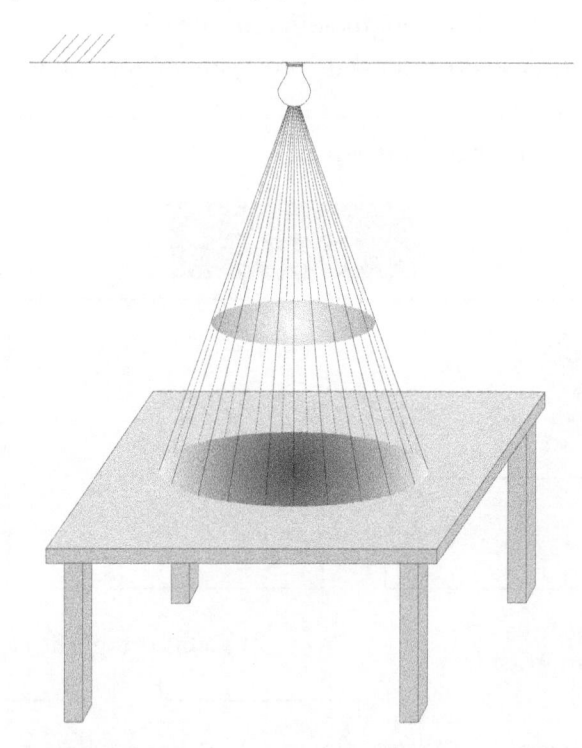

Essa sombra é a projeção do objeto sobre a mesa; os raios de luz que saem da lâmpada são as retas projetantes; a lâmpada é o centro de projeção; e a mesa é o plano de projeção. Esses elementos formam um sistema de projeção cônica.

Perceba que as projetantes são as geratrizes de um cone cuja base é a sombra sobre a mesa. É desse fato a atribuição do nome *projeção cônica*.

Já na projeção cilíndrica, as retas projetantes são todas paralelas entre si, razão por que essa projeção também é denominada *projeção paralela*. Isso ocorre porque o centro de projeção é impróprio.

De maneira análoga à situação de projeção cônica, na Figura 4.5, temos o sol como fonte de luz, ou seja, o ponto impróprio. Assim, o círculo sendo iluminado pelo sol produz uma sombra sobre uma superfície lisa. Essa sombra é a projeção do objeto sobre o chão e os raios de luz que partem do sol são as retas projetantes (aqui, assumimos que os raios do sol, quando incidem na Terra, são paralelos), o sol é o centro de projeção e o chão é o plano de projeção.

Figura 4.5 – Exemplificação da projeção cilíndrica

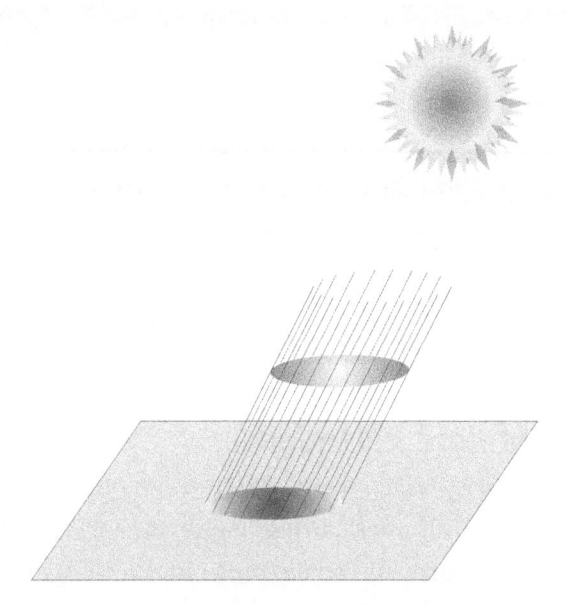

Observe ainda que as projetantes são as geratrizes de um cilindro cuja base é a sombra sobre o chão. É desse fato a atribuição do nome *projeção cilíndrica*.

A projeção cilíndrica pode se dividir em *projeção cilíndrica oblíqua* e *projeção cilíndrica ortogonal* (ou, simplesmente, *projeção ortogonal*). Na Figura 4.6, temos um exemplo de perspectiva isométrica (imagem à esquerda) e vistas ortográficas (imagem à direita) de um objeto com o formato de *L*.

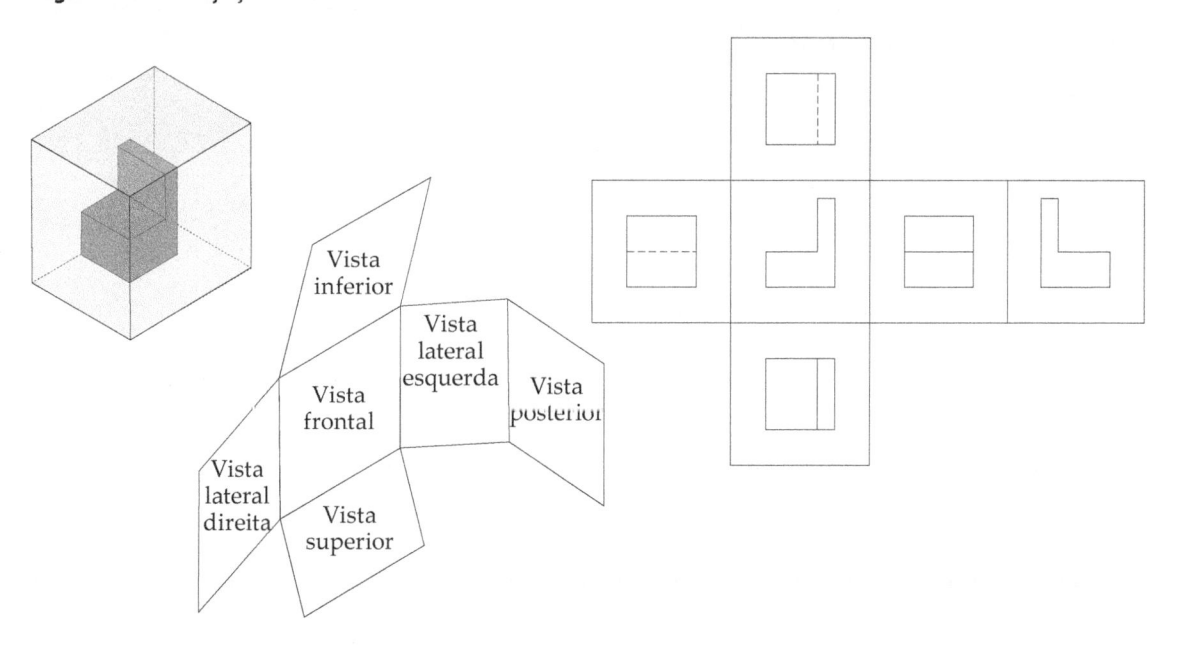

Figura 4.6 – Projeção cilíndrica

As vistas ortográficas são figuras resultantes de projeções cilíndricas ortogonais do objeto sobre planos convenientemente escolhidos, de modo a representar com exatidão sua forma em detalhes. Podem ser obtidas pelo método da dupla projeção ortogonal, comumente presente em projetos gráficos de engenharia civil, mecânica e elétrica.

Já as perspectivas são figuras resultantes de projeção cilíndrica ou cônica, sobre um único plano, com a finalidade de possibilitar uma percepção mais fácil da forma do objeto. São os modos de representação mais utilizados quando se quer representar a forma do objeto e quando se quer que o objeto seja visualizado de uma maneira "mais rápida".

Na próxima seção, são abordadas algumas propriedades da projeção cilíndrica ortogonal, ou, simplesmente, *projeção ortogonal*.

4.4 Propriedades de projeção ortogonal

O método da dupla projeção ortogonal que estudaremos no próximo capítulo é o método mongeano, que trata de uma projeção cilíndrica ortogonal representada em dois planos para que se possa obter com maior clareza a forma do objeto projetado. Assim, nesta seção, vamos verificar algumas propriedades do sistema de projeção cilíndrica ortogonal cuja propriedade fundamental é o fato de as retas projetantes serem perpendiculares ao plano de projeção.

4.4.1 Projeção de ponto

Projetar um ponto P no plano α significa determinar a interseção da reta projetante (r) que passa por P com o plano α. Essa interseção é denominada P' (lê-se "pê linha"), que é a projeção de P em α.

Figura 4.7 – Projeção do ponto P

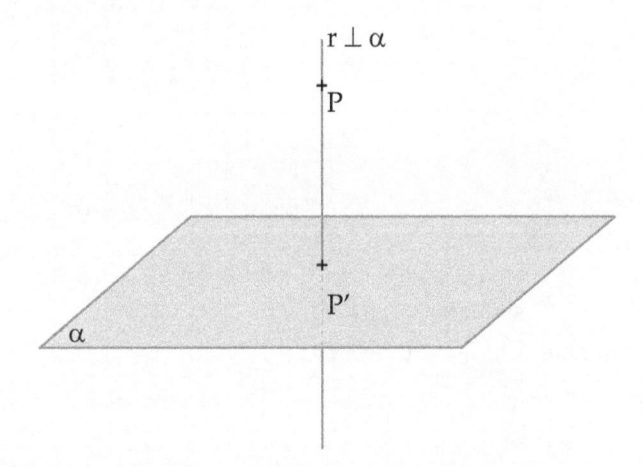

Ao projetar um ponto P no plano α, determina-se apenas um P', no entanto, existem vários pontos (P_1, P_2, P_3...) que têm como projeção P'.

Figura 4.8 – Projeção dos pontos P_1, P_2 e P_3

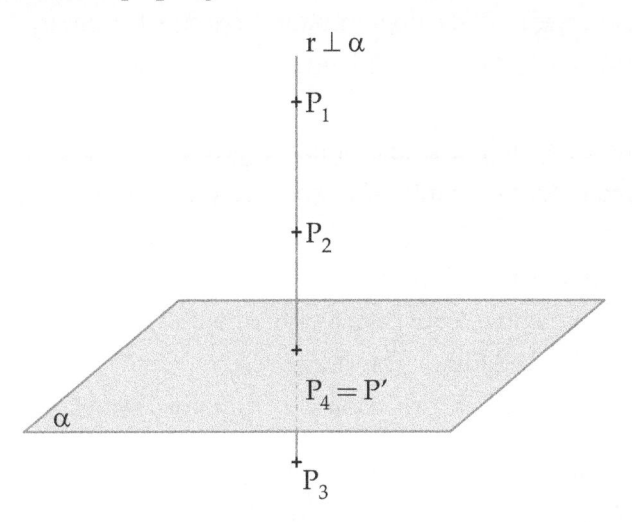

Também é possível observar, na Figura 4.8, o fato de que, se o ponto pertence ao plano α, então P' coincide com P.

4.4.2 Projeção de reta

Projetar uma reta s no plano α significa determinar a união das projeções de todos os pontos de s sobre α. Essa união é denominada s' (lê-se "esse linha"), que é a projeção de s em α.

Figura 4.9 – Projeção das retas s, r e t

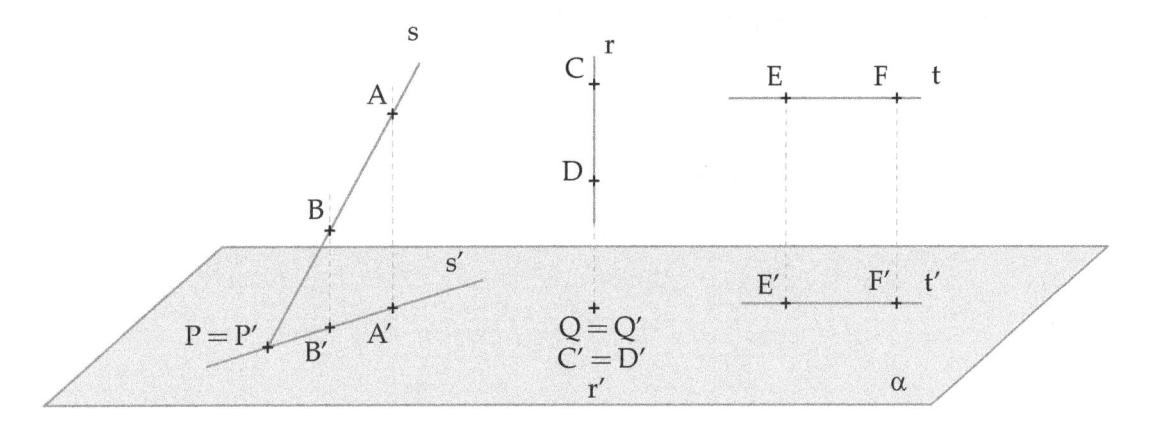

Algumas observações em relação à Figura 4.9:

- Para definir uma reta, é suficiente que se definam dois pontos dela. Assim, para representar e definir a projeção de uma reta em α, é suficiente que se defina e se represente a reta que contém as projeções desses dois pontos em α.
- Para definir e representar a projeção de qualquer segmento ($\overline{AB}$, $\overline{CD}$, $\overline{EF}$...) em α, basta definir e representar o segmento por meio das projeções das extremidades desses segmentos ($\overline{A'B'}$, $\overline{C'D'}$, $\overline{E'F'}$).

- A reta *s* não é paralela ao plano α, então, *s* e *s'* têm um ponto em comum. Esse ponto *P* coincide com sua projeção *P'* e é denominado *traço da reta s* em α.
- Como a reta *s* é não paralela a α, o segmento $\overline{AB}$ se projeta em tamanho reduzido, ou seja, $\overline{A'B'} < \overline{AB}$.
- A reta *r* é perpendicular ao plano α; assim, sua projeção é um ponto.
- Como a projeção de todos os pontos da reta *r* coincide com *r'*, o traço de *r* em α também coincide com *r'*, ou seja, $r' \equiv Q' \equiv Q$.
- A projeção do segmento $\overline{CD}$ se reduz a um ponto.
- A reta *t* é paralela ao plano α; com isso, o tamanho de $\overline{E'F'}$ é igual a $\overline{EF}$ e dizemos que $\overline{EF}$ está projetado em verdadeira grandeza (VG).
- Nessa situação, a interseção entre a reta *t* e α é um ponto impróprio.

Observação: Os conceitos sobre projeção de segmentos podem ser expandidos para as retas suportes desses segmentos.

A Figura 4.10 apresenta segmentos de retas que são paralelos, coincidentes ou colineares entre si e não perpendiculares ao plano α.

Figura 4.10 – Projeção de segmentos de retas paralelos, coincidentes ou colineares entre si e não perpendiculares ao plano α

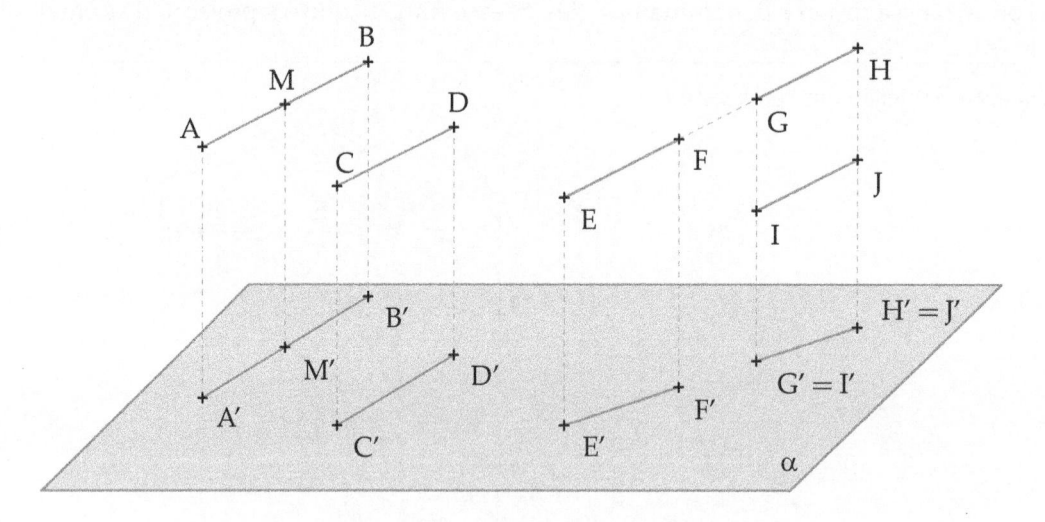

Sobre os segmentos da Figura 4.10, há as seguintes observações:

- A razão entre os segmentos é conservada em suas projeções. Desse fato, se *M* é o ponto médio de $\overline{AB}$, então *M'* é o ponto médio de $\overline{A'B'}$.
- $\overline{AB}$ e $\overline{CD}$ são paralelos entre si e não estão no mesmo plano projetante (plano que contém todas as retas projetantes dos pontos de cada segmento), então, $\overline{A'B'}$ e $\overline{C'D'}$ são paralelos.

- $\overline{EF}$, $\overline{GH}$ e $\overline{IJ}$ são paralelos entre si e estão no mesmo plano projetante, então, $\overline{E'F'}$ e $\overline{G'H'}$ são colineares e $\overline{G'H'}$ e $\overline{I'J'}$ são coincidentes.

Observação: Se as projeções de dois segmentos são paralelas ($\overline{A'B'}$ com $\overline{C'D'}$ ou $\overline{A'B'}$ com $\overline{E'F'}$) ou coincidentes ($\overline{C'D'}$ e $\overline{E'F'}$), não podemos concluir que os segmentos sejam paralelos. Tal afirmação pode ser verificada na Figura 4.11, em que temos os segmentos $\overline{AB}$, $\overline{CD}$ e $\overline{EF}$ não paralelos entre si.

Figura 4.11 – Projeções coincidentes

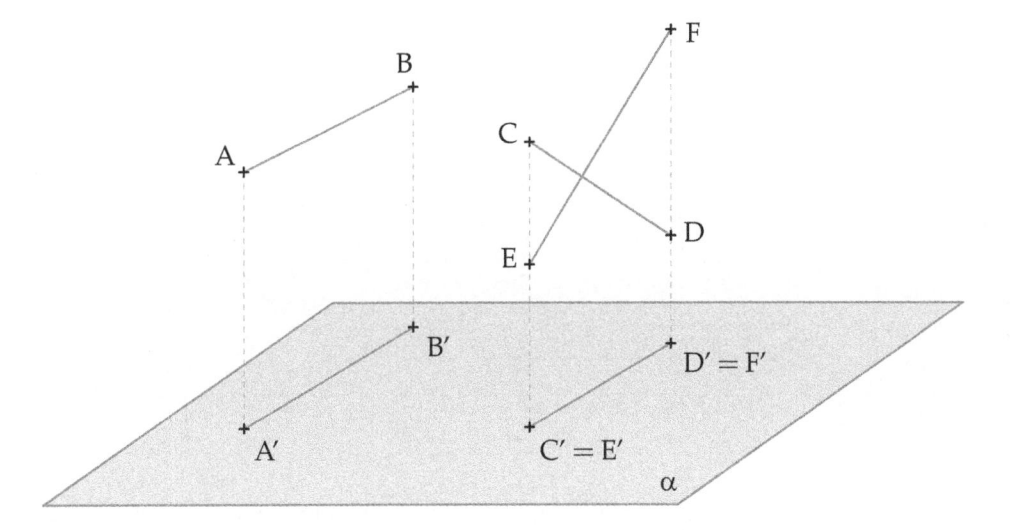

Quando os segmentos de retas são paralelos (ou coincidentes, ou colineares) entre si e perpendiculares ao plano α, suas projeções são pontuais, podendo ser coincidentes.

Figura 4.12 – Projeção de segmentos de retas paralelos (ou coincidentes, ou colineares) entre si e perpendiculares ao plano α

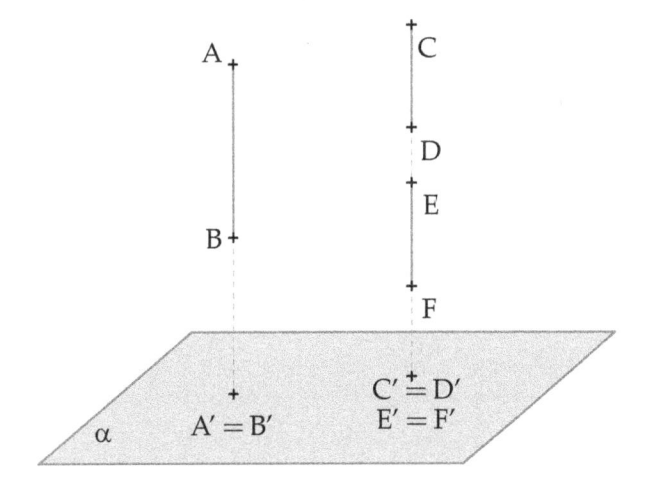

Sejam duas retas *r* e *s* que satisfaçam as seguintes condições: *r* é paralela ao plano α; *s* não é perpendicular ao plano α; *r* e *s* são perpendiculares ou ortogonais (formam ângulo de 90° entre si, mas não têm ponto em comum, pois não são coplanares). Sobre as projeções *r'* e *s'*, podemos afirmar que são perpendiculares.

Figura 4.13 – Projeção das retas *r* e *s*

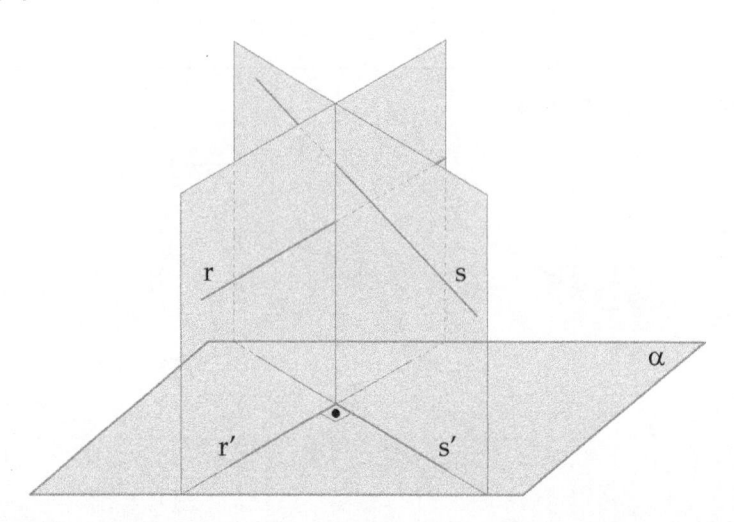

4.4.3 Projeção de objetos

Projetar um objeto em um plano α significa determinar a união das projeções de todos os pontos desse objeto sobre α.

Se o objeto for um polígono ou um sólido geométrico, então é comum projetarmos seus vértices marcando apenas as projeções dos lados ou das arestas desse objeto.

Figura 4.14 – Projeção de objetos

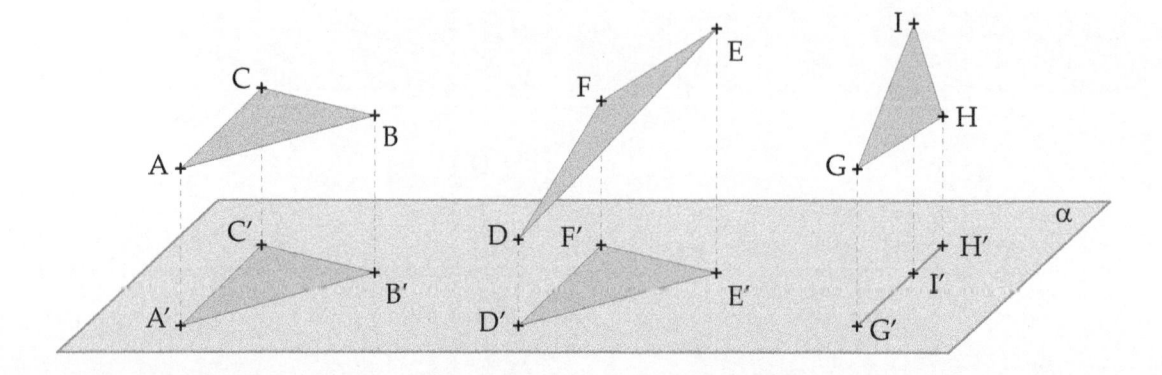

Algumas observações em relação à Figura 4.14:

- Como o objeto O_1 (triângulo $\overline{AB}$) está contido em um plano paralelo ao plano α, sua projeção está em VG.
- Como o objeto O_2 (triângulo DEF) está contido em um plano inclinado em relação à α, sua projeção é reduzida.
- Como o objeto O_3 (triângulo GHI) está contido em um plano perpendicular ao plano α, O_3 está contido em um plano projetante e sua projeção é um segmento de reta.

Já a Figura 4.15 apresenta a projeção ortogonal de dois sólidos retos: um paralelepípedo com base paralela ao plano de projeção α e uma pirâmide com base não paralela ao plano de projeção α.

Figura 4.15 – Projeção de sólidos

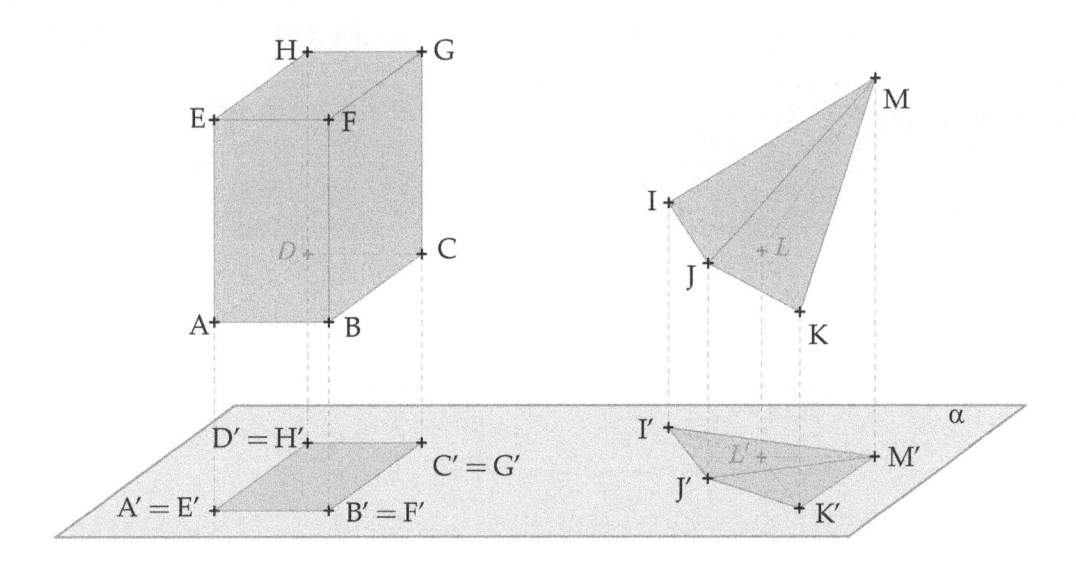

Observe que, na Figura 4.15, aparecem segmentos tracejados. Esses segmentos representam as arestas do sólido que são invisíveis para o observador, conforme definimos a ordem dos elementos do sistema de projeção cilíndrica: observador, objeto e plano de projeção (veja Figura 4.2).

4.5 Histórico do método da dupla projeção ortogonal: método mongeano

A teoria da dupla projeção ortogonal foi desenvolvida pelo matemático francês Gaspard Monge com o objetivo de facilitar as construções de fortificações. Com isso, os objetos puderam ser concebidos e testados geometricamente antes de serem construídos. Essa teoria, que posteriormente passou a ser a base do desenho técnico, foi publicada por Monge no final do século XVIII com o título de *Geometria descritiva* (do francês, *Géométrie descriptive*) (Góes, 2004).

> **Indicações culturais**
> A TRAJETÓRIA de Gaspard Monge e a geometria descritiva. Disponível em: <https://www.youtube.com/watch?v=N5NbupxubIo>. Acesso em: 3 set. 2019.
> No vídeo, você conhecerá mais da história desse matemático francês.

Antes dos estudos de Monge, a projeção cilíndrica já era utilizada em representações como fundamento construtivo e não descritivo, ou seja, como manual de construção. O sistema de representação proposto por Monge é considerado parte da matemática, visto que se apoia na geometria cartesiana. Sua importância "pode ser considerada semelhante ao que Euclides conseguiu com a geometria clássica. Ambos colocam os conhecimentos precedentes sobre suas matérias de maneira sistemática e ordenada, ao alcance do saber" (Panisson, 2007, p. 109).

Como referencial, as projeções mongeanas utilizam dois planos perpendiculares entre si e estes dividem o espaço em quatro regiões, que são denominadas *diedros* (Panisson, 2007).

Figura 4.16 – Diedros

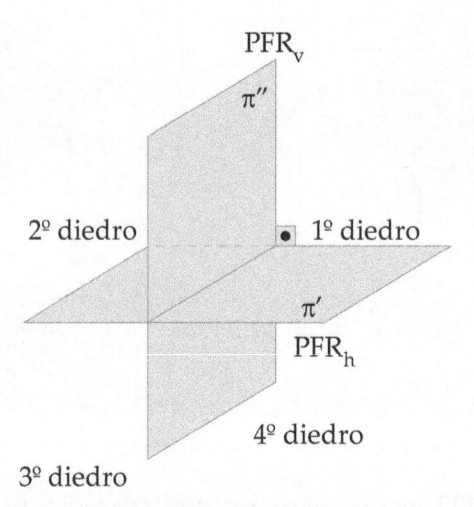

Na Figura 4.16, os planos de projeção são denominados *plano fundamental de referência horizontal de projeção* (PFR_h, também denominado π') e *plano fundamental de referência vertical de projeção* (PFR_v, também denominado π'').

Ao projetar um objeto, por exemplo, no primeiro diedro (Figura 4.17 à esquerda), Monge propõe que o plano vertical (π'') seja rotacionado coincidindo com o plano horizontal (π') (Figura 4.17 à direita), tendo, assim, a representação tridimensional do objeto no plano, não necessitando de três planos para sua representação.

Figura 4.17 – Método proposto por Monge

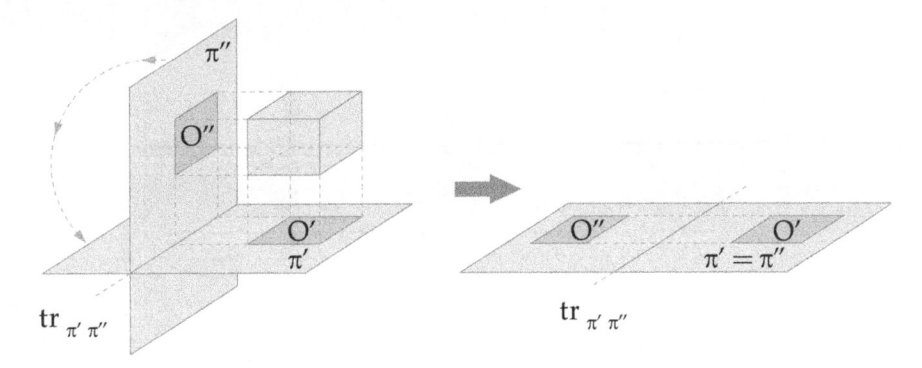

Na Figura 4.17, há as seguintes considerações:

- O' é a projeção do objeto no plano π';
- O'' é a projeção do objeto no plano π'';
- $tr_{\pi'\pi''}$ é a interseção do plano π' com o plano π'', denominado *traço* $tr_{\pi'\pi''}$.

Quando representada no plano, a Figura 4.17 (à esquerda) é semelhante à Figura 4.18, ressaltando que os planos não têm limites em nenhuma direção.

Figura 4.18 – Representação de π' e π'' no plano

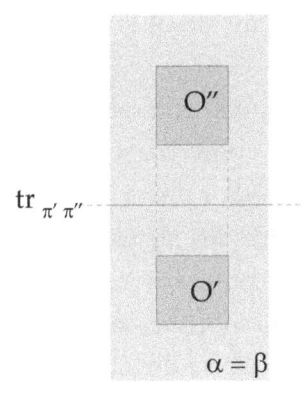

A representação de um objeto em dois planos (por isso o nome *dupla projeção ortogonal*) é necessária para que não se perca a informação da forma do objeto. A Figura 4.19 apresenta três objetos que têm como projeção a mesma forma: círculo. No entanto, são três objetos diferentes: esfera, cone e cilindro.

Figura 4.19 – Projeção de sólidos geométricos em apenas um plano

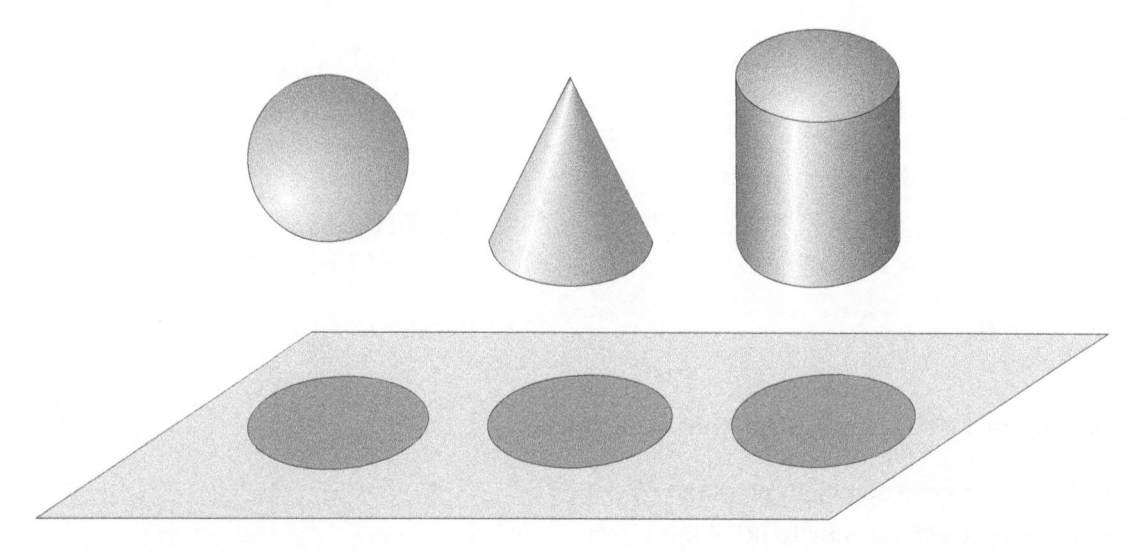

Cabe ressaltar que há objetos que necessitam de uma representação em um plano auxiliar (ou terceiro plano de projeção) para que sua forma seja compreendida corretamente.

A geometria descritiva é considerada parte da matemática aplicada, estabelecendo métodos que permitem representar objetos tridimensionais no plano, ou seja, realizar representações bidimensionais de objetos tridimensionais. Para isso, são necessários conhecimentos específicos do método e a correta interpretação das representações obtidas, uma vez que "o objeto real a ser representado é dispensável no momento de sua representação baseada no pensamento geométrico" (Panisson, 2007, p. 30).

Essas representações são biunívocas, ou seja, todo objeto tridimensional pode ser representado no plano e qualquer representação plana pode ser reconstituída na figura que lhe deu origem.

A técnica gráfica desenvolvida por Monge é uma forma de substituir "as tentativas empíricas que efetuavam cansativos cálculos utilizados até então, reduzindo a um problema essencialmente teórico a solução de uma questão prática" (Panisson, 2007, p. 55).

Compreendido esse breve histórico do surgimento e da concepção do método mongeano, no próximo capítulo trataremos das representações dos elementos fundamentais: ponto, reta e plano.

Síntese

Neste capítulo, apresentamos os conceitos de geometrias não euclidianas e de sistemas de projeção, trazendo um breve histórico de cada tópico abordado. Analisamos, ainda, a geometria projetiva com maiores detalhes, visto que ela será utilizada no estudo dos capítulos seguintes. Abordamos, por fim, o método da dupla projeção ortogonal – método mongeano –, ampliando, assim, os conceitos sobre projeção cilíndrica.

Atividades de autoavaliação

1) A geometria não euclidiana surgiu do fato de muitos matemáticos acreditarem que um dos postulados de Euclides seria um teorema. Qual é esse postulado?
   a. Dados uma reta e um ponto fora dela, pode-se traçar uma única reta paralela à reta dada.
   b. Por dois pontos, é possível determinar uma reta.
   c. Todos os ângulos retos são iguais.
   d. Um segmento de reta pode ser prolongado continuamente em ambas as direções.
   e. Dados um ponto e uma distância, pode-se traçar uma circunferência.

2) Avalie as afirmações a seguir como verdadeiras (V) ou falsas (F).
   ( ) A geometria projetiva tem suas raízes no Renascimento, quando os artistas introduziram a noção de profundidade em seus quadros.
   ( ) Gaspard Monge foi quem formalizou a geometria projetiva tendo com base técnicas matemáticas.
   ( ) A geometria projetiva procura representar o mundo que vemos.

   Agora, assinale a alternativa que apresenta a sequência correta:
   a. F, F, F.
   b. F, V, V.
   c. V, F, V.
   d. V, V, V.
   e. F, V, F.

3) Assinale as afirmações a seguir como verdadeiras (V) ou falsas (F).
   ( ) As projeções cilíndricas são o sistema de projeção em que o centro de projeção é um ponto impróprio.
   ( ) Plano de projeção, objeto ou ponto, reta projetante e centro de projeção são alguns elementos da projeção.
   ( ) Retas projetantes perpendiculares ao plano de projeção são uma propriedade da projeção cilíndrica ortogonal.

   Agora, assinale a alternativa que apresenta a sequência correta:
   a. F, F, F.
   b. F, V, V.
   c. V, F, V.
   d. V, V, V.
   e. V, V, F.

4) Considerando uma projeção ortogonal, assinale as afirmações a seguir como verdadeiras (V) ou falsas (F).

( ) Se as projeções de dois segmentos são paralelas, podemos afirmar que esses segmentos são paralelos.

( ) Quando um segmento (ou figura plana) é paralelo ao plano de projeção, podemos afirmar que esse segmento (ou a figura plana) é projetado em verdadeira grandeza (VG).

( ) Quando a projeção de um segmento é um ponto, podemos afirmar que esse segmento é perpendicular ao plano de projeção.

Agora, assinale a alternativa que apresenta a sequência correta:
a. F, F, F.
b. F, V, V.
c. V, F, V.
d. V, V, V.
e. V, F, F.

5) Considerando uma projeção ortogonal e segmentos ou figuras contidas em planos projetantes (planos perpendiculares ao plano de projeção), avalie as afirmações a seguir como verdadeiras (V) ou falsas (F).

( ) Uma figura contida no plano projetante terá sua projeção reduzida a um segmento.

( ) Se o segmento $\overline{AB}$ pertence ao plano projetante e $\overline{AB}$ não é perpendicular ao plano de projeção, então sua projeção pode ser um ponto.

( ) Uma reta perpendicular ao plano projetante será sempre paralela ao plano de projeção.

Agora, assinale a alternativa que apresenta a sequência correta:
a. F, F, F.
b. F, V, V.
c. V, F, V.
d. V, V, V.
e. F, F, V.

Atividades de aprendizagem

Questões para reflexão

1) Um professor solicitou aos estudantes que representassem a projeção ortogonal de um quadrado. Houve cinco desenhos diferentes em sala de aula: um quadrado, um losango, um retângulo, um paralelogramo e um segmento de reta. Os estudantes se questionaram se todas essas representações estavam corretas, e o professor afirmou que sim. Quais são

as condições do quadrado em relação ao plano de projeção para cada uma das representações obtidas pelos estudantes?

2) Um objeto, quando olhado de frente, tem seu contorno na forma de triângulo. Quando olhamos esse mesmo objeto por cima, seu contorno tem a forma de um círculo. Que sólido geométrico pode ser esse objeto?

Atividade aplicada: prática

1) (ENEM, 2014) O acesso entre os dois andares de uma casa é feito através de uma escada circular (escada caracol), representada na figura. Os cinco pontos *A, B, C, D, E* sobre o corrimão estão igualmente espaçados, e os pontos *P, A* e *E* estão em uma mesma reta. Nessa escada, uma pessoa caminha deslizando a mão sobre o corrimão do ponto *A* até o ponto *D*.

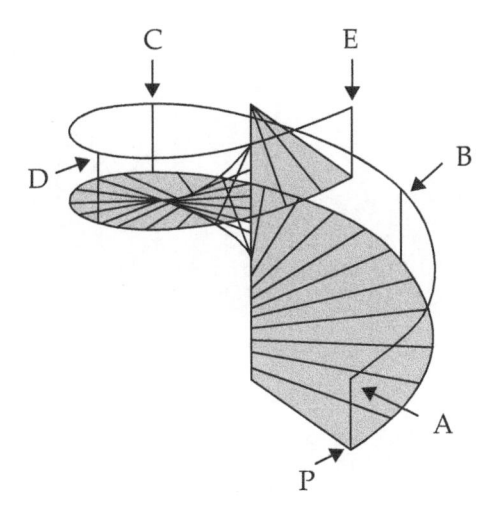

A figura que melhor representa a projeção ortogonal, sobre o piso da casa (plano), do caminho percorrido pela mão dessa pessoa é:

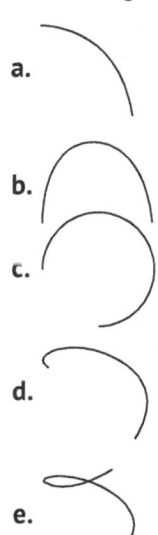

a.

b.

c.

d.

e.

Iniciamos este capítulo com um breve histórico do surgimento do método atribuído a Gaspard Monge. Na sequência, abordamos as representações fundamentais: pontos, retas e planos. Vamos analisar as características necessárias para a compreensão das representações de cada um desses elementos no plano.

Com isso, tratamos da representação de sólidos geométricos em que a base esteja contida em plano horizontal ou frontal.

Ao final, estudamos o processo descritivo da mudança de plano com a finalidade de determinar a verdadeira grandeza (VG) de uma figura contida em plano não paralelo aos planos fundamentais de referência (PFRs).

5
Representação em dupla projeção ortogonal: método mongeano

5.1 Representação dos elementos fundamentais (ponto, reta e plano)

Cabe ressaltar que o objetivo de Monge foi realizar as representações no plano, não necessitando da representação tridimensional do objeto.

A representação no plano é denominada *épura*. Em épura, representamos uma linha horizontal em que abaixo das extremidades há segmentos menores. Essa linha é denominada *linha de terra* (LT) e representa o traço de π' com π''. Na LT, determinamos o referencial em relação a π''' por meio do ponto O (origem).

Figura 5.1 – Representação da LT

$$\underline{\qquad\qquad}\!\!\!\!+\!\!\!\!\underline{\qquad\qquad\qquad\qquad\qquad}$$
$$O$$

Deste momento em diante, as representações tridimensionais (perspectivas) serão realizadas apenas para melhor compreensão do que está ocorrendo no espaço, mas essas representações não fazem parte do método. Com isso, o primeiro elemento a ser estudado é o ponto.

5.1.1 Estudo do ponto

Para determinar um ponto no espaço, são necessárias três coordenadas: abscissa, afastamento e cota. Também é preciso determinar um referencial no espaço para que se tenha a origem do sistema de coordenadas tridimensionais.

A origem desse sistema é determinada pela interseção dos dois PFRs (denominados π' e π'') com um terceiro plano. Esse terceiro plano é utilizado apenas para auxiliar a posição dos elementos no espaço, uma vez que o método de Monge utiliza apenas dois planos de projeções. No entanto, esse terceiro plano, muitas vezes denominado π''' ou, simplesmente, *plano auxiliar*, também será tratado como PFR nesta obra para simplificar as explicações decorrentes da teoria.

A abscissa (*x*) do ponto é a distância do ponto em relação ao plano auxiliar (π'''), o afastamento (*y*) do ponto é a distância do ponto até π'' e a cota (*z*) do ponto é a distância do ponto até π'. Assim, um ponto está bem definido no espaço se temos as três coordenadas e denotamos esse ponto por P(x, y, z).

Figura 5.2 – Representação do ponto no espaço e em épura

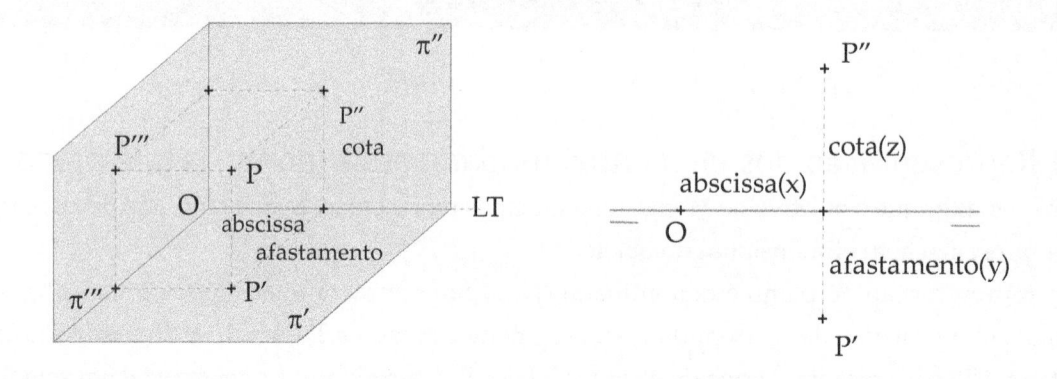

Na Figura 5.2 (épura), *P´* é a projeção ortogonal de *P* em π', *P"* é a projeção ortogonal de *P'* em π'' e a linha tracejada que une a primeira projeção do ponto com a segunda projeção é denominada *linha de chamada* (que é perpendicular à LT).

Assim, um ponto de coordenadas P(40, 30, 20) terá sua abscissa igual a 40, seu afastamento igual a 20 e sua cota igual a 30, conforme a Figura 5.3.

Figura 5.3 – Representação em épura do ponto P(40, 20, 30)

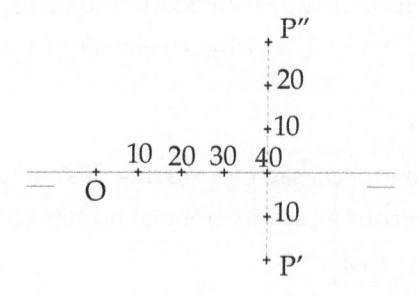

As Figuras 5.4 e 5.5 mostram a representação de seis pontos tanto no espaço quanto em épura, respectivamente.

Figura 5.4 – Diedros: representação de pontos no espaço

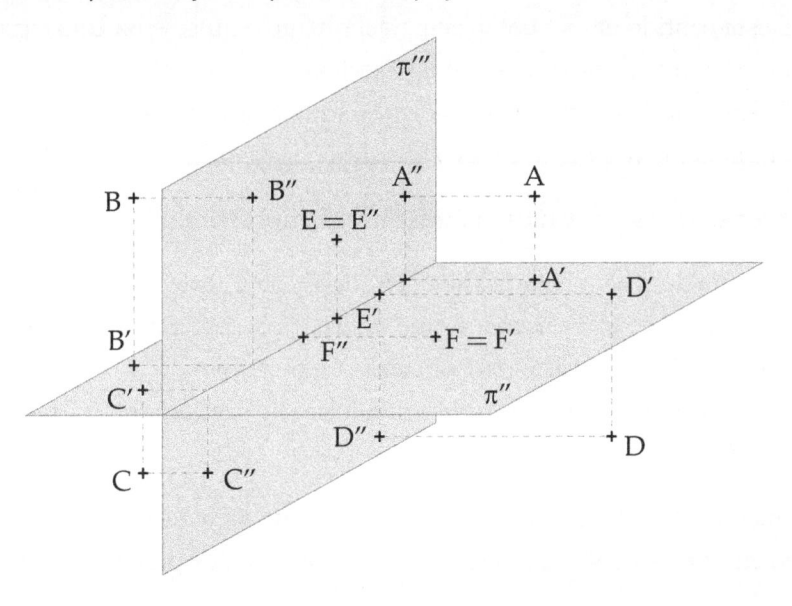

Figura 5.5 – Diedros: representação de pontos na épura

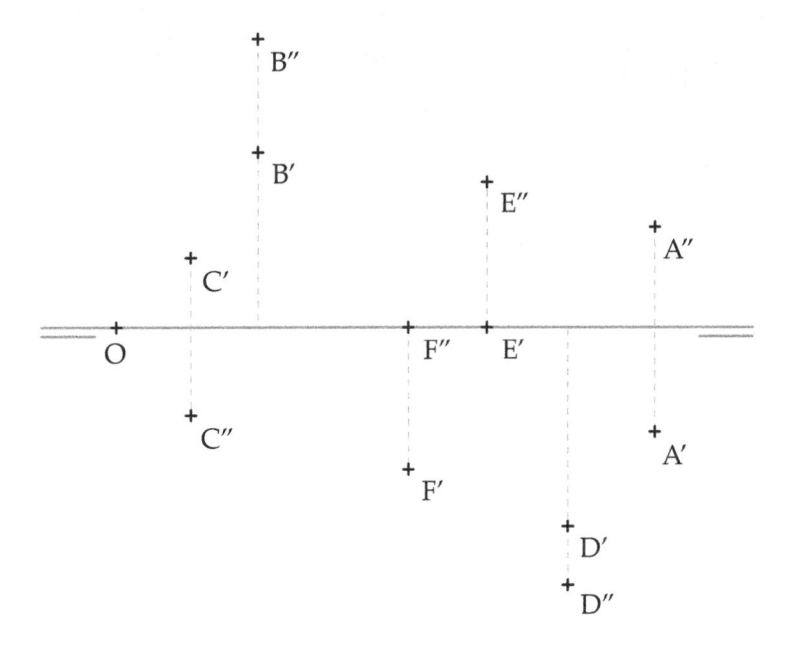

Fazemos algumas considerações sobre o afastamento e a cota dos pontos apresentados nas Figuras 5.4 e 5.5:

- O ponto A está contido no 1º diedro, então seu afastamento e sua cota são positivos.
- O ponto B está contido no 2º diedro, então seu afastamento é negativo e sua cota é positiva.
- O ponto C está contido no 3º diedro, então seu afastamento e sua cota são negativos.

- O ponto *D* está contido no 4º diedro, então seu afastamento é positivo e sua cota é negativa.
- O ponto *E* está contido em π″, então seu afastamento é nulo e sua cota é positiva (pontos contidos em π″ também podem ter cota negativa).
- O ponto *F* está contido em π′, então sua cota é nula e seu afastamento é positivo (pontos contidos em π′ também podem ter afastamento negativo).

Com isso, observando esses pontos, há três fatores importantes:

- Os pontos acima de π′ têm cota positiva; os abaixo de π′, cotas negativas.
- Os pontos na frente de π″ (tomando como referencial a perspectiva da Figura 5.8) têm afastamento positivo; os atrás de π″, afastamento negativo.
- Em épura, todos os pontos foram representados à direita do ponto *O*, tendo, assim, abscissa positiva.

Além de π‴, há outros dois planos importantes, denominados de *bissetores*. Um plano bissetor divide o diedro em dois iguais, formando ângulo de 45° com os planos de projeção.

Figura 5.6 – Planos bissetores

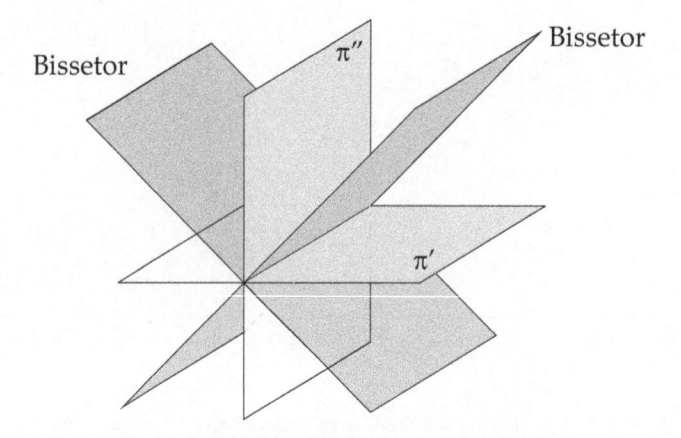

Outra propriedade dos planos bissetores é que os pontos contidos neles têm a mesma distância dos planos de projeção, ou seja, os valores do afastamento e da cota (ambos em módulo) são iguais.

Realizado o estudo sobre a representação de ponto no método mongeano, a próxima seção abordará o estudo das retas nesse método.

5.1.2 Estudo das retas

Uma reta pode ser definida e representada por dois pontos ou por um ponto e pelos ângulos que ela forma com os planos fundamentais de referência. A posição das retas referente a π′ e π″ pode ser: paralela, perpendicular ou oblíqua.

- As retas têm alguns pontos notáveis que denominamos *traço horizontal* (H – interseção com π′), *traço vertical* (V – interseção com π″) e *traço lateral* (L – interseção com π‴).

São sete as combinações de posição de retas em relação a π′ e π″ e cada combinação recebe um nome particular: *reta horizontal; reta frontal; reta de perfil; reta vertical; reta de topo; reta fronto--horizontal; reta qualquer* (ou *reta do tipo qualquer*).

- **Reta horizontal (h)**: É paralela a π′ e oblíqua a π″ e a π‴; os pontos contidos em h têm a mesma cota; um segmento de reta contido em h é projetado em VG em π′; h tem traço vertical e lateral.

Figura 5.7 – Reta horizontal (h)

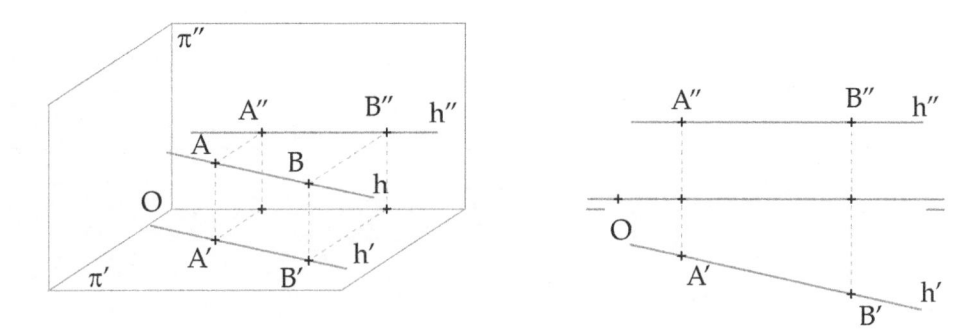

- **Reta frontal (f)**: É paralela a π″ e oblíqua a π′ e π‴; os pontos contidos em f têm o mesmo afastamento; um segmento de reta contido em f é projetado em VG em π″; f tem traço horizontal e lateral.

Figura 5.8 – Reta frontal (f)

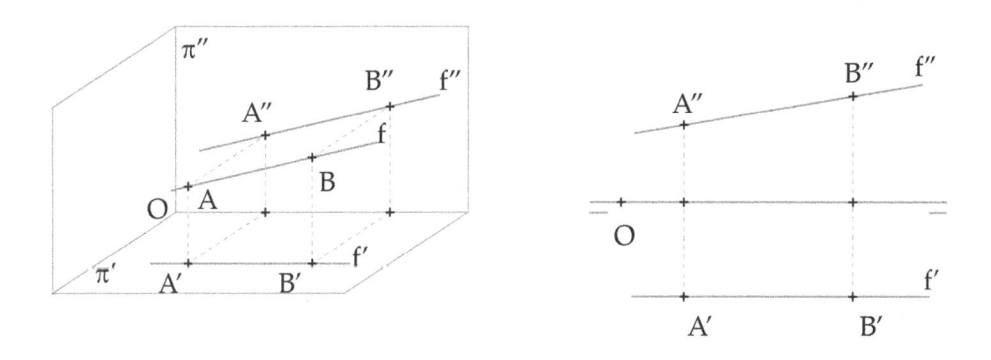

- **Reta de perfil (p)**: É paralela a π‴ e oblíqua a π′ e π″; os pontos contidos em p têm a mesma abscissa; um segmento de reta contido em p é projetado em VG em π‴; p tem traço horizontal e vertical.

Figura 5.9 – Reta de perfil (p)

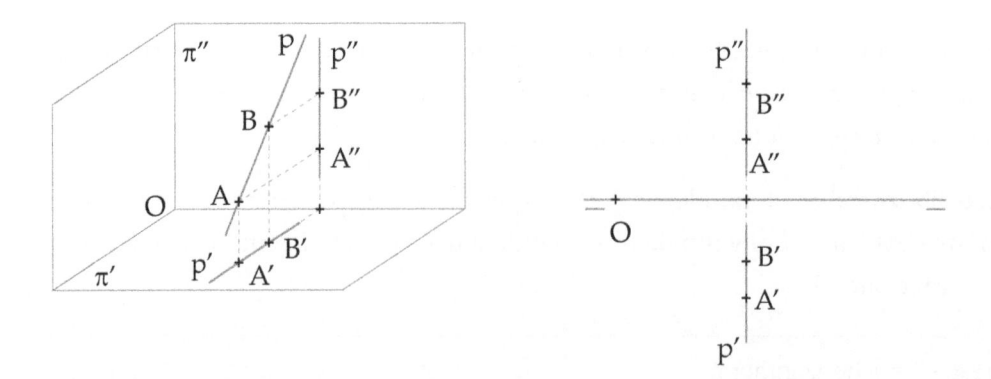

- **Reta vertical (v)**: É paralela a π″ e π‴ e perpendicular a π′; os pontos contidos em v têm a mesma abscissa e o mesmo afastamento; um segmento de reta contido em v é projetado em VG em π″ e π‴; v tem traço horizontal.

Figura 5.10 – Reta vertical (v)

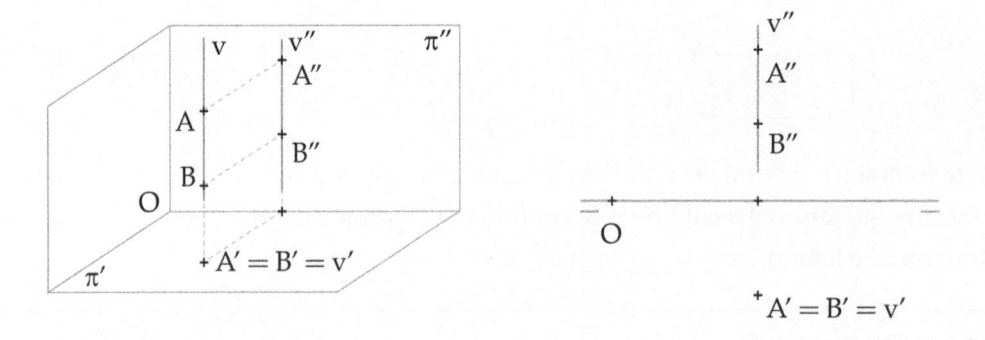

- **Reta de topo (t)**: É paralela a π′ e π‴ e perpendicular a π″; os pontos contidos em t têm a mesma abscissa e a mesma cota; um segmento de reta contido em t é projetado em VG em π′ e π‴; t tem traço vertical.

Figura 5.11 – Reta de topo (t)

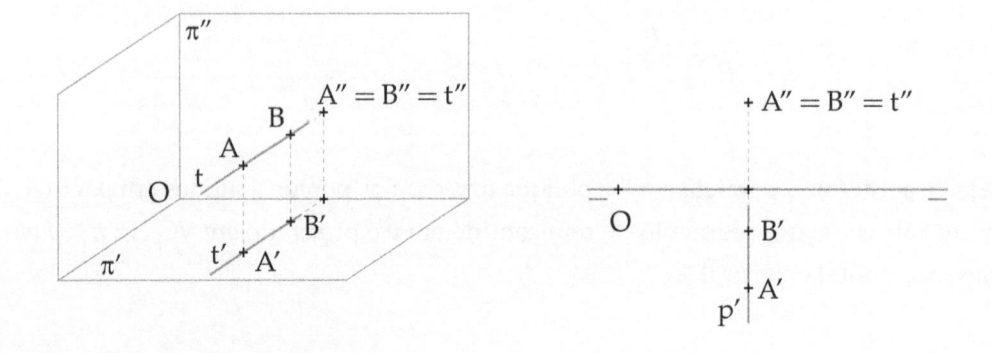

- **Reta fronto-horizontal (fh)**: É paralela a π' e a π" e perpendicular a π'''; os pontos contidos em *fh* têm o mesmo afastamento e a mesma cota; um segmento de reta contido em *fh* é projetado em VG π' e em π"; *fh* tem traço lateral.

Figura 5.12 – Reta fronto-horizontal (fh)

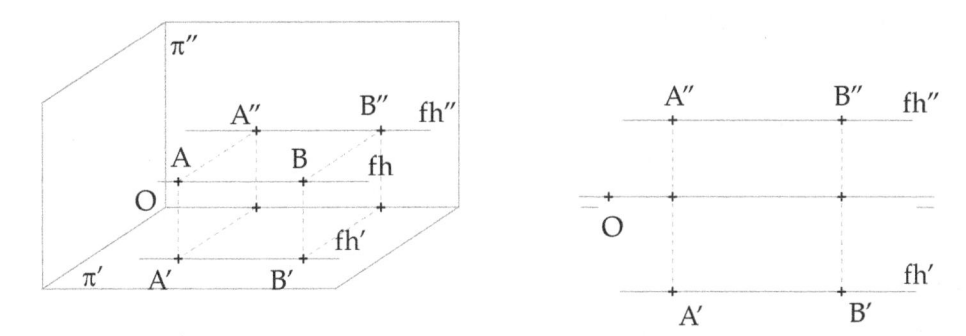

- **Reta qualquer (q)**: É oblíqua a π', a π" e a π'''; os pontos contidos em *q* não são iguais em suas coordenadas; um segmento de reta contido em *q* não é projetado em VG; *q* tem traço horizontal, vertical e lateral.

Figura 5.13 – Reta qualquer (q)

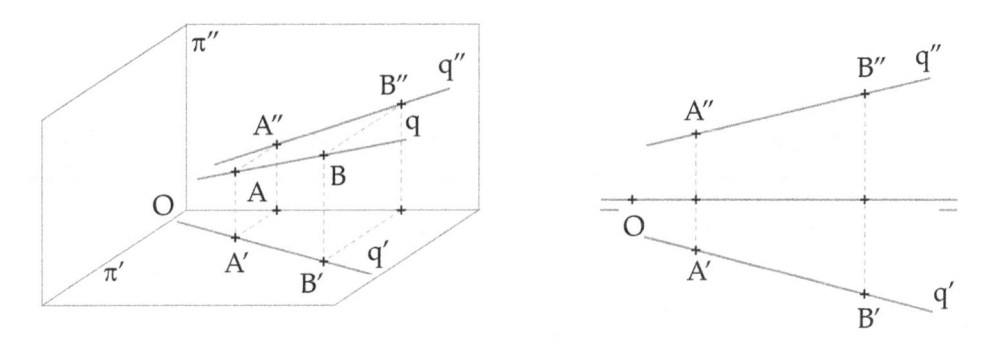

As retas horizontal, frontal, vertical, de topo e fronto-horizontal têm seus segmentos projetados em VG em π' ou π", sendo obtidos em épura diretamente ao representar os pontos do segmento.

Vamos analisar um problema.

Problema 5.1

Determine a VG do segmento $\overline{AB}$ o ângulo que $\overline{AB}$ forma com π' e o ângulo que $\overline{AB}$ forma com π", sabendo que A(10, 30, 20) e B(50, 30, 60).

Resolução:

Para resolver o problema, projetamos os pontos *A* e *B* em épura, como apresentado na Figura 5.14.

Figura 5.14 – Solução do Problema 5.1

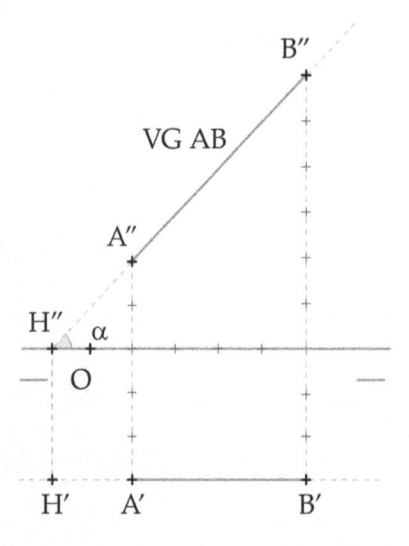

Os pontos A e B têm afastamentos iguais e cotas diferentes; assim, $\overline{AB}$ está contido em uma reta frontal e é projetado em VG na 2ª projeção.

Como $\overline{AB}$ é paralelo a π", o ângulo formado com π" é nulo. Já o ângulo formado com π' é o representado por α na Figura 5.14.

> **Importante!**
> Assim como no desenho geométrico, na geometria descritiva não estamos em busca de resultados numéricos no problema, apenas da representação gráfica solicitada no enunciado.

Há alguns procedimentos para determinar a VG de um segmento contido numa reta de perfil ou do tipo qualquer, uma vez que essas duas retas não são paralelas a π' nem a π". Tais procedimentos são apresentados nos Problemas 5.2 e 5.3.

Problema 5.2

Determine a VG do segmento $\overline{AB}$ contido em uma reta de perfil, sabendo que A(20, 30, 20) e B(20, 10, 60).

Resolução:

Como o segmento $\overline{AB}$ está contido em uma reta de perfil, devemos executar a projeção do segmento em π''', uma vez que a reta de perfil é paralela a π'''. Assim, temos que determinar A''' e B'''.

Figura 5.15 – Solução do Problema 5.2

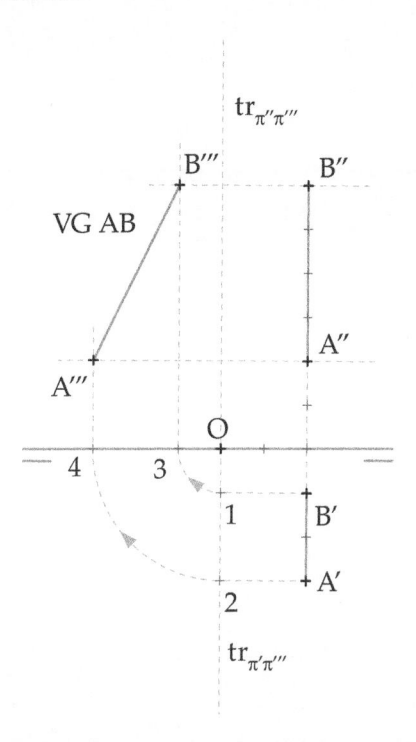

Para isso, traçamos a reta que representa o traço entre π' e π''' e o traço entre π" e π'''. Essa reta é perpendicular a LT e contém O.

Na sequência, para a primeira projeção de cada ponto, traçamos uma reta paralela a LT até $tr_{\pi'\pi''}$ (obtendo 1 e 2 neste exemplo). Com o compasso centrado em O, descrevemos os arcos 1 até 3 e 2 até 4, que indicam as linhas de rebatimento do plano π''' sobre π".

A interseção da reta perpendicular a LT passando por 4 com a paralela a LT passando por A" fornece A'''. Já a interseção da reta perpendicular a LT passando por 3 com a paralela a LT passando por B" fornece B'''.

A VG de $\overline{AB}$ é $\overline{A'''B'''}$.

Problema 5.3

Determine a VG de um segmento contido em uma reta qualquer, sendo A(10, 20, 20) e B(50, 30, 60).

Resolução:

Como $\overline{AB}$ é um segmento contido em uma reta qualquer, devemos executar um processo descritivo; nesse caso, o triângulo de rebatimento. Para isso, tomamos a diferença entre o afastamento de A e B (indicado na 1ª projeção por $difA'B'$) e marcamos essa medida na reta perpendicular a A"B", obtendo 1. $\overline{A"1}$ é a VG de $\overline{AB}$.

Figura 5.16 – Solução do Problema 5.3

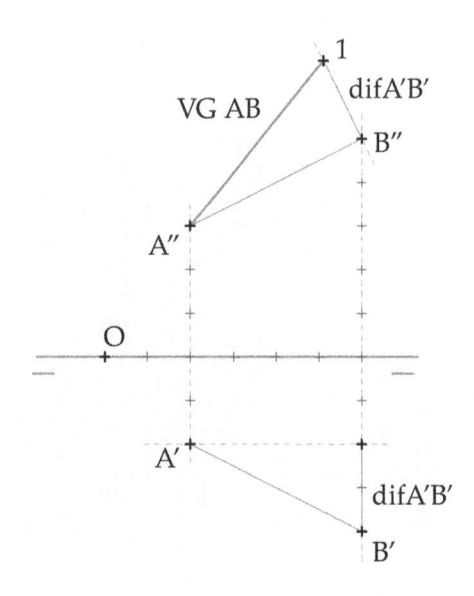

Posição relativa entre retas

Dadas duas retas, podemos analisar a posição relativa entre elas no espaço, que pode ser *coplanar* ou *não coplanar*.

Retas coplanares são aquelas contidas em um plano, podendo ser classificadas como *concorrentes* ou *paralelas*. As retas concorrentes têm apenas um ponto em comum; ainda, se o ângulo formado entre elas for de 90°, são denominadas *retas perpendiculares*. Já as retas paralelas mantêm distância constante e, quando essa distância é nula, são chamadas *retas coincidentes*.

Para o caso em que duas retas são paralelas, suas projeções devem ser paralelas, coincidentes ou pontuais, como verificado no capítulo anterior. Dos sete tipos de retas estudados neste capítulo, seis deles podem ter o paralelismo verificado pela análise da primeira e da segunda projeções da reta. Apenas para a reta de perfil é necessário determinar a terceira projeção para, então, verificar se essas projeções são paralelas.

Para o caso em que duas retas são concorrentes, as projeções do ponto comum devem pertencer à mesma linha de chamada; assim, para seis tipos de retas, podemos fazer a análise pela primeira e pela segunda projeção do ponto em comum. Já para a reta de perfil é necessário verificar a terceira projeção.

Retas são não coplanares quando não houver um plano que as contenha simultaneamente. Também são denominadas *retas reversas* e, quando o ângulo formado entre elas for 90°, são chamadas de *retas ortogonais*.

Para o caso específico de retas perpendiculares ou ortogonais, é necessário recordar a propriedade estudada no capítulo anterior, que informa que, se duas retas são perpendiculares ou ortogonais, sendo uma delas paralela ao plano de projeção e a outra não perpendicular ao mesmo plano de projeção, então suas projeções, nesse plano de projeção, são perpendiculares.

Para o caso de retas concorrentes em que nenhuma delas é paralela a um plano de projeção, devemos aplicar algum método descritivo (por exemplo, mudança de plano, que será estudada no próximo capítulo) no plano que contém essas retas para verificar o ângulo formado por elas.

Realizada a apresentação das retas, sua determinação e sua representação, na próxima seção, vamos analisar os planos no método mongeano.

5.1.3 Estudo dos planos

Um plano pode ser definido por: três pontos não colineares; uma reta e um ponto que não pertence à reta; duas retas concorrentes; ou duas retas paralelas não coincidentes. Assim, um plano pode ser representado, no método mongeano: pelas projeções de três pontos não colineares; pelas projeções de uma reta e um ponto que não pertence à reta; pelas projeções de duas retas concorrentes; ou pelas projeções de duas retas paralelas, não coincidentes.

Conforme a posição do plano em relação aos PRFs (π' e π''), ele é classificado em: *plano horizontal*; *plano frontal*; *plano de perfil*; *plano vertical*; *plano de topo*; *plano paralelo à linha de reta* ou *plano rampa*; e *plano qualquer*.

> **Importante!**
> Outra classificação para os planos é chamada *projetante*, que são aqueles perpendiculares a, pelo menos, um dos PFRs. Toda figura contida em um plano projetante, quando projetada, é reduzida a um segmento no PFR ao qual é perpendicular.

A seguir, são apresentadas algumas considerações sobre cada um dos planos indicados.

- **Plano horizontal (PH)**: É paralelo a π'; assim, é perpendicular a π'' e a π'''; os pontos e as retas contidos em PH têm a mesma cota; uma figura contida em PH é projetada em VG em π' e a projeção em π'' é um segmento de reta; PH tem traço vertical paralelo à LT.

Figura 5.17 – Plano horizontal (PH)

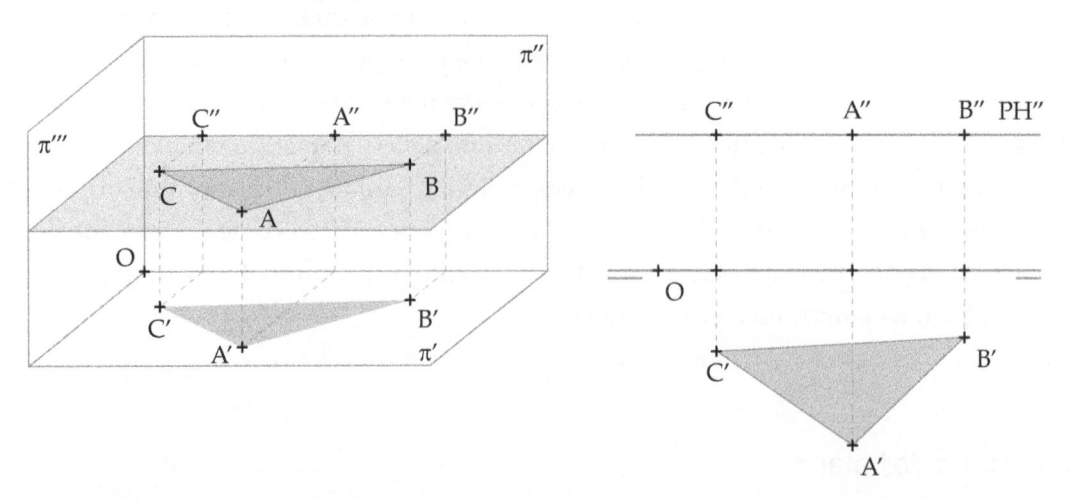

Como todos os pontos de PH têm a mesma cota, é necessário apenas um ponto P para representá-lo em épura, visto que todos os outros pontos com cota igual à cota de P estão em PH.

- **Plano frontal (PF)**: É paralelo a π''; assim, é perpendicular a π' e a π'''; os pontos e as retas contidos em PF têm o mesmo afastamento; uma figura contida em PF é projetada em VG em π'' e a projeção em π' é um segmento de reta; PF tem traço horizontal paralelo à LT.

Figura 5.18 – Plano frontal (PF)

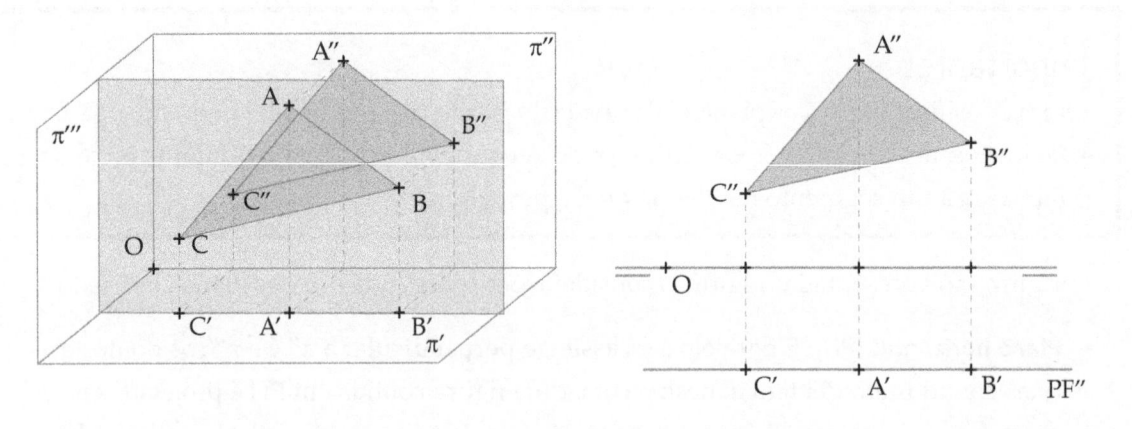

Como todos os pontos de PF têm o mesmo afastamento, é necessário apenas um ponto P para representá-lo em épura, visto que todos os outros pontos com afastamento igual ao afastamento de P estão em PF.

- **Plano de perfil (PP)**: É paralelo a π'''; assim, é perpendicular a π' e a π''; os pontos e as retas contidos em PP têm a mesma abscissa; uma figura contida em PP é projetada em VG em π''' e a projeção em π' e π'' é um segmento de reta; PP tem traço horizontal e traço vertical perpendicular à LT.

Figura 5.19 – Plano de perfil (PP)

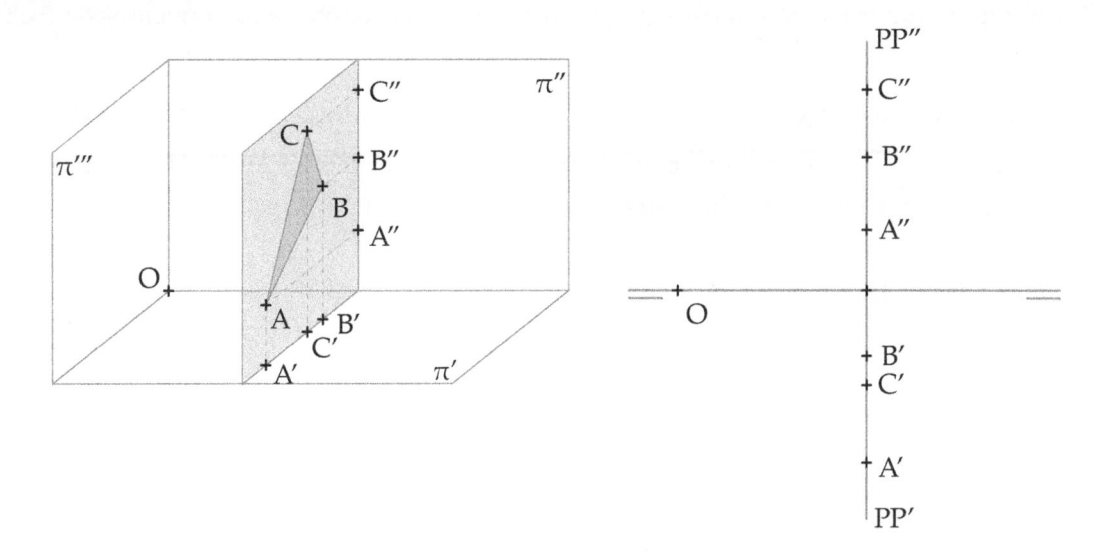

Como todos os pontos de PP têm a mesma abscissa, é necessário apenas um ponto P para representá-lo em épura, visto que todos os outros pontos com abscissa igual à abscissa de P estão em PP.

- **Plano vertical (PV)**: É perpendicular a π' e oblíquo a π'' e a π'''; a projeção de uma figura contida em PV é um segmento em π' e uma figura reduzida em π'' e π'''; PV tem traço horizontal oblíquo à LT e traço vertical perpendicular à LT.

Figura 5.20 – Plano vertical (PV)

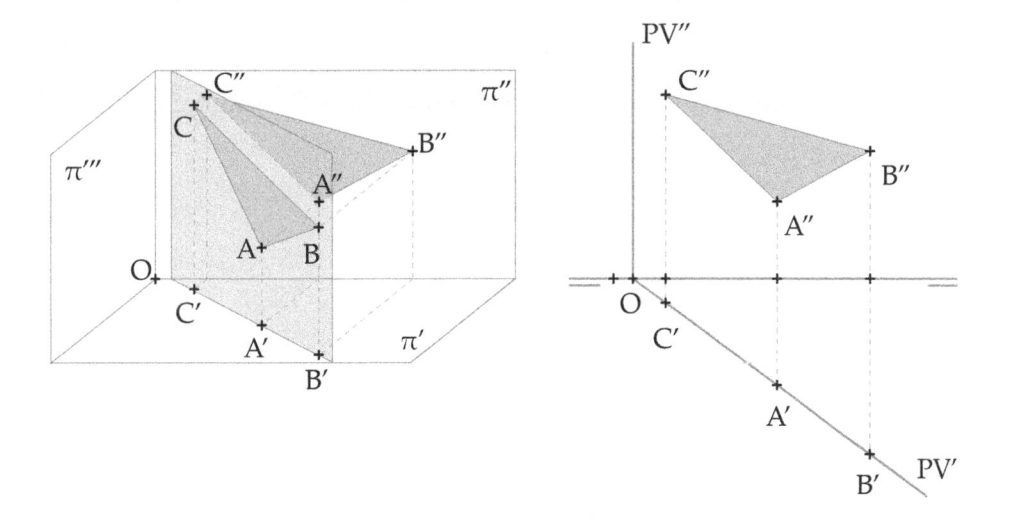

Como a projeção de uma figura de PV em π' é um segmento, são necessários dois pontos P e Q para representá-lo em épura, para que tanto as abscissas quanto os afastamentos de P e Q sejam diferentes.

- **Plano de topo (PT)**: É perpendicular a π" e oblíquo a π' e a π'''; a projeção de uma figura contida em PT é um segmento em π" e uma figura reduzida em π' e π'''; PT tem traço vertical oblíquo à LT e traço horizontal perpendicular à LT.

Figura 5.21 – Plano de topo (PT)

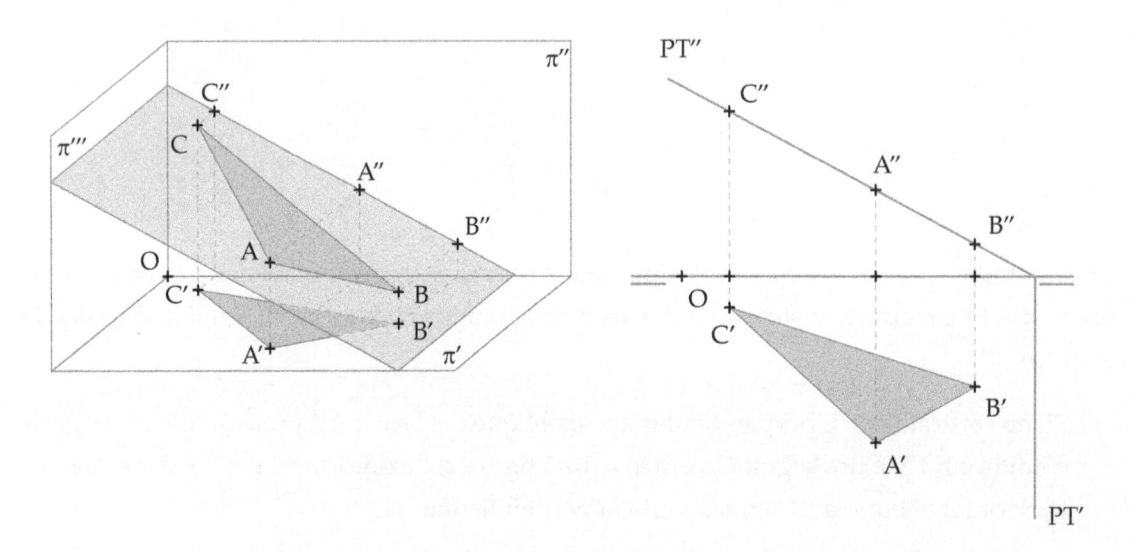

Como a projeção de uma figura de PT em π" é um segmento, são necessários dois pontos P e Q para representá-lo em épura, para que tanto as abscissas quanto as cotas de P e Q sejam diferentes.

- **Plano paralelo à LT ou plano rampa (PR)**: É perpendicular a π''' e oblíquo a π' e a π"; a projeção de uma figura contida em PR é um segmento em π''' e uma figura reduzida em π' e π"; PR tem traço horizontal e vertical paralelo à LT.

Figura 5.22 – Plano paralelo à LT ou plano rampa (PR)

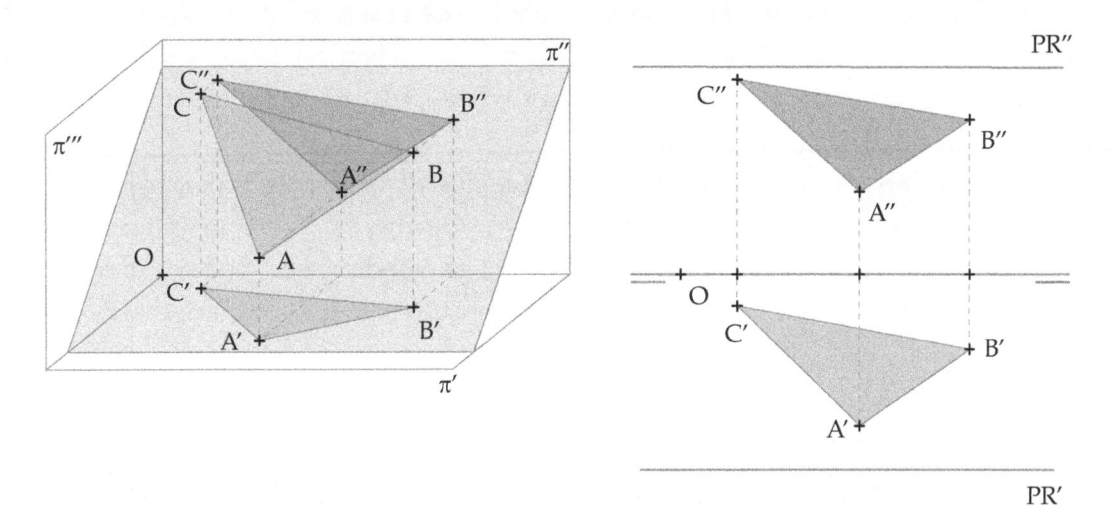

Como a projeção de uma figura de PR em π''' é um segmento, são necessários dois pontos P e Q para representá-lo em épura, para que tanto os afastamentos, abscissas e cotas de P e Q sejam diferentes.

- **Plano qualquer (PQ)**: É oblíquo a π', π'' e π'''; a projeção de uma figura contida em PQ é reduzida em π', π'' e π'''; PQ tem traços horizontal, vertical e oblíquo à LT.

Figura 5.23 – Plano qualquer (PQ)

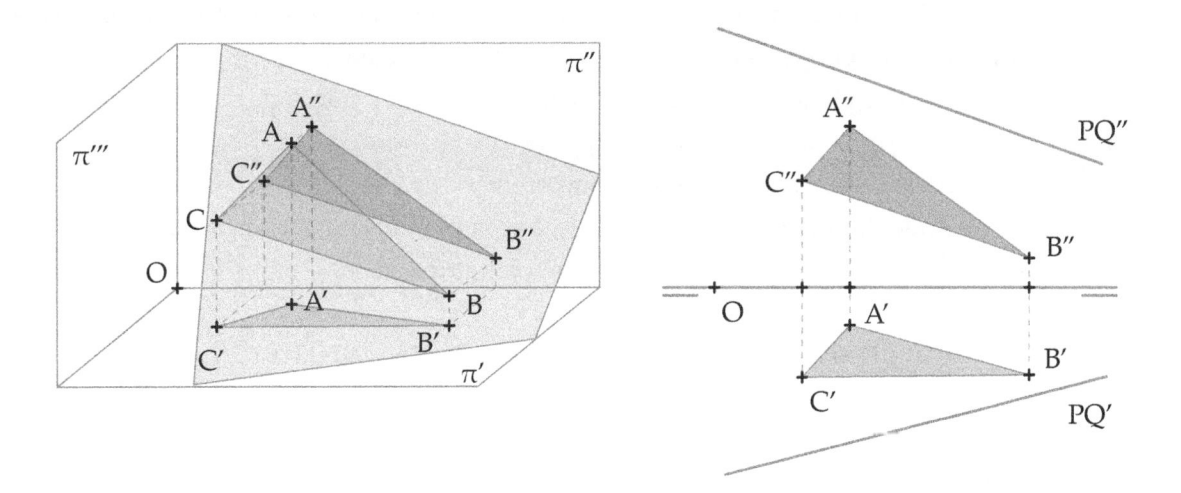

Como a projeção de uma figura em PQ é reduzida em π', π" e π'", são necessários três pontos distintos ou qualquer outra condição descrita no início desta seção.

Sobre a determinação de VG de figuras contida nos planos vertical, de topo, paralelo à LT ou plano qualquer, é necessário um processo descritivo. No próximo capítulo, vamos apresentar o processo descritivo de mudança de plano.

Quanto à posição relativa entre as sete retas estudadas na seção anterior com os sete planos apresentados nesta seção, há várias considerações no Quadro 5.1. Nele, são utilizados os símbolos // para indicar que a reta é paralela ao plano; ⊥ para indicar que a reta é perpendicular ao plano; ∠ para indicar que a reta é oblíqua ao plano; e ⊂ para indicar que a reta pode estar contida no plano.

Quadro 5.1 – Posição relativa entre reta e plano

	H	F	P	V	T	Fh	Q
PH	⊂; //	∠	∠	⊥	⊂; //	⊂; //	∠
PF	∠	⊂; //	∠	⊂; //	⊥	⊂; //	∠
PP	∠	∠	⊂; //	⊂; //	⊂; //	⊥	∠
PV	⊂; //; ⊥; ∠	∠	∠	∠	⊂; //	∠	∠
PT	∠	⊂; //; ⊥; ∠	∠	∠	⊂; //	∠	∠
PR	∠	∠	⊂; //; ⊥; ∠	∠	∠	⊂; //	∠
PQ	⊂; //	⊂; //	⊂; //	∠	∠	∠	⊂; //; ⊥; ∠

Quanto à posição relativa entre dois planos no espaço, eles podem ser paralelos (caso específico: coincidentes) ou concorrentes (caso específico: perpendiculares).

Para verificar se dois planos são paralelos, averiguamos se os traços desses planos com os PFRs são paralelos. Ainda, quando dois planos não satisfazem a condição de paralelismo (ou no caso específico de coincidência), eles são concorrentes.

Realizado o estudo dos planos, na próxima seção vamos analisar como ocorre a projeção de sólido apoiado em um plano horizontal ou em um plano frontal.

5.2 Representação de sólidos apoiados em plano horizontal ou em plano frontal

Um sólido geométrico está apoiado em um plano horizontal quando sua base pertence ao plano horizontal. De maneira análoga, um sólido geométrico estará apoiado em um plano frontal se sua base estiver contida em um plano frontal.

Para projetar um sólido geométrico, temos de projetar seus vértices em π' e π"; na sequência, determinamos o contorno aparente do sólido.

Para ilustrar como determinar o contorno aparente, vamos utilizar a Figura 5.24.

Figura 5.24 – Contorno aparente

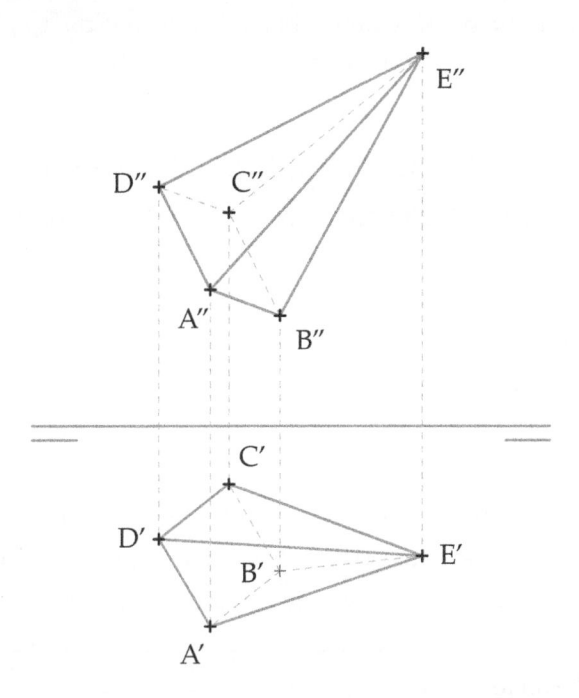

Na Figura 5.24, quando consideramos apenas a primeira projeção, temos que A' e E' pertencem ao contorno aparente do sólido na primeira projeção, pois, ao traçarmos a reta $\overline{A'E'}$, os demais pontos dessa projeção pertencem a essa reta ou estão todos no mesmo semiplano. O contorno aparente determina a visibilidade do sólido, ou seja, a parte visível e a não visível. Os critérios para a determinação da visibilidade seguem esta ordem:

1. O contorno aparente é sempre visível.
2. Se uma face contém um ponto visível, então essa face é visível e, por consequência, as arestas dessa face são visíveis.
3. Se duas faces têm uma aresta comum pertencente ao contorno aparente, então uma face é visível e a outra é não visível.
4. Se uma face contém um ponto não visível, então essa face é não visível.

Vamos verificar essas considerações nos dois problemas a seguir.

> **Definições**
> 1. Um prisma regular é um prisma reto cuja base é um polígono regular. Da mesma forma, uma pirâmide regular é uma pirâmide reta cuja base é um polígono regular (Giovanni; Bonjorno; Giovanni Junior, 1988).
> 2. Em um prisma reto, as arestas laterais formam um ângulo de 90° com as bases; com isso, todas as arestas laterais são iguais (Giovanni; Bonjorno; Giovanni Junior, 1988).
> 3. Em uma pirâmide reta, todas as faces laterais são triângulos isósceles, consequentemente, as faces laterais são iguais (Giovanni; Bonjorno; Giovanni Junior, 1988).

Problema 5.4

Represente a pirâmide oblíqua de base quadrada (ABCD) contida no plano horizontal de cota 10 e vértice V, sabendo que A(10, 10, ?), B(30, 20, ?) e V(50, 40, 40).

Resolução:

O enunciado afirma que a base está em um plano horizontal de cota 10; assim, a cota do ponto A e do ponto B é 10, por isso não foi fornecido no enunciado o valor da cota no ponto, pois é a mesma cota de A e B.

A VG da base está na primeira projeção. Como temos um lado do quadrado, podemos construir os demais garantindo a perpendicularidade e lados iguais.

Para obter a segunda projeção, de C e D, traçamos a linha de chamada até o PH″, pois a base pertence a esse plano. Com isso, temos as projeções dos vértices da pirâmide.

Por fim, determinamos a visibilidade de $\overline{AV}$ e $\overline{CV}$ em π″ e $\overline{AV}$, $\overline{DV}$ e $\overline{BC}$ em π′. Para isso, imaginamos a pirâmide no espaço. Olhando esse objeto de frente, temos que $\overline{CV}$ é visível e $\overline{AV}$ é invisível, conforme a representação em π″. Ao olhar a pirâmide por cima, temos que $\overline{AV}$ e $\overline{DV}$ e são visíveis e $\overline{BC}$ é invisível, conforme a representação em π′.

Figura 5.25 – Solução do Problema 5.4

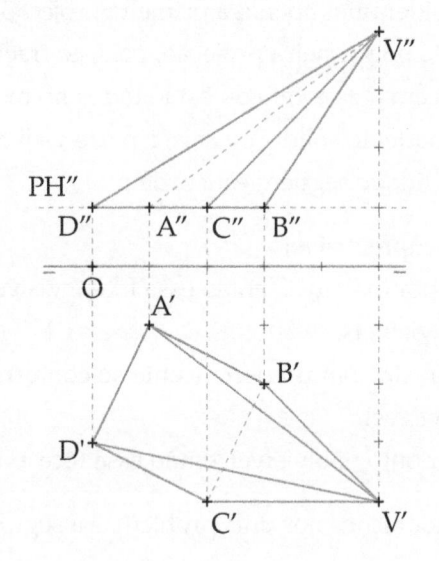

Problema 5.5

Represente um prisma regular de base triangular (ABC) contida no plano frontal de afastamento 10 e altura 40, sabendo que A(10, ?, 10) e B(40, ?, 20).

Resolução:

Como a base ABC está em um plano frontal de afastamento 20, todos os vértices dessa base têm esse mesmo afastamento, por isso não foi fornecido no enunciado o valor do afastamento dos vértices A e B. O enunciado afirma que o prisma é regular, então a base é um triângulo regular (ou seja, triângulo equilátero) e as arestas laterais são perpendiculares à base (ou seja, perpendiculares ao plano frontal). Desse fato, temos que a base DEF está também em um plano frontal, mas com afastamento 50.

Toda figura contida em um plano frontal é projetada em VG em π''; com isso, representando A'' e B'', obtemos C''. Já F' está na mesma linha de chamada da representação de C, mas no plano frontal de afastamento 50.

Para determinar a visibilidade do prisma, analisamos que, na segunda projeção, as arestas laterais são perpendiculares a π''; desse fato, concluímos que as bases são coincidentes. Já na primeira projeção, ao determinarmos o contorno aparente, temos apenas de verificar a visibilidade da aresta $\overline{CF}$ em π' e, para isso, realizamos a seguinte análise: imaginando o prisma no espaço e olhando-o por cima, conseguimos ver a aresta $\overline{CF}$; assim, C'F' é visível.

Figura 5.26 – Solução do Problema 5.5

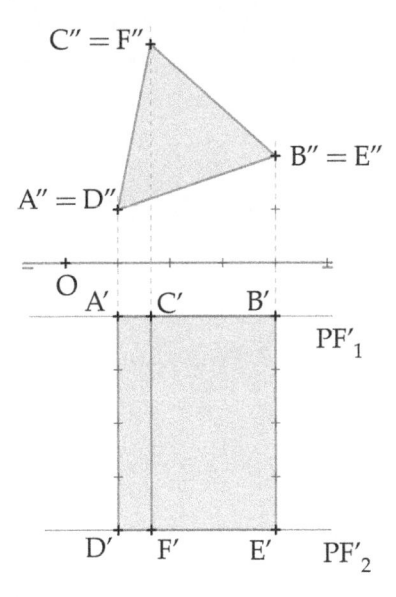

Verificados esses dois problemas sobre sólidos geométricos, um com a base apoiada no plano horizontal e outro com a base apoiada no plano frontal, vamos analisar como determinar a VG de uma figura contida em plano não paralelo a nenhum dos PFRs.

5.3 Processo descritivo da mudança de plano

Como você pôde verificar no capítulo anterior, nem sempre é possível determinar a VG de um segmento de reta ou de uma figura em um dos PFRs. Isso se deve ao fato, por exemplo, de que o plano que contém figura não é paralelo a π', π'' ou π'''.

Para segmentos de retas, apresentamos, no capítulo anterior, o triângulo de rebatimento como um processo descritivo quando tratamos da obtenção da VG de um segmento de reta contido em uma reta qualquer, pois os demais tipos de segmentos sempre serão paralelos a um dos PFRs.

Neste capítulo, apresentamos o processo descritivo denominado *mudança de plano* para determinar a VG de uma figura que não está contida em um plano paralelo a um dos PFRs.

Esse processo consiste em manter fixo o objeto a ser projetado e, então, alterar a posição do observador. Assim, a face do objeto cuja VG se quer determinar se torna paralela a um novo plano de projeção.

Figura 5.27 – Mudança de posição do observador

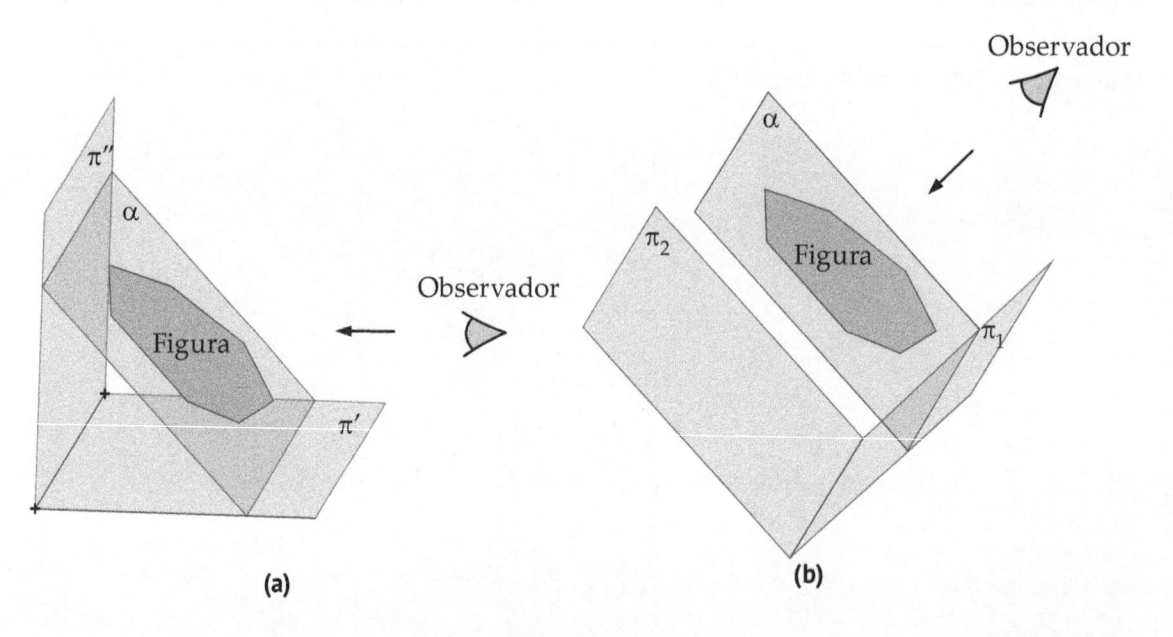

A Figura 5.27a apresenta uma figura contida em um plano não paralelo a π' e π''; assim, não temos a VG em nenhuma das projeções. Intuitivamente, vamos alterar a posição do observador (Figura 5.27b) e, com isso, α torna-se paralelo ao novo plano de projeção π_2, em que teremos a VG da figura. Ainda, na Figura 5.27b, temos α perpendicular a π_1.

Vamos analisar como realizar esse procedimento em épura por meio de três exemplos: i) figura contida num plano vertical; ii) figura contida num plano paralelo à LT; iii) figura contida num plano qualquer.

Problema 5.6

Dados os vértices do quadrilátero contido num plano vertical, determine a VG do quadrilátero *ABCD*, sabendo que A(60, 10, 20), B(40, 30, 10), C(20, 30, 10) e D(50, 20, 30).

Resolução:

Ao representar o quadrilátero em épura, verificamos que a primeira projeção da figura é um segmento, uma vez que o plano vertical é perpendicular a π'. Já a segunda projeção é uma figura reduzida, visto que o plano α é oblíquo a π". Assim, não temos a VG da figura.

Pelo processo descritivo da mudança de plano, vamos "transformar" o plano α em um plano frontal, ou seja, fazer com que fique paralelo a um PFR$_V$ (π_2).

Figura 5.28 – Processo descritivo da mudança de plano aplicado ao plano vertical

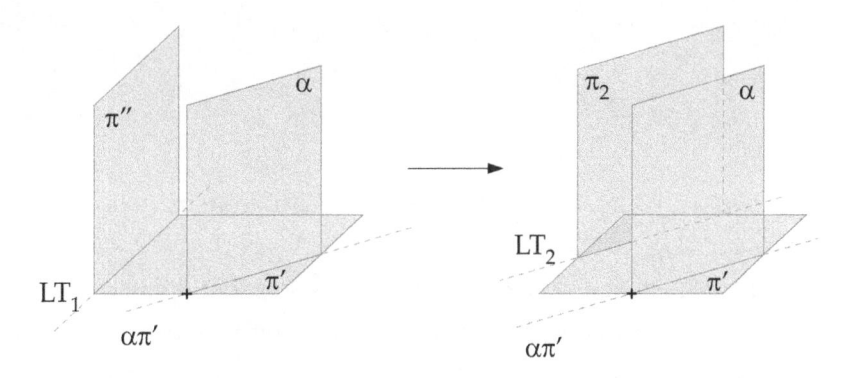

Com o procedimento apresentado na Figura 5.28, temos as seguintes considerações: i) figuras contidas em α serão projetadas em VG em π_2; ii) o traço απ' não será alterado de lugar; iii) há uma nova linha de terra (LT$_2$) paralela a απ', visto que α agora é um plano frontal; iv) a cota dos pontos contidos em α não será alterada, uma vez que π' não foi alterado de posição.

A Figura 5.29 apresenta a projeção do quadrilátero antes (Figura 5.29a) e depois (Figura 5.29b) de realizarmos o processo descritivo da mudança de plano.

Figura 5.29 – Aplicação da mudança de plano no Problema 5.6

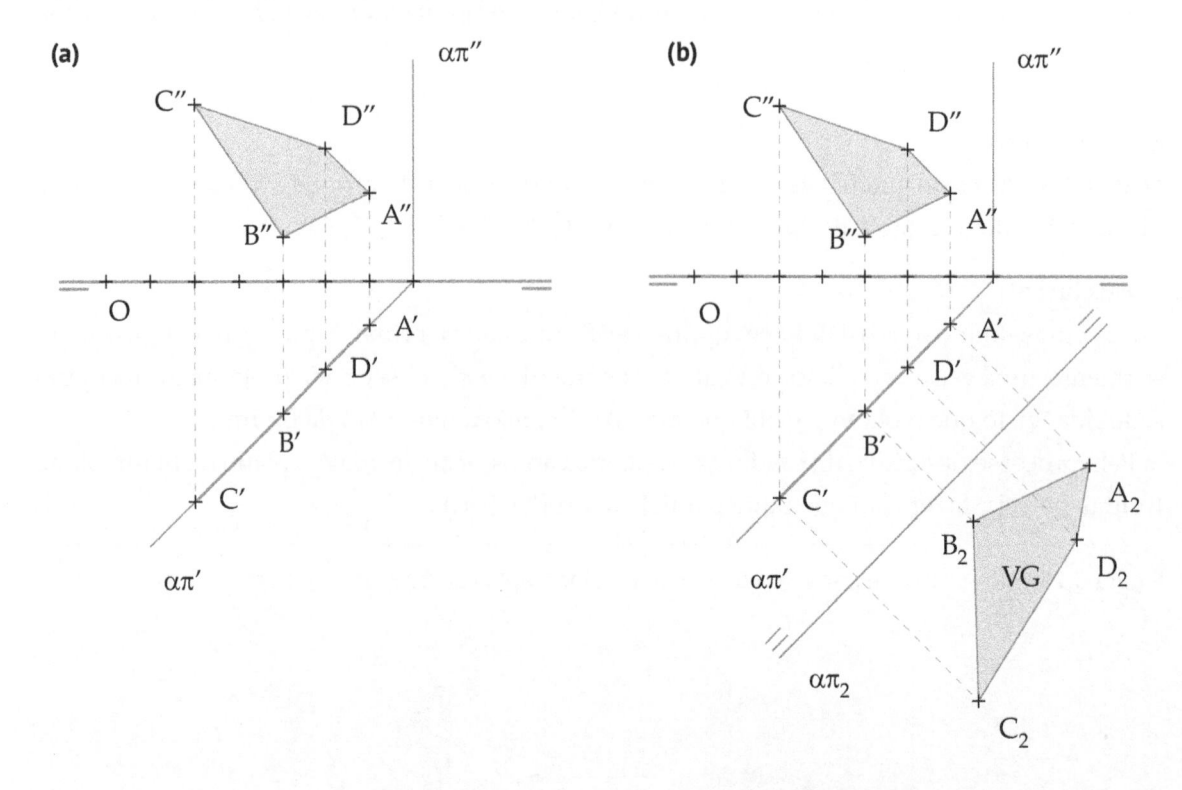

Ao representarmos o quadrilátero em épura (Figura 5.29a), construímos uma nova linha de terra (LT$_2$) paralela a απ' (Figura 5.29b).

LT$_2$ tem dois segmentos em sua representação, e esses segmentos estão voltados para a primeira projeção da figura. A primeira projeção do quadrilátero continua sendo um segmento, caracterizando, dessa forma, que o plano foi transformado em um plano frontal.

A partir de A', B', C' e D', traçamos novas linhas de chamadas em relação a LT$_2$ e marcamos as cotas dos pontos a partir de LT$_2$, visto que o plano π' não sofreu alteração.

Com isso, o quadrilátero A$_2$B$_2$C$_2$D$_2$ é a VG do quadrilátero ABCD.

Se uma figura estiver contida em um plano de topo α, realizamos um procedimento análogo, em que LT$_2$ é paralela à segunda projeção do objeto. Assim, α é transformado em um plano horizontal, obtendo a VG nas novas "primeiras" projeções.

Problema 5.7

São dados dois vértices (A e B) de um triângulo equilátero contido em um plano paralelo à LT (α). Determine a VG do triângulo equilátero ABC e as projeções dele em π' e π", sabendo que A(60, 10, 20) e B(40, 30, 10).

Resolução:

Para realizar a mudança de plano de um plano paralelo à LT, vamos utilizar a terceira projeção de A e B. Dessa forma, consideramos a terceira e a segunda projeções dos pontos para realizar a mudança de planos (de maneira análoga ao problema anterior).

Com isso, teremos a VG do triângulo equilátero, obtendo C no novo plano. Na sequência, determinamos a segunda e a primeira projeções de C, como solicita o enunciado.

A Figura 5.30 apresenta as três projeções dos pontos A e B, bem como os traços do plano paralelo à LT com π' (ponto de cota zero de $\overrightarrow{A'''B'''}$) e com π" (interseção de $\overrightarrow{A'''B'''}$ com a reta perpendicular à LT passando por O).

Figura 5.30 – Projeções dos pontos A e B e traços de α com π' e com π"

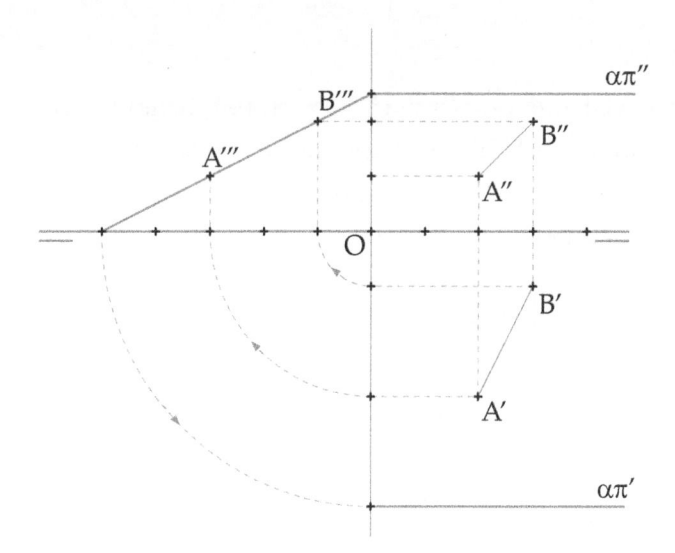

As representações da Figura 5.30 se assemelham ao problema anterior ao girarmos a épura em 90° no sentido anti-horário. Ao realizar tal procedimento, α pode ser considerado um plano vertical se tomarmos como referência os planos π''' (como o PFR_h) e π" (como o PFR_v).

Figura 5.31 – Épura do Problema 5.7 rotacionada

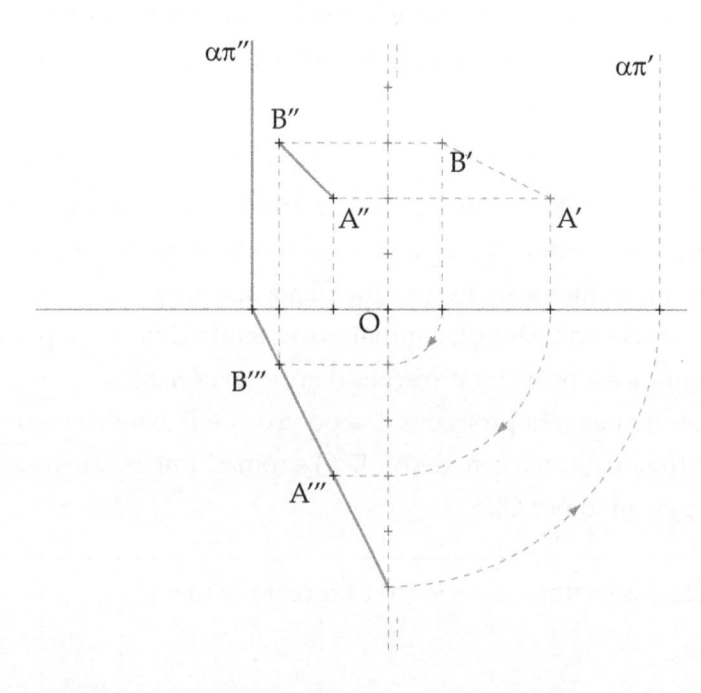

Figura 5.32 – Solução do Problema 5.7

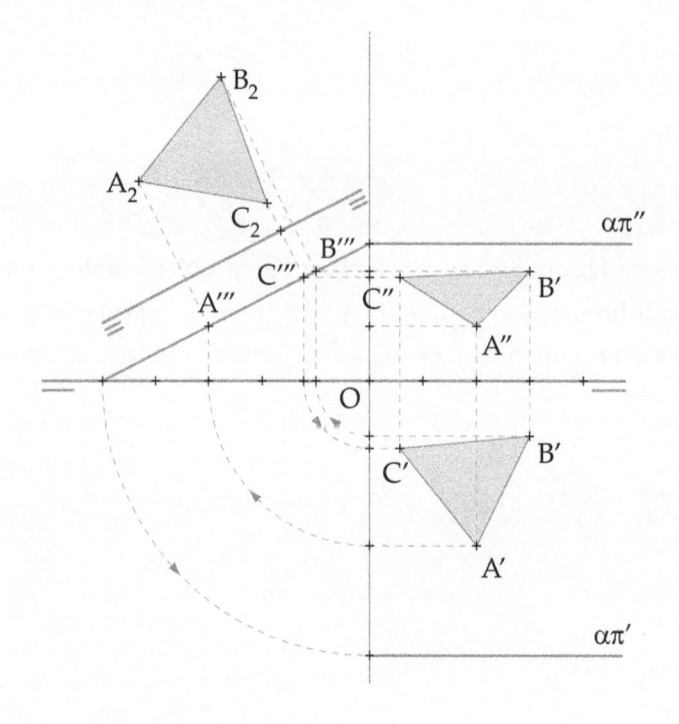

Voltando à posição inicial da épura (Figura 5.30), o procedimento apresentado na Figura 5.32 foi traçar uma nova LT paralela a $\overrightarrow{A'''B'''}$ e, na sequência, novas linhas de chamada foram traçadas passando por A''' e B'''. Com isso, marcamos A_2 e B_2, tal que a distância desses pontos até a nova LT seja igual a suas abscissas.

Com isso, temos que o segmento $\overline{A_2B_2}$ é a VG de $\overline{AB}$ e podemos obter o triângulo equilátero determinando C_2. Para obter C' e C", fazemos o processo contrário de obtenção de A_2 e de B_2.

••■

Problema 5.8

São dados os três vértices (A, B, C) de um triângulo contido em um plano qualquer. Determine suas projeções em π' e em π", bem como a VG desse triângulo, sabendo que A(20, 20, 10), B(40, 10, 40) e C(50, 30, 20).

Resolução:

O enunciado informa que o triângulo está contido em um plano qualquer (PQ); assim, esses três vértices definem esse plano.

Em relação aos PFRs, PQ é oblíquo; assim, figuras contidas em PQ não se projetam em VG em nenhum dos PFRs. Dessa forma, precisamos aplicar o processo descritivo da mudança de planos para determinar a VG do triângulo *ABC*. Para o caso em que temos um PQ, é necessário aplicar a mudança de planos duas vezes: primeiro, transformando-o em um plano de topo (PT) e, na sequência, transformando o PT em um plano horizontal (PH).

É necessária a transformação de PT em PH, pois PT não é paralelo a nenhum dos PFRs; com isso, não há figuras projetadas em VG nos PFRs.

Dessa forma, podemos fazer uma analogia com o Problema 6.1, em que PV é perpendicular a π', pois PT é perpendicular a π".

Realizadas essas considerações, a Figura 5.33 apresenta a primeira e a segunda projeções dos pontos *A*, *B* e *C*.

Figura 5.33 – Projeções dos pontos *A*, *B* e *C*

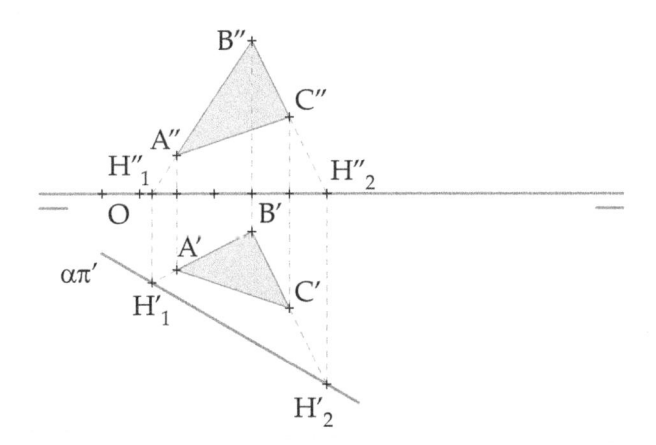

Na Figura 5.33, observe que determinamos o traço $\alpha\pi'$ da seguinte maneira: obtivemos dois pontos de cota zero (H'_1 e H'_2) traçando as semirretas $\overrightarrow{BA}$ $\overrightarrow{BC}$ em ambas as projeções; na interseção da segunda projeção dessas semirretas com a LT, obtivemos H''_1 e H''_2 e, por consequência, H'_1 e H'_2 na mesma linha de chamada na primeira projeção. Cabe lembrar que $\alpha\pi'$ é uma reta horizontal de cota zero.

A partir disso, realizamos a primeira mudança de planos traçando a LT_2 perpendicular a $\alpha\pi'$. Dessa maneira, $\alpha\pi'$ é transformada em uma reta de topo em relação a LT_2.

Figura 5.34 – Primeira mudança de plano: transformando PQ em PT

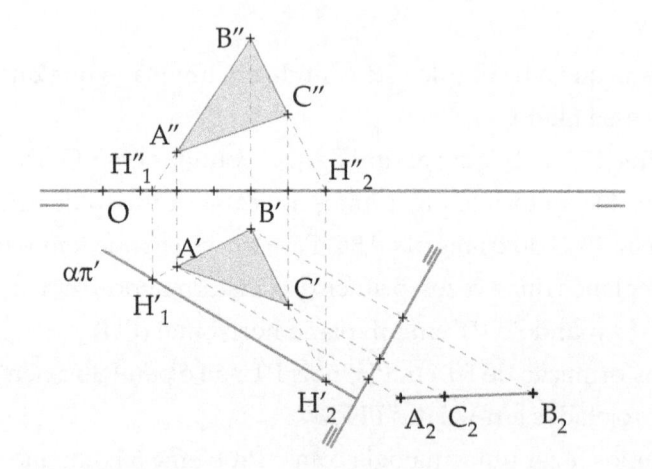

Traçando novas linhas de chamadas em relação à LT_2, temos que a distância de A_2, B_2 e C_2 até LT_2 é a cota de A, B e C, respectivamente. Com isso, temos que A_2, B_2 e C_2 são colineares e o plano (em relação à LT_2) é um PT.

Por fim, na Figura 5.35 é apresentada a transformação de PT em um PH traçando LT_3 paralela ao segmento $\overline{A_2B_2}$. Com isso, os pontos A_2, B_2 e C_2 terão a mesma cota em relação à LT_3.

Figura 5.35 – Segunda mudança de plano: transformando PT em PH

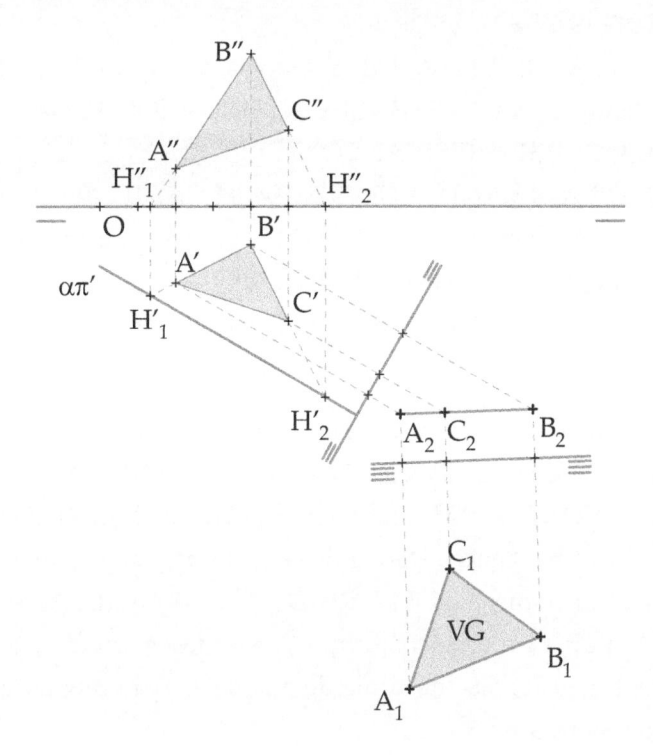

Obtivemos A_1, B_1 e C_1 garantindo que a distância desses pontos até LT_3 seja igual à distância de A', B' e C' à LT_2.

O triângulo A_1, B_1 e C_1 é a VG do triângulo ABC.

Com o Problema 5.8, finalizamos os tópicos da teoria do *método mongeano* que nos dispusemos a apresentar nesta obra para introduzir a geometria descritiva.

Síntese

Neste capítulo, tratamos da representação da projeção dos elementos fundamentais (ponto, reta e plano) no método da dupla projeção ortogonal, também conhecido como *método mongeano*. Com as características específicas de cada um dos elementos e suas classificações, analisamos como esses elementos se encontram no espaço.

Ainda, abordamos a representação de sólidos geométricos cuja base está contida em plano horizontal ou frontal.

Ao final, apresentamos o processo descritivo da mudança de plano, que permite determinar a VG de uma figura contida em plano não paralelo aos PFRs.

Indicações culturais

ALBUQUERQUE, G. L. A.; OLIVEIRA, J. da S. Oficina de Expressão Gráfica: vivendo e aprendendo. In: CONFERÊNCIA INTERNACIONAL DA APROGED (GEOMETRIAS), 3.; INTERNACIONAL CONFERENCE ON GRAPHICS ENGINEERING FOR ARTS AND DESIGN (GRAPHICA), 11., 2015, Lisboa. **Proceedings**... Porto: Aproged, 2016. p. 337-347. Disponível em: <http://www.aproged.pt/geg2015/proceedings2.pdf>. Acesso em: 4 set. 2019.

Em uma das atividades propostas, os autores utilizam pedra-sabão para esculpir modelos tridimensionais.

SILVA, M. T. Q. S. Geometria descritiva: uma experiência didática. In: SIMPÓSIO NACIONAL DE GEOMETRIA DESCRITIVA E DESENHO TÉCNICO, 18.; INTERNACIONAL CONFERENCE ON GRAPHICS ENGINEERING FOR ARTS AND DESIGN, 7., 2007, Curitiba. **Anais...** Disponível em: <http://www.exatas.ufpr.br/portal/docs_degraf/artigos_graphica/GEOMETRIADESCRITIVA.pdf>. Acesso em: 4 set. 2019.

Esse trabalho relata uma experiência em que foram desenvolvidos, com alunos de graduação, modelos tridimensionais em forma de maquetes para melhor compreensão dos conceitos do método mongeano.

Atividades de autoavaliação

1) Qual dos planos a seguir não é um plano projetante em π'?
   a. Vertical.
   b. Perfil.
   c. Frontal.
   d. Horizontal.
   e. Rampa.

2) Com relação à reta horizontal (h), é correto afirmar:
   a. h está contida no plano rampa.
   b. h é oblíqua a π''.
   c. h é perpendicular a π'''.
   d. Um segmento de reta contido em h é projetado em VG em π''.
   e. h é perpendicular a π'.

3) Avalie cada afirmação a seguir como verdadeira (V) ou falsa (F).

( ) A projeção de três pontos colineares (P, Q, R) em π" será sempre três pontos distintos.

( ) A projeção da reta r em π' é um ponto; então r é perpendicular a π'.

( ) A projeção da reta r em π' é uma reta somente se r for uma reta horizontal.

( ) A projeção de duas retas (r e s) em π' é paralela, então r e s são paralelas no espaço.

Agora, assinale a alternativa que apresenta a sequência correta:

a. F, V, V, V.
b. F, V, F, F.
c. V, F, V, V.
d. V, V, F, F.
e. F, F, V, V.

4) Marque as afirmações a seguir como verdadeiras (V) ou falsas (F).

( ) Duas retas (r e s) são paralelas, então suas projeções podem ser paralelas, coincidentes ou pontuais.

( ) A interseção de um plano horizontal (PH) com um plano vertical (PV) é uma reta horizontal (h).

( ) Um triângulo contido em um plano qualquer é projetado em VG em π'''.

( ) Se a projeção de um triângulo em π" é um segmento, então esse triângulo pertence necessariamente a um plano de topo.

Agora, assinale a alternativa que apresenta a sequência correta:

a. F, V, V, V.
b. F, V, F, F.
c. V, F, V, V.
d. V, V, F, F.
e. V, F, F, V.

5) Qual das afirmações a seguir **não** é verdadeira em relação ao processo descritivo da mudança de planos?

a. É utilizado quando há necessidade de determinar a VG de uma figura que não está contida em um plano paralelo a um dos PFRs.

b. O objeto a ser projetado é mantido fixo e é alterada a posição do observador, fazendo com que a figura cuja VG se quer encontrar seja paralela a um dos PFRs.

c. Para uma figura contida em um plano de perfil, não é necessário utilizar o processo descritivo da mudança de planos, pois a VG está em π'''.

d. O objeto é alterado de posição para que seja possível obter a VG da face desejada.

Atividades de aprendizagem

Questões para reflexão

1) São dados três pontos distintos e não colineares no espaço (P, Q, M), dois deles são vértices consecutivos de um paralelogramo (P e Q) e o outro é o ponto médio das diagonais (M) desse paralelogramo. Com essas informações, é possível construir a figura? Por quê?

2) A épura a seguir apresenta a projeção de um objeto. Com as duas projeções apresentadas, é possível determinar com exatidão a forma desse objeto? Justifique sua resposta.

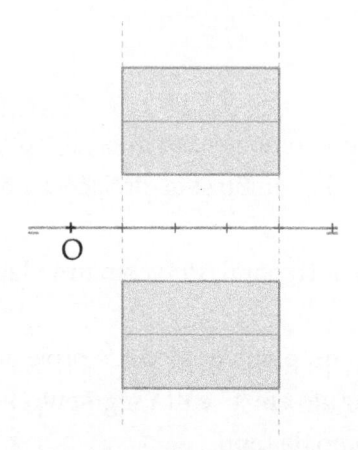

Atividade aplicada: prática

1) Represente uma pirâmide regular de base hexagonal apoiada em um plano horizontal. Em seguida, responda às seguintes questões:

    a. Em relação à base: Como obter a VG? Qual é a figura formada em π' e π"?

    b. Em relação à altura da pirâmide: Como obter a VG? A altura está contida em que tipo de reta?

    c. Em relação à visibilidade dos vértices da base: Quantos vértices da base são visíveis em π'? Quantos vértices da base podem ser visíveis em π"?

    d. Em relação ao vértice da pirâmide: É possível não ser um ponto visível na primeira projeção (em π')? E na segunda projeção (em π")?

Neste capítulo, apresentamos o processo descritivo da mudança de plano com a finalidade de determinar a verdadeira grandeza (VG) de uma figura contida em plano não paralelo aos planos fundamentais de referência (PFRs). Também oferecemos algumas considerações em relação ao desenho técnico como uma simplificação da geometria descritiva.

Abordamos a concepção da geometria dinâmica e ilustramos sua potencialidade, descrevendo brevemente práticas pedagógicas para o ensino e a aprendizagem de matemática.

Por fim, descrevemos algumas atividades relacionadas às geometrias não euclidianas que podem ser abordadas na educação básica.

6
Desenho técnico, geometria dinâmica e aplicações na educação básica

6.1 Desenho técnico: simplificação na representação do método mongeano

Segundo Góes (2004) e Góes e Luz (2011), com a explosão mundial do desenvolvimento industrial no século XIX, foi necessário normalizar a teoria da dupla projeção ortogonal publicada por Monge para transformá-la em uma linguagem gráfica universal e sem possibilidades de interpretações ambíguas. Com isso, a comissão técnica da International Organization for Standardization (ISO) criou normas para tornar a geometria descritiva uma linguagem, sobretudo nas áreas de engenharia e arquitetura, denominando-a *desenho técnico*.

Segundo Góes e Luz (2011, p. 4), o desenho técnico é "considerado Expressão Gráfica coordenada, permite poucas variações na representação de qualquer objeto, deve ser apresentado sempre da mesma maneira, seja por um único desenhista, ou por vários". Os autores apresentam uma representação gráfica em que há três losangos e afirmam que, no desenho técnico, é necessário o "treinamento de quem vai interpretá-los", pois "para leigos nessa modalidade de linguagem, representa apenas três losangos. No entanto, para quem conhece a linguagem gráfica do Desenho Técnico, a figura representa um hexaedro (cubo) em perspectiva isométrica" (Góes; Luz, 2011, p. 4).

Figura 6.1 – Hexaedro (cubo)

Fonte: Góes; Luz, 2011, p. 4.

Aos profissionais que trabalham com desenho, é essencial o conhecimento de algumas dessas normas ou formas de representação. Entre esses profissionais, estão os professores, sobretudo os de Matemática, que podem utilizar a visualização espacial e as representações realizadas no desenho técnico para auxiliar na compreensão de diversos conceitos/conteúdos matemáticos.

Com as normas para uniformizar e generalizar os desenhos, estes passaram a ser interpretados e projetados de forma que não haja ambiguidade em sua leitura, tornando-se, para aqueles que a conhecem, uma linguagem de melhor compreensão que a própria língua materna.

Sobre isso, Góes e Luz (2011) apresentam uma atividade desenvolvida com estudantes do ensino superior em que solicitam aos grupos que desenhem em uma folha de papel a planta baixa da casa de seus sonhos (fase 1). Na sequência, solicitam que descrevam em outra folha essa casa (fase 2). Então, essa descrição é entregue a outro grupo de estudantes, que deve reproduzir o que está escrito (fase 3). Ao final, foram comparados as descrições e os desenhos.

Com essa experiência, os autores chegaram à conclusão de que é possível perceber que a linguagem escrita, por mais que haja detalhes, foi interpretada de forma diferente pelos estudantes na fase 3. Já a linguagem gráfica, seguindo a normalização pertinente, não permite tais interpretações.

No Brasil, as normas para o desenho técnico são editadas pela Associação Brasileira de Normas Técnicas (ABNT). Por meio delas, os desenhos, em sua maioria projetos, são compreendidos por quem deve "aprová-los, construí-los, operá-los ou mantê-los" (Góes; Luz, 2011, p. 5).

Quando se relaciona o desenho técnico com o método mongeano, as vistas ortográficas principais se referem às projeções nos PFRs e as vistas auxiliares se referem ao plano obtido pelo processo descritivo da mudança de planos.

Como comentamos, as formas de alguns objetos necessitam de mais de duas projeções para uma exata visualização. Por isso, em desenho técnico, utilizamos o chamado *sólido envolvente* (Figura 6.2 à esquerda), que é um paralelepípedo composto de seis planos de projeções que representam as vistas ortográficas. No entanto, apenas três delas são consideradas vistas ortográficas principais: vista frontal (VF), vista superior (VS) e vista lateral esquerda (VLE).

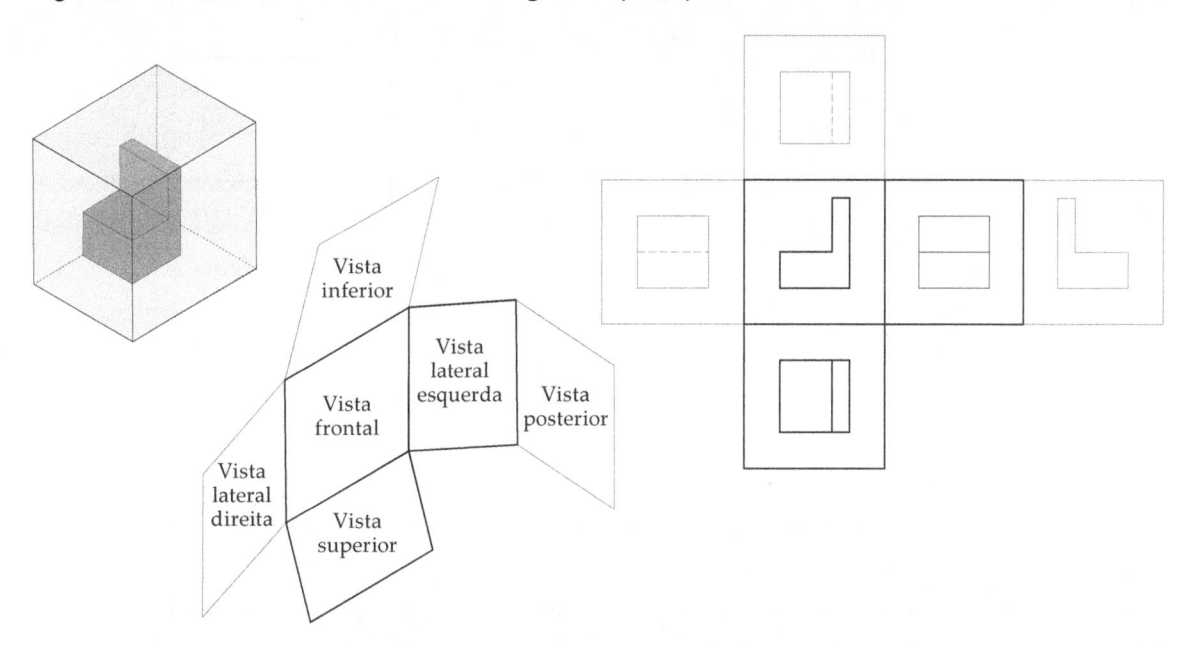

Figura 6.2 – Sólido envolvente e vistas ortográficas principais

Essas vistas definem com clareza duas dimensões do objeto: a VF fornece o comprimento e a altura; a VS fornece o comprimento e a largura; e a VLE fornece a largura e a altura do objeto (Figura 6.2 à direita).

Ao representar um objeto nessa concepção de vistas ortográficas, a VF deve ser a vista principal, em que o plano vertical fica imóvel na planificação do sólido envolvente. Para a escolha dessa vista, devemos verificar se alguma das vistas do objeto tem uma forma que melhor o caracterize. Caso isso não seja possível, devemos verificar a vista que proporciona o melhor trabalho (execução do desenho) com o objeto. Se ainda assim não for possível determinar a vista principal, escolhemos a posição do objeto com maior dimensão para compor a vista principal e, ainda, que possibilite a menor quantidade de linhas invisíveis nas demais vistas (ABNT, 1995).

Uma norma do desenho técnico é que aresta e contornos invisíveis não são desenhados com linhas grossas contínuas, mas sim com linhas médias tracejadas.

Relacionando as vistas ortográficas com as projeções abordadas no método mongeano, temos que VF é a projeção do objeto em π'', VS é a projeção do objeto em π' e VLE é a projeção do objeto no plano auxiliar π'''.

Para a execução de uma representação em desenho técnico, não é considerada a origem do sistema de coordenadas das projeções; assim, a maior diferença em relação ao método mongeano está no fato de que o plano auxiliar π''' está à direita do objeto. Ainda, no método mongeano, um objeto é dado por suas coordenadas (pontos); no desenho técnico, são referenciados por suas dimensões. A Figura 6.3 apresenta um objeto em perspectiva e suas vistas principais.

Figura 6.3 – Representação das vistas principais

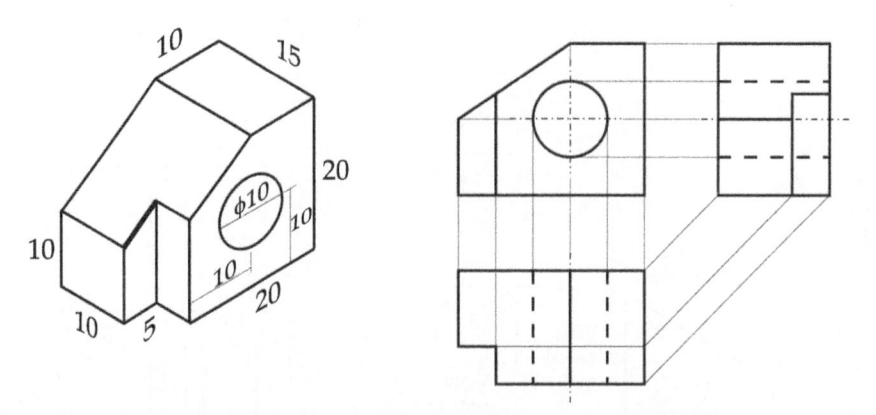

Outra diferenciação no desenho técnico é a utilização do compasso. Esse instrumento é utilizado apenas para traçar curvas; assim, as linhas de rebatimento que fornecem a VLE são realizadas com os esquadros.

Dessa forma, as faces do objeto paralelas ao plano de projeção que fornece a VF, a VS ou a VLE estão representadas em VG.

Analisando ainda a Figura 6.3, podemos verificar que todas as faces do objeto são projetadas em VG, exceto a face formada pelo plano inclinado. Para obter a VG dessa face no método mongeano, realizamos a mudança de plano.

No desenho técnico também é realizado esse procedimento, mas de uma forma mais simples, denominada *vista auxiliar*.

Figura 6.4 – Vista auxiliar

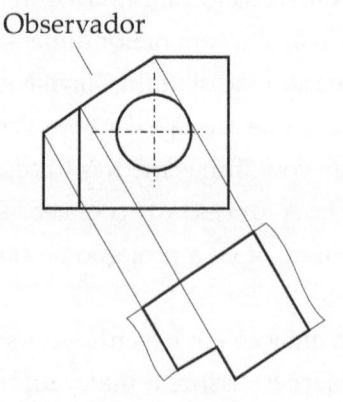

A Figura 6.4 apresenta duas vistas: a VF e a vista auxiliar, que fornece a VG da face inclinada. Para determinar a VG, traçamos retas auxiliares perpendiculares à face inclinada (que seriam as linhas de chamadas no método mongeano) e construímos a face inclinada obtendo as medidas nas outras vistas (VS e VLE). Perceba também que estamos indicando a posição do observador, ou seja, a peça ficou imóvel e o observador mudou de posição. As linhas onduladas, nas extremidades da VG da face inclinada, significam que a peça continua nos dois sentidos.

A vista ortográfica que aparece mais comumente em nosso cotidiano é a planta baixa de uma edificação. A planta baixa é o desenho obtido pela "Vista superior do plano secante horizontal, localizado a, aproximadamente, 1,50 m do piso em referência. A altura desse plano pode ser variável para cada projeto de maneira a representar todos os elementos considerados necessários" (ABNT, 1994, p. 1). Na Figura 6.5, o plano de referência é o chão.

Figura 6.5 – Planta baixa e perspectiva

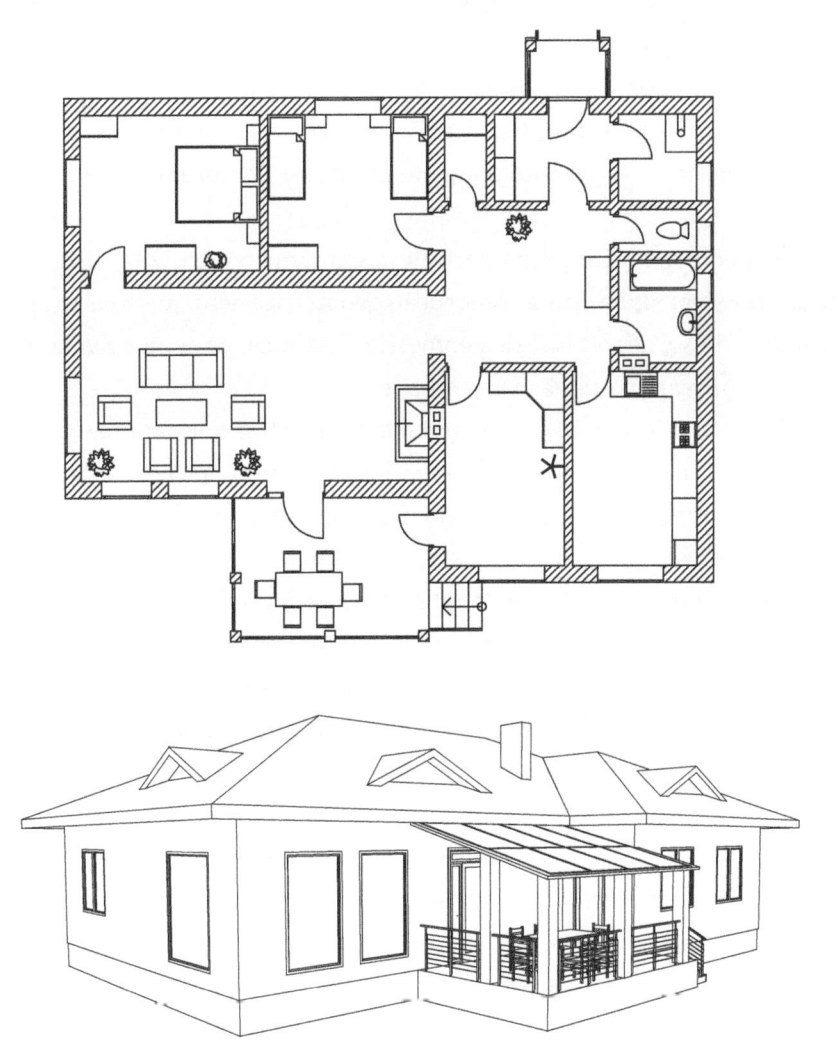

Nesta seção, apresentamos o desenho técnico como uma simplificação do método da dupla projeção ortogonal. Dessa forma, abordamos alguns tópicos do desenho técnico, pois essa área é muito ampla e, ainda, há especificidades, como desenho arquitetônico, desenho mecânico e outros.

6.2 Geometria dinâmica

Com o avanço das tecnologias, nas últimas décadas, ocorreram muitas transformações no ambiente escolar, principalmente no que diz respeito ao desenvolvimento de metodologias que buscam integrar tecnologias digitais ao processo de ensino e aprendizagem. Essa integração não depende somente da inserção de equipamentos, mas da mudança de postura dos professores, uma vez que a educação ainda é vista como estática por muitos indivíduos, em que, de um lado, há o sujeito que ensina e, de outro, o que aprende.

No ensino da geometria, do desenho geométrico, da geometria descritiva, do desenho técnico e em outras áreas do desenho, as construções realizadas com lápis, régua e compasso vêm cada vez mais cedendo espaço para o uso de *softwares*. Especificamente na área da matemática, esses *softwares* são conhecidos como *softwares de geometria dinâmica*. No entanto, cada uma dessas tecnologias, das clássicas às digitais, têm sua finalidade no ambiente escolar e diversas são as metodologias que tornam o estudante o agente principal da aprendizagem (Góes et al., 2017; Góes; Góes, 2018).

Os *softwares* de geometria dinâmica permitem explorar, visualizar e experimentar muito mais. Com eles, é possível alterar uma construção geométrica sem que suas propriedades sejam modificadas. Diante disso, no *software* de geometria dinâmica, podemos realizar diversos testes, o que é impossível utilizando apenas lápis e papel.

A finalidade desses *softwares* não é utilizar a geometria dinâmica apenas para construir figuras ou desenvolver os procedimentos apresentados até o momento nesta obra. É necessário ir além, explorando as propriedades, realizando mudanças nas figuras construídas, procurando generalizações e padrões.

É no sentido de utilizar as tecnologias digitais para proporcionar melhor aprendizagem que se devem integrar as novas tecnologias na educação. No entanto, o professor deve estar preparado para romper paradigmas, pois, ao utilizar a geometria dinâmica, os conteúdos/conceitos matemáticos iniciam pela geometria e "passeiam" por todas as áreas dessa ciência por meio de atividades que exploram as representações gráficas em atividades de investigação.

Muitos são os *softwares* de geometria dinâmica. Destacamos Geogebra, C.a.R. Metal e Cabri Géomètre. Atualmente, a maioria dos *softwares* de geometria dinâmica são gratuitos, principalmente pelo fato de serem para uso educacional. Além de obter esses *softwares* sem custo, existem diversos tutoriais (manuais e videoaulas de utilização) disponíveis na internet.

Há uma década desenvolvemos com outros pesquisadores, na educação básica, atividades didáticas que utilizam a geometria dinâmica para o ensino da matemática. Essas atividades abordam muitas das construções geométricas apresentadas nesta obra, mas de maneira aplicada ao ensino e à aprendizagem de matemática, ou seja, o objetivo não é a construção, mas sim, partindo das construções, explorar e compreender outros conceitos matemáticos. Na sequência, comentaremos algumas dessas atividades como forma de ilustrar conceitos que podem ter a compreensão facilitada com a utilização dos *softwares* de geometria dinâmica.

Góes et al. (2009) desenvolveram uma oficina de geometria dinâmica com o *software* **Régua e compasso** com a finalidade de apresentar a professores de uma rede pública de ensino as funcionalidades dessa tecnologia na educação básica. A oficina foi divida em três etapas: apresentação do *software*; atividades de exploração do *software* e de conceitos matemáticos; e elaboração de atividades.

Góes e Colaço (2009a) abordaram o conceito de relações trigonométricas por meio de atividades de investigação e construção no *software* **Régua e compasso**. Inicialmente sem dizer aos estudantes os conceitos abordados, foi desenvolvida uma metodologia por meio de construções e explorações geométricas para que, ao final, eles chegassem aos conceitos de seno, cosseno e tangente. Para as construções, foram necessários conhecimentos de ângulos, razões, proporcionalidade e posição entre retas.

Góes et al. (2010) apresentaram um triângulo e, sob algumas condições, um quadrilátero com vértices no lado desse triângulo. Na sequência, solicitaram as condições em relação ao triângulo para que o quadrilátero pudesse ser um paralelogramo, ou um retângulo, ou um losango, ou um quadrado. Essa atividade requer conceitos específicos do desenho geométrico, como mediatriz, bissetriz, mediana e outros.

Hirt et al. (2011) utilizaram o *software* **Geogebra** para abordar conceitos de funções do 1º grau. Por meio de uma sequência de atividades, foram abordados os parâmetros das funções do 1º grau, como coeficiente angular e coeficiente linear. Ainda, as atividades previstas trataram de conceitos de função crescente e função decrescente, mostrando visualmente e de maneira dinâmica as alterações em uma função do 1º grau ao alterar seus parâmetros.

Aleiz, Góes e Luz (2011) desenvolveram uma atividade no *software* **Geogebra** em forma de jogo com um tangram virtual. Nessa atividade, os estudantes identificaram as peças do tangram apontando diferenças e semelhanças entre elas. Ainda, os autores abordaram os conceitos de razão e proporcionalidade com as atividades desenvolvidas.

Com base em conceitos prévios dos estudantes relacionados às áreas do quadrado e do retângulo, Tomio e Góes (2011) utilizaram atividades de investigação para desenvolver o cálculo das áreas de outras figuras planas, como o triângulo e o losango. Com isso, os estudantes puderam deduzir a fórmula da área dessas figuras utilizando o *software* **Geogebra** para compará-las, observando as propriedades que se mantêm com a alteração da medida de lados e/ou de ângulos.

Silva, Góes e Colaço (2011) desenvolveram uma prática que utiliza o *software* **Geogebra** em atividades investigativas para construir os conceitos de quadriláteros e suas classificações. Os autores apresentaram a metodologia da pesquisa e as atividades que fizeram os estudantes descobrir e criar suas definições para paralelogramos, retângulos, losangos e quadrados.

Góes e Góes (2012) utilizaram o *software* de geometria dinâmica **C.a.R Metal** (versão mais atual do *software* **Régua e compasso**) como recurso para inserir a resolução de problemas de pesquisa operacional como uma aplicação da geometria analítica no ensino médio. Nessa atividade, os autores propuseram um problema de otimização na produção de mesas, em que os alunos deveriam visar ao lucro máximo, porém tendo de operar com restrições de matéria-prima para a produção dos objetos.

Dalarmi e Góes (2013) abordaram o conceito de soma de ângulos internos de triângulos e quadriláteros por meio de atividades investigativas com o *software* **C.a.R. Metal**. Os autores desenvolveram uma sequência de atividades para que os estudantes pudessem compreender os conceitos abordados.

Quadros e Góes (2016) utilizaram o *software* **Geogebra** para resolver e analisar de forma geométrica problemas que são resolvidos algebricamente. Tal pesquisa procurou apresentar uma visualização para a resolução de problemas que, muitas vezes, é mecanizada pelos estudantes da educação básica.

Esses são apenas alguns exemplos de atividades em que o desenho geométrico realizado com *software* de geometria dinâmica é utilizado para abordar conceitos/conteúdos matemáticos.

Apresentadas as concepções da geometria dinâmica, na próxima seção, tratamos de algumas formas de abordagem da geometria projetiva e outras geometrias não euclidianas na educação básica.

6.3 Geometrias não euclidianas na educação básica

Nesta seção, temos como base a orientação descrita nos Parâmetros Curriculares Nacionais – PCN (Brasil, 1998) de que não se deve subestimar o potencial dos estudantes para desenvolver habilidades matemáticas e compreender conceitos dessa ciência quando estabelecem relações entre o novo e o já existente. Assim, apresentamos algumas atividades em que pode ser inserida a geometria não euclidiana na educação básica, envolvendo a geometria fractal, a geometria esférica e a geometria projetiva.

6.3.1 Geometria fractal e potenciação

O objetivo da atividade explorada nesta seção é relacionar um fractal à compreensão de potenciação e estabelecer a relação de uma potência com expoente zero na disciplina de Matemática.

Para Carvalho (2005, p. 18), um *fractal* é "uma figura geométrica em que uma parte se assemelha a toda figura, obtida através de um processo iterativo e que pode ter uma dimensão não inteira". Existem diversos fractais, e os mais conhecidos são o conjunto de Cantor (Figura 6.6), o triângulo de Sierpinski (Figura 6.7) e a curva de Koch (Figura 6.8).

Figura 6.6 – Conjunto de Cantor

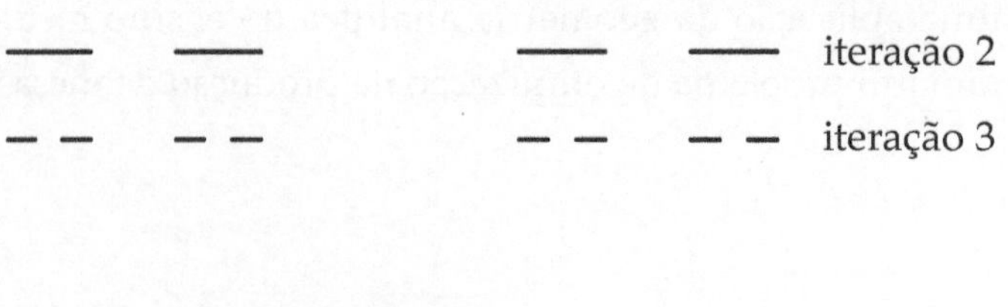

```
———————————————————————————  iteração 0
————————————         ————————————  iteração 1
——————   ——————      ——————   ——————  iteração 2
— —   — —            — —   — —  iteração 3
```

Figura 6.7 – Triângulo de Sierpinski

iteração 0

iteração 1

iteração 2

iteração 3

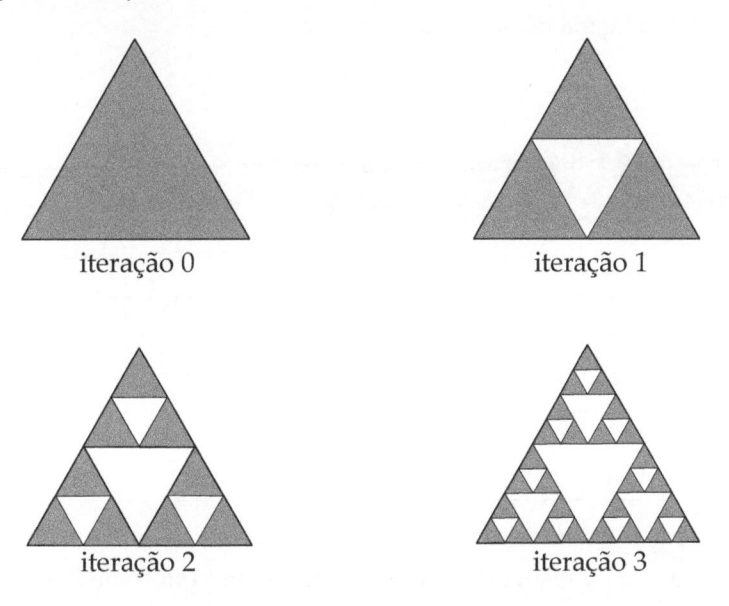

Figura 6.8 – Curva de Koch

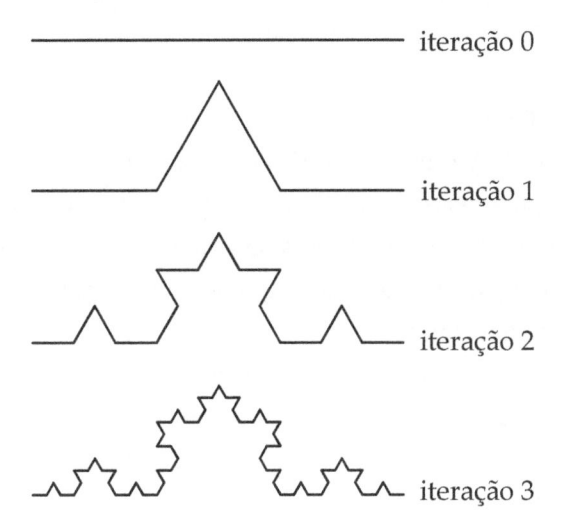

iteração 0

iteração 1

iteração 2

iteração 3

Como forma de ilustração, temos a seguir o processo para construir o triângulo de Sierpinski:

1. Construa um triângulo (geralmente equilátero) – iteração zero.
2. Determine o ponto médio de cada lado do triângulo e, com esses pontos, defina o triângulo e retire-o da figura, permanecendo, assim, três outros triângulos.
3. Repita o item 2 em cada triângulo que permaneceu e faça esse processo infinitamente.

Com a construção do triângulo de Sierpinski, pode ser solicitado aos estudantes que preencham a Tabela 6.1 como forma de atividade.

Quadro 6.1 – Atividade triângulo de Sierpinski

Iteração	Número de triângulos	Potência que representa o número de triângulos	Base da potência	Expoente da potência
0				
1				
2				
3				
...				
N	2^n			$\left(\dfrac{1}{3}\right)^n$

Há duas relações possíveis de serem estabelecidas: a primeira é o fato de que a base da potência é 3; a segunda é que o expoente da potência é igual ao número da iteração.

Essa atividade deve ter continuidade com mais alguns fractais, como o conjunto de Cantor e a curva de Koch. Com isso, os estudantes podem verificar que as bases das potências são 2 e 4, respectivamente.

Ainda, comparando as tabelas preenchidas com todos os fractais utilizados, é possível estabelecer outra relação: o fato de que, para potências com expoente zero, o resultado é sempre um.

6.3.2 Conceitos de geometria esférica

A introdução aos conceitos de geometria esférica na educação básica pode iniciar com a leitura de Petit (1982)[1], em que o personagem Anselmo busca compreender o mundo em que vive.

Como sugestão de atividade, após realizar a leitura, utilize barbantes e um globo terrestre escolar para solicitar aos estudantes que verifiquem se as respostas para as inquietações de Anselmo se verificam com esses materiais.

Entre os questionamentos que podem ser propostos aos estudantes está: Como foi possível Anselmo retornar ao ponto de partida se ele andou apenas em "linha reta"?

Esse livro aborda diversos conceitos da geometria esférica tratados de uma maneira lúdica para que os estudantes possam compreender essa geometria não euclidiana.

6.3.3 Atividades com geometria projetiva

Depois da geometria euclidiana, a geometria projetiva talvez seja a mais presente na educação básica, mas, em geral, nem alunos nem professores se dão conta disso.

---

[1] Essa obra pode ser obtida gratuitamente no endereço eletrônico: <http://www.savoir-sans-frontieres.com/JPP/telechargeables/Portuguais/OS_MISTERIOS_DA_GEOMETRIA.pdf> (acesso em: 5 set. 2019), disponibilizado pela organização *Savoir sans Frontières* (Conhecimento sem Fronteiras).

Ela está presente nas representações de sólidos geométricos, paisagens e outros objetos tridimensionais por meio das perspectivas. Os conceitos de perspectivas, como conteúdos escolares/científicos, aparecem no ensino fundamental nas disciplinas de Arte e Matemática, geralmente no 8º ano. Com isso, é possível desenvolver trabalhos inter e multidisciplinares envolvendo essas duas áreas de conhecimento.

Também é possível solicitar a cada estudante que escolha um objeto, posicione-o à sua frente e o represente olhando de frente, olhando por cima e olhando pelo lado esquerdo. Essa atividade introduz o conceito do desenho técnico como vistas ortográficas, podendo ser aplicada no início do ensino fundamental. Pode-se solicitar, por exemplo, que desenhem o ambiente da sala de aula ou de sua casa sendo visto de cima ou, ainda, que representem a disposição de cada ambiente de sua casa (um esboço de uma planta baixa).

Além de introduzir os conceitos do desenho técnico, o professor de Matemática pode questionar sobre as figuras que apareceram nas representações.

Também pode ser sugerido aos estudantes que procurem otimizar o espaço interno de um ambiente, utilizando a planta baixa do local e os desenhos ou esquemas dos objetos que vão compor esse ambiente. Assim, tendo a planta baixa (Figura 6.9a) e os esquemas (Figura 6.9b) em mesma escala, recortam-se os esquemas para que sejam sobrepostos à planta baixa, distribuindo-os da melhor forma para otimizar o espaço.

Figura 6.9 – Técnica gráfica de otimização de ambientes

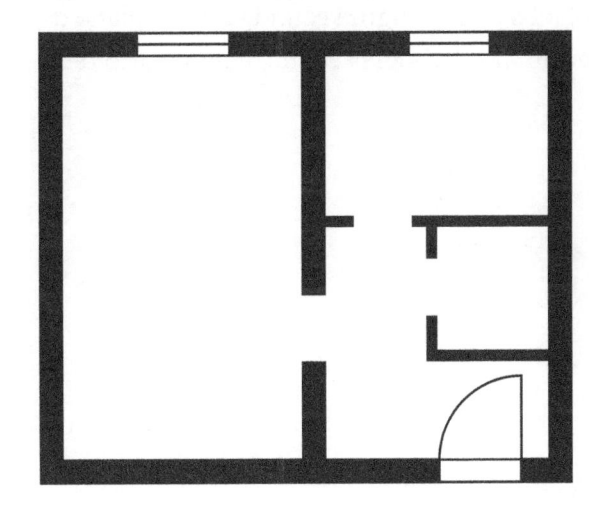

> ## Síntese
> Neste capítulo, apresentamos o desenho técnico como uma simplificação do método mongeano. Também discorremos sobre a concepção do uso da geometria dinâmica, apresentando práticas pedagógicas para o ensino e a aprendizagem de matemática e mostrando a potencialidade dos *softwares* dessa área.
>
> Ao final, abordamos como as geometrias não euclidianas podem ser estudadas na educação básica.

Atividades de autoavaliação

1) Qual das afirmações a seguir **não** é verdadeira em relação os conceitos de desenho técnico?
   a. São utilizados predominantemente nas áreas de engenharia e arquitetura.
   b. Não aparecem no ensino fundamental, pois são conceitos apenas do ensino superior.
   c. É possível trabalhar os conceitos de vistas ortográficas desde os primeiros anos do ensino fundamental.
   d. São uma simplificação do método mongeano, uma vez que não utilizam as coordenadas dos pontos no espaço.
   e. As arestas invisíveis são desenhadas com linhas médias tracejadas.

2) Realizando a analogia sobre a mudança de planos de uma figura contida em um plano de topo (PT) com o desenho técnico, para determinar a VG dessa figura, é necessário desenhar uma vista:
   a. posterior.
   b. lateral direita.
   c. auxiliar.
   d. inferior.
   e. superior.

3) Observe a seguinte projeção.

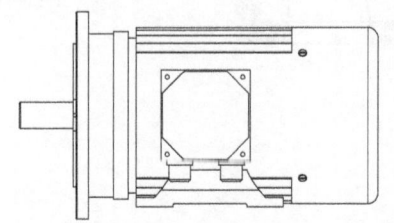

Considerando as posições em que foram desenhadas as peças a seguir, a figura apresentada é a vista frontal de qual destas perspectivas?

a.

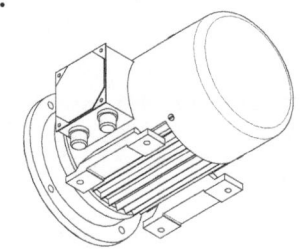

b.

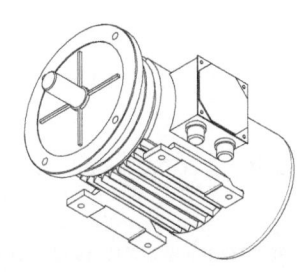

c.

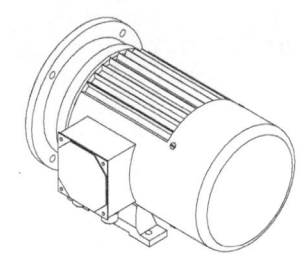

d.

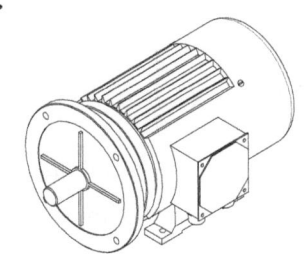

4) Observe as figuras a seguir:

(I)

(II)

Considerando a figura I como a vista frontal da representação da casa, é correto afirmar que a figura II representa qual vista ortográfica?

a. Vista superior.

b. Vista posterior.

c. Vista lateral esquerda.

d. Vista lateral direita.

e. Vista inferior.

5) Sobre *softwares* de geometria dinâmica, marque as afirmações a seguir como verdadeiras (V) ou falsas (F).

( ) Permitem explorar, visualizar e experimentar propriedades geométricas.

( ) É possível alterar uma construção geométrica sem que suas propriedades sejam modificadas.

( ) Deve ser utilizado apenas como uma ferramenta alternativa à construção com régua e compasso.

( ) Apenas conceitos da geometria são possíveis de serem abordados com esse tipo de *software*.

Agora, assinale a alternativa que apresenta a sequência correta:

a. F, V, F, F.

b. F, F, V, V.

c. V, V, F, F.

d. V, V, V, F.

e. V, V, F, V.

Atividades de aprendizagem

Questões para reflexão

1) Construa um triângulo *ABC* qualquer e também os pontos médios *M*, *N* e *P* dos lados AB, AC e BC, respectivamente. Construa, ainda, os pontos *D* e *E*, pontos médios de BP e PC.

Qual é a condição imposta ao triângulo *ABC* para que o quadrilátero *DENM* seja um retângulo?

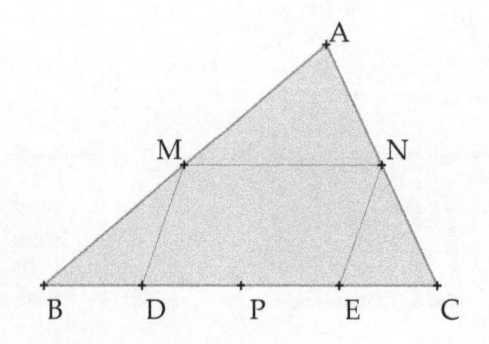

2) A Figura a seguir mostra a representação da face inclinada da Figura 6.3, mas com o observador em uma posição diferente. Essa representação está correta? Explique sua resposta.

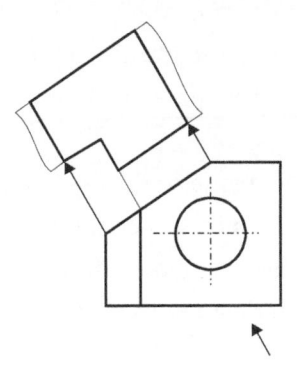

Observador

Atividade aplicada: prática

1) Pesquise em livros didáticos do ensino fundamental e do ensino médio como são abordados os conceitos de projeções e perspectivas e, em seguida, faça um relato das conclusões a que você chegou.

Considerações finais

Esta obra oferece uma introdução à expressão gráfica, abordando tópicos do desenho geométrico e da geometria descritiva. Esperamos que você tenha desfrutado todos os recursos que incluímos nela.

É importante que você saiba que ela foi planejada para ser suporte no desenvolvimento de seus estudos. Com as sugestões de leituras de práticas pedagógicas e as possibilidades de atividades a serem desenvolvidas na educação básica, a obra é útil para quem se interessar por trabalhar com matemática. São concepções advindas de nossas pesquisas, durante anos no magistério superior, e práticas pedagógicas de nossa experiência profissional na educação básica.

Os temas abordados são muito amplos, mas a introdução de cada um deles está disponível neste material. Com as leituras complementares sugeridas, você pode aprofundar os temas, aliando a teoria à prática.

Este é apenas o início dos estudos em uma área que é inerente ao ser humano: a expressão gráfica.

Um grande abraço e até a próxima!

Referências

ABNT – Associação Brasileira de Normas Técnicas. **NBR 6492**: representação de projetos de arquitetura. Rio de Janeiro, 1994.

_____. **NBR 10067**: princípios gerais de representação em desenho técnico. Rio de Janeiro, 1995.

ALBUQUERQUE, G. L. A.; OLIVEIRA, J. da S. Oficina de expressão gráfica: vivendo e aprendendo. In: CONFERÊNCIA INTERNACIONAL DA APROGED (GEOMETRIAS), 3.; INTERNACIONAL CONFERENCE ON GRAPHICS ENGINEERING FOR ARTS AND DESIGN (GRAPHICA), 11., 2015, Lisboa. **Anais...** Porto: Aproged, 2016. p. 337-347. Disponível em: <http://www.aproged.pt/geg2015/proceedings2.pdf>. Acesso em: 5 set. 2019.

ALEIZ, M.; GÓES, A. R. T.; LUZ, A. A. B. dos S. O lúdico e a geometria dinâmica: o ensino da geometria no 7º ano. In: SEMINÁRIO DE TECNOLOGIA EDUCACIONAL DE ARAUCÁRIA, 2., 2011, Araucária.

ARCARI, I. **Um texto de geometria hiperbólica**. 136 f. Dissertação (Mestrado em Matemática) – Universidade de Campinas, Campinas, 2008. Disponível em: <http://www.im.ufrj.br/~gelfert/cursos/2017-1-GeoNEuc/N_ArcariInedio.pdf>. Acesso em: 1º out. 2019.

AUFFINGER, A. C. T. de C.; VALENTIM, F. J. da S. **Introdução à geometria projetiva**. Universidade Federal do Espírito Santo, Departamento de Matemática, 2003. Disponível em: <https://www.ime.unicamp.br/~jardim/ma620/geoproj.pdf>. Acesso em: 5 set. 2019.

BOYER, C. B. **História da matemática**. Tradução de Elza F. Gomide. 2. ed. São Paulo: Edgard Blucher, 1996.

BRAGA, T. **Desenho linear geométrico**. 14. ed. São Paulo: Ícone, 1997.

_____. **Problemas de desenho linear geométrico**. São Paulo: Cultura Brasileira, 1962.

BRASIL. Decreto n. 19.890, de 18 de abril de 1931. **Diário Oficial da União**, Poder Executivo, Rio de Janeiro, 1º maio 1931. Disponível em: <https://www2.camara.leg.br/legin/fed/decret/1930-1939/decreto-19890-18-abril-1931-504631-publicacaooriginal-141245-pe.html>. Acesso em: 1º out. 2019.

_____. Decreto n. 20.158, de 30 de junho de 1931. **Diário Oficial da União**, Poder Executivo, Rio de Janeiro, 13 fev. 1932. Disponível em: <https://www2.camara.leg.br/legin/fed/decret/1930-1939/decreto-20158-30-junho-1931-536778-republicacao-81246-pe.html>. Acesso em: 1º out. 2019.

_____. Lei n. 5.692, de 11 de agosto de 1971. **Diário Oficial da União**, Poder Legislativo, Brasília, DF, 12 ago. 1971. Disponível em: <http://www.planalto.gov.br/ccivil_03/leis/L5692.htm>. Acesso em: 1º out. 2019.

_____. Lei n. 9.394, de 20 de dezembro de 1996. **Diário Oficial da União**, Poder Legislativo, Brasília, DF, 23 dez. 1996. Disponível em: <http://www.planalto.gov.br/ccivil_03/leis/L9394.htm>. Acesso em: 1º out. 2019.

BRASIL. Ministério da Educação. **Base Nacional Comum Curricular**. Versão final. Brasília, 2017. Disponível em: <http://basenacionalcomum.mec.gov.br/images/BNCC_EI_EF_110518_versaofinal_site.pdf>. Acesso em: 5 set. 2019.

BRASIL. Ministério da Educação. Secretaria de Educação Fundamental. **Parâmetros Curriculares Nacionais**: matemática. Brasília, 1998. Disponível em: <http://portal.mec.gov.br/seb/arquivos/pdf/matematica.pdf>. Acesso em: 1º out. 2019.

CARVALHO, H. C. de. **Geometria fractal**: perspectivas e possibilidades para o ensino de Matemática. 108 f. Dissertação (Mestrado em Ciências e Matemática) – Universidade Federal do Pará, Belém, 2005. Disponível em: <http://repositorio.ufpa.br/jspui/bitstream/2011/1857/1/Dissertacao_GeometriaFractalPerpectivas.pdf>. Acesso em: 1º out. 2019.

CASTRO, R. B. de. **Tópicos da geometria projetiva**. 96 f. Dissertação (Mestrado em Matemática) – Universidade Estadual Paulista "Júlio de Mesquita Filho", Rio Claro, 2012. Disponível em: <https://repositorio.unesp.br/bitstream/handle/11449/94354/castro_rb_me_rcla.pdf;jsessionid=7359BA9AA2D5B72F1CDFF8E2DE1D49CE?sequence=1>. Acesso em: 1º out. 2019.

COLE, B. S. **Polígonos estrelados regulares**. 29 f. Trabalho de conclusão (Mestrado em Matemática) – Universidade Federal Rural de Pernambuco, Recife, 2013. Disponível em: <http://www.dm.ufrpe.br/sites/www.dm.ufrpe.br/files/tcc_bruno_salgado_cole.pdf>. Acesso em: 1º out. 2019.

DALARMI, T. T.; GÓES, A. R. T. O uso de software de geometria dinâmica como ação investigativa no ensino da matemática. In: ENCONTRO NACIONAL DE EDUCAÇÃO MATEMÁTICA, 11., 2013, Curitiba. **Anais...** Disponível em: <http://sbem.iuri0094.hospedagemdesites.ws/anais/XIENEM/pdf/1291_1527_ID.pdf>. Acesso em: 1º out. 2019.

DEVITO, A.; FREITAS, A. K. de; PEREIRA, K. C. **Geometrias não euclidianas**. Universidade de Campinas. Campinas, 2006. Disponível em: <http://www.ime.unicamp.br/~eliane/ma241/trabalhos/nao_euclidiana>. Acesso em: 5 set. 2019.

ELLENBERG, J. **O poder do pensamento matemático**: a ciência de como não estar errado. Tradução de George Schlesinger. Rio de Janeiro: Zahar, 2015.

FERREIRA, A. B. de H. **Mini Aurélio**: o minidicionário da língua portuguesa. 4. ed. rev. ampl. Rio de Janeiro: Nova Fronteira, 2001.

GIOVANNI, J. R.; BONJORNO, J. R.; GIOVANNI JUNIOR, J. R. **Matemática**: 2º grau. São Paulo: FTD, 1988.

GÓES, A. R. T. **Desenho técnico**: engenharia civil – "uma proposta metodológica". Monografia (Especialização em Desenho Aplicado ao Ensino da Expressão Gráfica) – Universidade Federal do Paraná, Curitiba, 2004.

GÓES, A. R. T. et al. A expressão gráfica na exploração de propriedades geométricas através de software de geometria dinâmica. In: ENCONTRO NACIONAL DE EDUCAÇÃO MATEMÁTICA, 10., 2010, Salvador. **Anais...** Disponível em: <http://www.lematec.net.br/CDS/ENEM10/artigos/RE/T15_RE1234.pdf>. Acesso em: 1º out. 2019.

GÓES, A. R. T. et al. A tecnologia educacional e a formação de professores: oficina de geometria dinâmica. In: ENCONTRO NACIONAL DE INFORMÁTICA E EDUCAÇÃO, 1., 2009, Cascavel. **Anais...** Disponível em: <http://www.inf.unioeste.br/enined/2009/anais/enined/A09.pdf>. Acesso em: 1º out. 2019.

GÓES, A. R. T. et al. Do lápis ao computador: recursos didáticos para a formação de professor-pesquisador em matemática. In: LORENZETTI, L. et al. (Org.). **O Pibid na UFPR**: socializando experiências. Toledo: Vivens, 2017. p. 220-228.

GÓES, A. R. T.; COLAÇO, H. A geometria dinâmica e o ensino da trigonometria. **Varia Scientia: Revista Multidisciplinar da Unioeste**, v. 9, n. 16, p. 129-138, 2009a. Disponível em: <http://e-revista.unioeste.br/index.php/variascientia/article/view/2583/3105>. Acesso em: 1º out. 2019.

____. O desenho geométrico como instrumento no ensino das relações trigonométricas. **Revista Educação Gráfica**, Bauru, v. único, p. 1-10, 2009b. Disponível em: <http://www.educacaografica.inf.br/wp-content/uploads/2011/06/11_o_desenho.pdf>. Acesso em: 1º out. 2019.

GÓES, A. R. T.; GÓES, H. C. A expressão gráfica como tecnologia educacional na educação matemática: recursos didáticos para o processo de ensino-aprendizagem na educação básica. In: FOFONCA, E. et al. (Org.). **Metodologias pedagógicas inovadoras**: contextos da educação básica e da educação superior. Curitiba: Ed. do IFPR, 2018. p. 106-118. v. 2.

____. Aplicação da pesquisa operacional no ensino médio por meio da expressão gráfica. In: CONGRESO LATINO-IBEROAMERICANO DE INVESTIGACIÓN OPERATIVA (CLAIO); SIMPÓSIO BRASILEIRO DE PESQUISA OPERACIONAL (SBPO), 2012, Rio de Janeiro. **Anais...** Disponível em: <http://www.din.uem.br/sbpo/sbpo2012/pdf/arq0245.pdf>. Acesso em: 1º out. 2019.

____. **Ensino da matemática**: concepções, metodologias, tendências e organização do trabalho pedagógico. Curitiba: InterSaberes, 2015.

GÓES, A. R. T.; LUZ, A. A. B. dos S. A expressão gráfica no curso de engenharia civil por meio do desenho técnico. In: SIMPÓSIO NACIONAL DE GEOMETRIA DESCRITIVA E DESENHO TÉCNICO, 20., INTERNACIONAL CONFERENCE ON GRAPHICS ENGINEERING FOR ARTS AND DESIGN, 9., 2011, Rio de Janeiro. **Anais...** Disponível em: <http://www.graphica.org.br/CD/PDFs/EDUCA/EDUCA04.pdf>. Acesso em: 5 maio 2019.

GONÇALVES, T. da S. **Uma introdução à geometria projetiva para o ensino fundamental**. 149 f. Dissertação (Mestrado em Matemática) – Universidade Federal do Rio Grande, Rio Grande, 2013. Disponível em: <http://repositorio.furg.br/handle/1/6550>. Acesso em: 1º out. 2019.

GUIMARÃES, M. D.; SILVA, M. C. L. da. Os saberes elementares matemáticos, geometria e desenho, nos programas oficiais: um estudo dos documentos de São Paulo, Sergipe e Goiás contidos no repositório virtual. In: SEMINÁRIO TEMÁTICO: A CONSTITUIÇÃO DOS SABERES ELEMENTARES MATEMÁTICOS: A ARITMÉTICA, A GEOMETRIA E O DESENHO NO CURSO PRIMÁRIO EM PERSPECTIVA HISTÓRICO-COMPARATIVA, 1890-1970, 11., 2014, Florianópolis. **Anais...** Disponível em: <https://seminariotematico.ufsc.br/files/2014/03/ATB2_Guimar%C3%A3es_art_DAC.pdf>. Acesso em: 1º out. 2019.

GUSMÃO, N. L.; SAKAGUTI, F. Y.; PIRES, L. A. A geometria do táxi: uma proposta da geometria não euclidiana na educação básica. **Revista Educação Matemática Pesquisa**, São Paulo, v. 19, n. 2, p. 211-235, 2017. Disponível em: <https://revistas.pucsp.br/emp/article/view/30307/pdf>. Acesso em: 1º out. 2019.

HIRT, W. J. et al. Experiência didática do uso de software de Geometria Dinâmica no ensino e aprendizado de funções. In: SEMINÁRIO DE TECNOLOGIA EDUCACIONAL DE ARAUCÁRIA, 2., 2011, Araucária.

LAURO, M. M. A razão áurea e os padrões harmônicos na natureza, artes e arquitetura. **Exacta**, São Paulo, v. 3, p. 35-48, 2005. Disponível em: <http://www.redalyc.org/pdf/810/81000304.pdf>. Acesso em: 5 set. 2019.

MARMO, C. **Curso de desenho**: construções fundamentais. São Paulo: Moderna, 1964. v. 1.

MIQUELETTO, T. A. **Desenho geométrico como recurso didático**: uma metodologia para o ensino de matemática. 91 f. Dissertação (Mestrado em Educação) – Universidade Federal do Paraná, Curitiba, 2018. Disponível em: <https://www.prppg.ufpr.br/siga/visitante/trabalhoConclusaoWS?idpessoal=55007&idprograma=40001016080P7&anobase=2018&idtc=10>. Acesso em: 1º out. 2019.

MISSÃO, D. G.; MIQUELETTO, T. A.; GÓES, A. R. T. Construindo e compreendendo o conceito de quadrilátero. In: GÓES, A. R. T.; GÓES, H. C. (Org.). **A expressão gráfica na formação docente**: práticas pedagógicas nos Pibids Matemática/UFPR e Física/IFPR. Curitiba: Appris, 2017.

MOISE, E. E.; DOWNS, F. L. **Geometria moderna**. Tradução de Renate G. Watanabe e Dorival A. Mello. São Paulo: Universidade de Brasília, 1971. v. 1.

MOREIRA, M. H. S. **Geometria elíptica e aplicações**. 52 f. Dissertação (Mestrado em Matemática) – Universidade Federal de Ouro Preto, Ouro Preto, 2017. Disponível em: <https://www.repositorio.ufop.br/handle/123456789/9176>. Acesso em: 1º out. 2019.

O'CONNOR, J. J.; ROBERTSON, E. F. **János Bolyai**. University of St Andrews, Reino Unido, 2004. Disponível em: <http://www-groups.dcs.st-and.ac.uk/history/Biographies/Bolyai.html>. Acesso em: 5 set. 2019.

PANISSON, E. **Gaspard Monge e a sistematização da representação na arquitetura**. 271 f. Tese (Doutorado em Arquitetura) – Universidade Federal do Rio Grande do Sul, Porto Alegre, 2007. Disponível em: <https://lume.ufrgs.br/handle/10183/14314>. Acesso em: 1º out. 2019.

PANTOJA, J. C. T.; SOUSA, F. S. de. Uma proposta de ensino de arcos geométricos utilizando a Casa das onze janelas. In: ENCONTRO NACIONAL DE EDUCAÇÃO MATEMÁTICA, 12., 2016, São Paulo.

PETIT, J. P. **Os mistérios da geometria**: as aventuras de Anselmo Curioso. Lisboa: Dom Quixote, 1982.

PUTNOKI, J. C. **Elementos de geometria & desenho geométrico**. São Paulo: Scipione, 1989. v. 2.

QUADROS, F. B.; GÓES, A. R. T. Geometria dinâmica e resolução de problemas: a expressão gráfica no ensino e aprendizado de matemática. In: SEMANA DE ENSINO, EXTENSÃO, PESQUISA E INOVAÇÃO DO LITORAL, 2., 2016, Paranaguá.

RAYMUNDO, M. F. S. M. **Construção de conceitos geométricos**: investigando a importância do ensino de desenho geométrico, nos anos finais do ensino fundamental. Dissertação (Mestrado em Educação Matemática) – Universidade de Vassouras, Rio de Janeiro, 2010.

ROCHA, S. M. M. **O desenho de arcos como formas de modelação e construção do real**: relatório da prática de ensino supervisionada. 151 f. Dissertação (Mestrado em Ensino de Artes Visuais) – Universidade de Lisboa, Lisboa, 2014. Disponível em: <http://repositorio.ul.pt/bitstream/10451/15915/1/ulfpie046939_tm_tese.pdf>. Acesso em: 5 set. 2019.

SÁNCHEZ, N. S. **Geometría de los arcos**: guía para la construcción y trazado de arcos. Murcia, jul. 2011. Disponível em: <http://bibliotecadigital.educarm.es/bidimur/i18n/catalogo_imagenes/grupo.cmd?path=1000233>. Acesso em: 5 set. 2019.

SILVA, C. M. N. O traço geométrico no ensino e execução da arte: um olhar sobre Leonardo da Vinci. In: SIMPÓSIO NACIONAL DE GEOMETRIA DESCRITIVA E DESENHO TÉCNICO, 21.; INTERNACIONAL CONFERENCE ON GRAPHICS ENGINEERING FOR ARTS AND DESIGN, 10., 2013, Florianópolis. **Anais...** Disponível em: <http://wright.ava.ufsc.br/~grupohipermidia/graphica2013/trabalhos/O%20TRACO%20GEOMETRICO%20NO%20ENSINO%20E%20EXECUCAO%20DA%20ARTE%20UM%20OLHAR%20SOBRE%20LEONARDO%20DA%20VINCI%20-%20C%C3%B3pia.pdf>. Acesso em: 5 set. 2019.

SILVA, K. B. R. da. **Noções de geometrias não euclidianas**: hiperbólica, da superfície esférica e dos fractais. Guarapuava: CRV, 2011.

SILVA, M. C. L. da. Desenho e geometria na escola primária: um casamento duradouro que termina com separação litigiosa. **Revista História da Educação**, Porto Alegre, v. 18, n. 42, p. 61-73, jan./abr. 2014. Disponível em: <http://www.scielo.br/pdf/heduc/v18n42/04.pdf>. Acesso em: 1º out. 2019.

SILVA, M. T. Q. S. da. Geometria descritiva: uma experiência didática. In: SIMPÓSIO NACIONAL DE GEOMETRIA DESCRITIVA E DESENHO TÉCNICO, 18.; INTERNACIONAL CONFERENCE ON GRAPHICS ENGINEERING FOR ARTS AND DESIGN, 7., 2007, Curitiba. **Anais...** Disponível em: <http://www.exatas.ufpr.br/portal/docs_degraf/artigos_graphica/GEOMETRIADESCRITIVA.pdf>. Acesso em: 5 set. 2019.

SILVA, M. V. da; GÓES, A. R. T.; COLAÇO, H. A geometria dinâmica no ensino e aprendizado da classificação de paralelogramos. **Educação Gráfica**, Bauru, v. 15, n. 1, p. 63-80, 2011. Disponível em: <http://www.educacaografica.inf.br/wp-content/uploads/2011/06/063A-GEOMETRIA-DINAMICA.pdf>. Acesso em: 1º out. 2019.

TAHAN, M. **As maravilhas da matemática**. 2. ed. Rio de Janeiro: Bloch, 1973.

TOMIO, J.; GÓES, A. R. T. O uso do computador em atividades de Investigação Matemática. In: SEMINÁRIO DE TECNOLOGIA EDUCACIONAL DE ARAUCÁRIA, 2., 2011, Araucária.

VEIGA, C. G. **História da educação**. São Paulo: Ática, 2007.

ZUIN, E. de S. L. **Da régua e do compasso**: as construções geométricas como um saber escolar no Brasil. 211 f. Dissertação (Mestrado em Educação) – Universidade Federal de Minas Gerais, Belo Horizonte, 2001. Disponível em: <https://repositorio.ufmg.br/bitstream/1843/FAEC-85DGQB/1/zuin_elenice_disserta_nopw.pdf>. Acesso em: 1º out. 2019.

Bibliografia comentada

BORBA, M. de C.; PENTEADO, M. G. **Informática e educação matemática**. 3. ed. Belo Horizonte: Autêntica, 2007.

Nessa obra, os autores apresentam exemplos do uso da tecnologia por alunos e professores de Matemática. Além disso, debatem sobre as políticas públicas para essa área.

BOYER, C. B. **História da matemática**. Tradução de Elza F. Gomide. 2. ed. São Paulo: Edgard Blucher, 1996.

Esse livro apresenta diversos tópicos da história da matemática, tratando, desde as primeiras bases numéricas, da maneira como o homem começou a contar, passando por diversas civilizações até chegar a problemas modernos e tendências da matemática no século XX.

BRAGA, T. **Desenho linear geométrico**. 14. ed. São Paulo: Ícone, 1997.

Essa obra apresenta diversos procedimentos para a construção de uma mesma figura de desenho geométrico, mostrando, assim, que não há somente uma forma correta de construção.

GÓES, A. R. T.; COLAÇO, H. O desenho geométrico como instrumento no ensino das relações trigonométricas. **Revista Educação Gráfica**, Bauru, v. único, p. 1-10, 2009. Disponível em: <http://www.educacaografica.inf.br/wp-content/uploads/2011/06/11_o_desenho.pdf>. Acesso em: 1º out. 2019.

Os autores apresentam uma prática pedagógica desenvolvida no ensino fundamental para o ensino e a aprendizagem de relações trigonométricas utilizando como recurso didático o desenho geométrico.

MARMO, C. **Curso de desenho**: construções fundamentais. São Paulo: Moderna, 1964. v. 1.

O autor apresenta a teoria de geometria descritiva com exemplos resolvidos e exercícios propostos.

PUTNOKI, J. C. **Elementos de geometria & desenho geométrico**. São Paulo: Scipione, 1989. v. 2.

Essa obra é uma das mais utilizadas por professores de desenho geométrico no ensino superior. Ela apresenta uma teoria completa com exemplos e exercícios.

ZUIN, E. de S. L. **Da régua e do compasso**: as construções geométricas como um saber escolar no Brasil. 211 f. Dissertação (Mestrado em Educação) – Universidade Federal de Minas Gerais, Belo Horizonte, 2001. Disponível em: <https://repositorio.ufmg.br/bitstream/1843/FAEC-85DGQB/1/zuin_elenice_disserta_nopw.pdf>. Acesso em: 1º out. 2019.

Essa é uma das obras mais citadas quando se trata da trajetória do desenho geométrico na educação brasileira, principalmente pelo fato de apresentar um trabalho completo relacionado às legislações.

Respostas

CAPÍTULO 1

Atividades de autoavaliação

1) Para construir qualquer circunferência, devemos ter dois elementos: o centro e o raio. No enunciado, foi dada a medida do raio, que deve ser d. Então, para resolver esse problema, precisamos determinar o centro da circunferência.

O procedimento para determinar o centro é construir Circunf(A, d) $\cap$ Circunf(B, d), uma vez que o centro está a uma distância d tanto do ponto A como do ponto B. Com isso, obtemos dois centros: O_1 e O_2. A partir deles, podemos traçar duas circunferências que são soluções para o problema, como apresentado na figura a seguir.

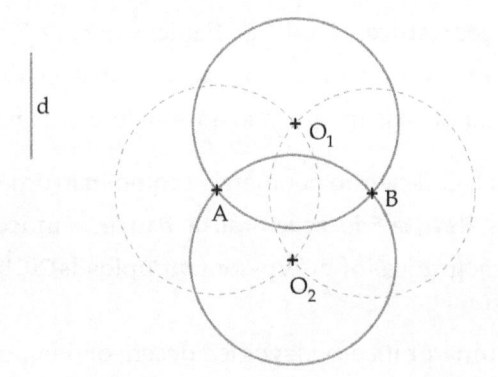

2) O centro de uma circunferência está à mesma distância de todos os pontos pertencentes à circunferência. Com isso, se escolhermos dois pontos quaisquer da circunferência (por exemplo, A e B), o centro será equidistante a esses dois pontos e, assim, deverá pertencer a $\text{med}_{\overline{AB}}$.

Com isso, já conhecemos o lugar geométrico em que está o centro dessa circunferência. No entanto, como devemos ter uma interseção de retas ou curvas para determinar um ponto, podemos traçar outra mediatriz utilizando outros dois pontos da circunferência, como apresentado na figura a seguir.

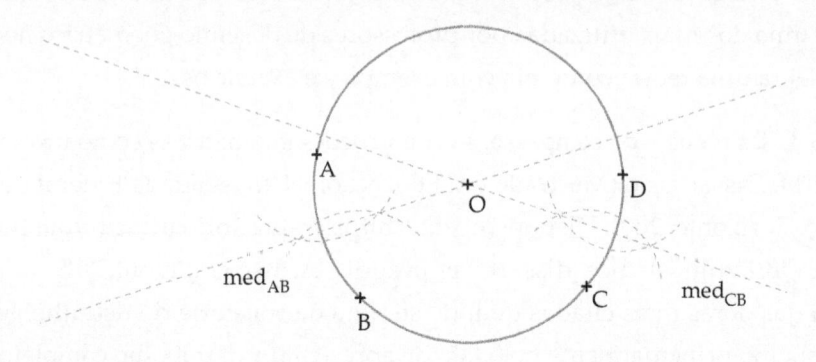

3) Como queremos um ponto equidistante de A e B, esse ponto deve pertencer a $\text{med}_{\overline{AB}}$. Por outro lado, deve estar a uma distância d da reta r; logo, o ponto deve pertencer à reta p_1 paralela à r com distância d.

Dessa forma, o ponto que devemos encontrar precisa pertencer à interseção da $\text{med}_{\overline{AB}}$ com a p_1, como mostra a figura a seguir.

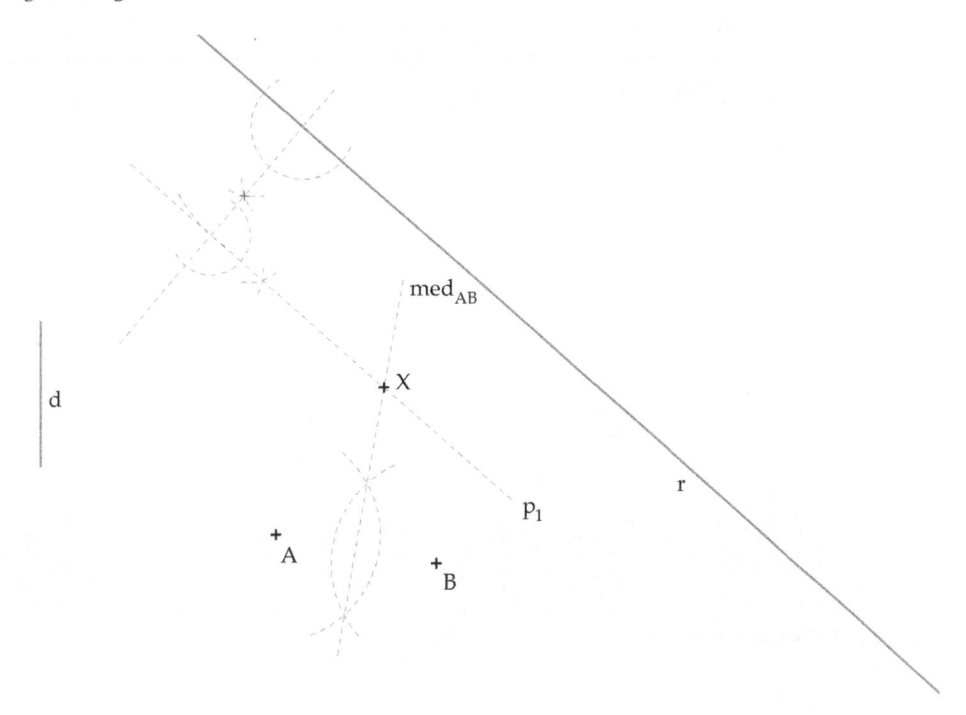

4) Como o ponto X deve ser equidistante das três retas dadas, podemos subdividir o problema em três: X é equidistante de r e s; X é equidistante de s e t; X é equidistante de r e t. No entanto, se X é equidistante de duas retas, X pertence à bissetriz entre as retas.

Com isso, é necessária a construção das bissetrizes indicadas e pode ser traçada apenas a interseção de duas (por exemplo, b_{st} e b_{rs}); desse modo, teremos o ponto X solicitado, como apresentado na figura a seguir.

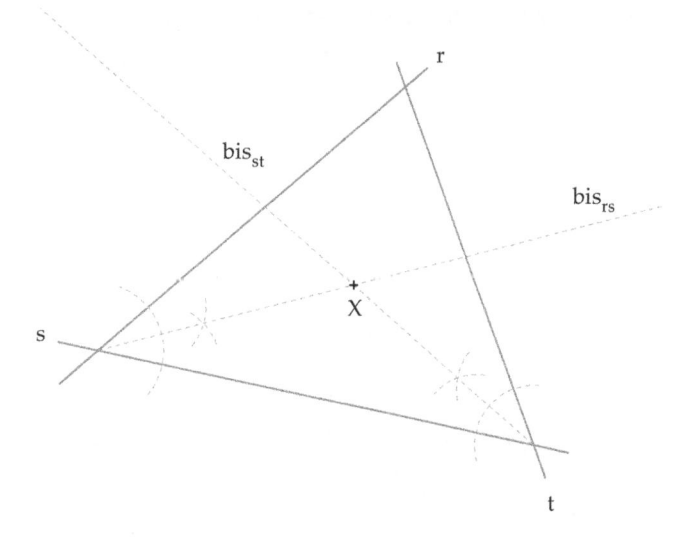

5) Para determinar o ponto X, temos de determinar a interseção de duas linhas. Uma delas é indicada pelo enunciado: o ponto X deve pertencer à reta r. A outra é a condição de que $A\hat{X}B$ deve ser 45° e, para isso, é necessária a construção do arco capaz de 45°.

Assim, a interseção de r com o arco capaz de 45° nos dará dois pontos X_1 e X_2, que são soluções para nosso problema, conforme a figura a seguir.

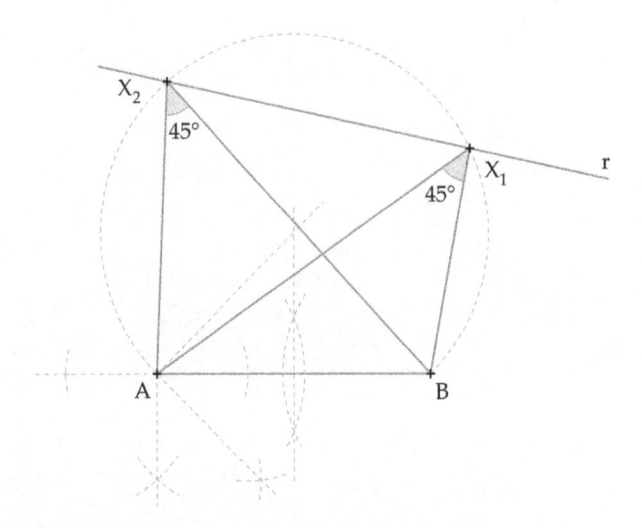

Atividades de aprendizagem

Questões para reflexão

1) Não é possível determinar o ponto C, uma vez que a soma da distância de C até A com a distância de C até B é menor do que a distância de A até B. Essa condição também é conhecida como *condição de existência de um triângulo*, em que a soma de dois lados do triângulo deve ser sempre maior que o terceiro lado.

2) Não podemos afirmar que a figura construída é um quadrado, pois, para uma figura ser um quadrado, há, ainda, a condição de que todos os ângulos internos sejam iguais a 90º. Podemos afirmar, com a descrição da construção da figura, sem a indicação dos ângulos utilizados, que o polígono construído é um losango. Por definição, losango é um quadrilátero com quatro lados iguais, única condição indicada no enunciado da questão.

CAPÍTULO 2

Atividades de autoavaliação

1) O ponto A deve ser definido pela interseção de duas linhas: uma delas é a circunferência indicada no enunciado; já a outra deve garantir que a distância de A até B e a distância de A até C sejam iguais, pois o enunciado informa que o triângulo é isósceles de base $\overline{BC}$, ou seja, o ponto A deve pertencer à mediatriz de $\overline{BC}$. Dessa forma, o ponto A pertence à interseção da circunferência dada com a med_{BC}.

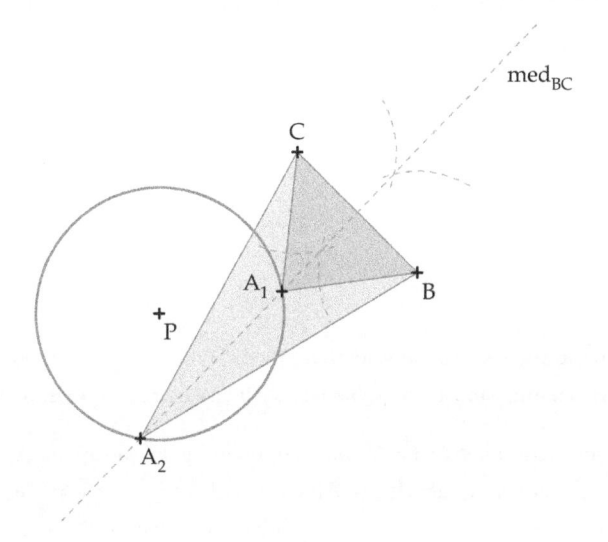

Nesse problema, há duas soluções métricas, visto que a mediatriz intercepta a circunferência em dois pontos. As soluções de posição são apenas as apresentadas na figura, ou seja, apenas uma solução de posição para cada um dos triângulos desenhados.

2) Como o triângulo é isósceles de base $\overline{BC}$, os lados $\overline{AB}$ e $\overline{AC}$ são iguais, ou seja, o vértice A é equidistante de B e C. Ainda, há outra informação implícita no enunciado, pois o fato de o triângulo ser isósceles também indica que os ângulos da base são iguais, ou seja, $\hat{B} = \hat{C} = 45°$.

Assim, uma forma de construir o triângulo ABC é marcar o lado $\overline{BC}$, construir o ângulo $\hat{B}$ e o $\hat{C}$, obtendo, desse modo, o vértice A na interseção dos lados dos ângulos $\hat{B}$ e $\hat{C}$.

Construído o triângulo ABC, podemos determinar o que o problema pede: o comprimento do raio da circunferência inscrita em um triângulo ABC. O centro O da circunferência inscrita é o incentro, ou seja, o encontro das bissetrizes e, ainda, a circunferência é tangente aos lados do triângulo.

Determinado o centro O, para indicar graficamente seu raio, traçamos uma reta perpendicular a qualquer um dos lados do triângulo, mas que passe pelo centro da circunferência.

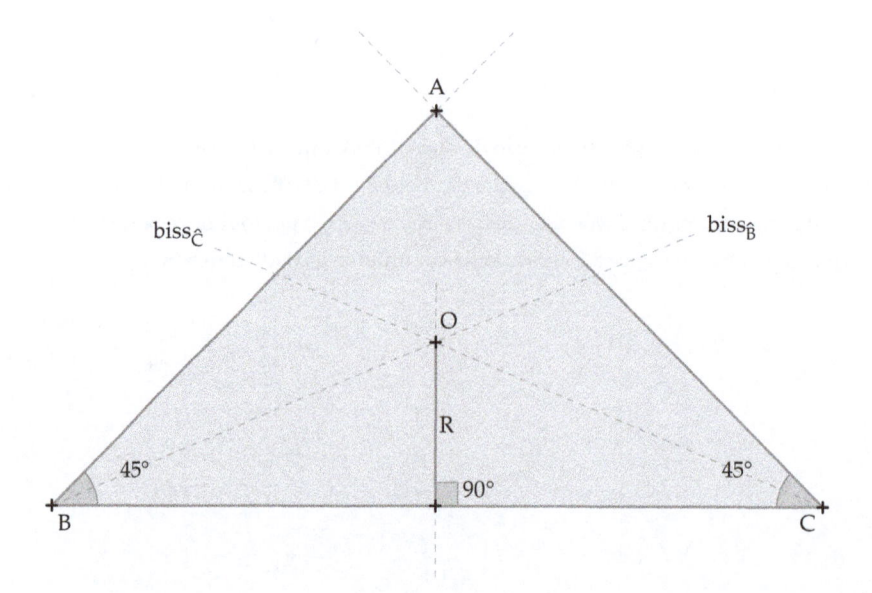

Nesse problema, existe apenas uma solução para a medida do raio da circunferência, e não há necessidade de traçar a circunferência, uma vez que o problema solicita a determinação gráfica do raio.

3) Uma das propriedades do losango é o fato de que seus quatro lados são iguais. Assim, ao ser fornecida a medida de $\overline{AB}$, temos a medida de seus quatro lados. Ainda, os lados opostos são paralelos. Como temos a medida do ângulo A, há nesse problema mais do que cinco informações necessárias para a construção do losango, que pode ser realizada pelo seguinte procedimento:

- Marque $\overline{AB}$.
- Em Â, construa um ângulo de 45° e marque D a uma distância 30 mm de A.
- Construa em D a reta r paralela a $\overline{AB}$.
- Construa em B a reta s paralela a $\overline{AD}$.
- r ∩ s = C;
- ABCD é o losango solicitado.

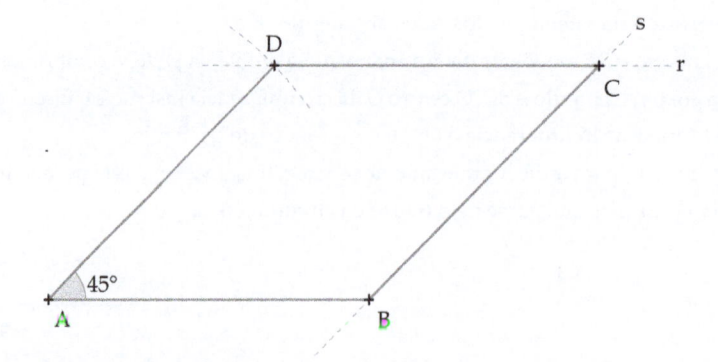

Nesse problema, temos uma solução métrica e duas soluções de posição (o ângulo Â poderia ser marcado no semiplano inferior).

4) Uma das propriedades de qualquer paralelogramo (lembre-se: o quadrado é um paralelogramo) é o fato de as diagonais se interceptarem no ponto médio. Em relação ao quadrado, as diagonais são iguais e, ainda, formam ângulo de 90° entre si.

Com isso, para construir o quadrado solicitado:

- Marque $\overline{AC}$ e obtenha o ponto médio M_{AC}.
- Em M_{AC}, trace a reta r perpendicular a $\overline{AC}$.
- Obtenha B e a D, tal que a distância de M_{AC} a B e D seja a mesma que sua distância a A ou a C.

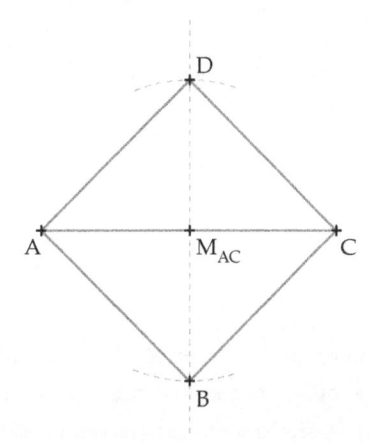

5) Em qualquer paralelogramo (lembre-se: o retângulo é um paralelogramo), as diagonais se interceptam no ponto médio. Em relação ao retângulo, as diagonais são iguais, ou seja, sendo M o ponto de encontro das diagonais, a distância de M a qualquer um dos vértices do retângulo é a mesma.

Além dessa informação, o exercício informa que o ângulo entre as diagonais é 135°, que pode ser a composição de 90° com 45°.

Com isso, para construir o retângulo solicitado:

- Marque $\overline{AC}$ e obtenha o ponto médio M_{AC}.
- Em M_{AC}, trace a reta r formando ângulo de 135° com $\overline{AC}$.
- Obtenha B e D, tal que a distância de M_{AC} a B e a D seja a mesma que a distância desse ponto a A ou a C.

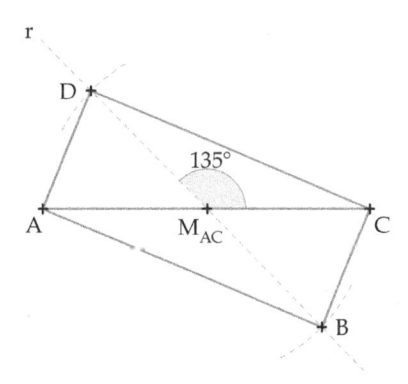

Atividades de aprendizagem

Questões para reflexão

1) A sugestão é recortar um triângulo qualquer, marcar os ângulos internos (denominando-os de $\hat{A}$, $\hat{B}$ e $\hat{C}$) e, em seguida, rasgar esse triângulo em três partes de tal forma que os ângulos $\hat{A}$, $\hat{B}$ e $\hat{C}$ permaneçam intactos. Ao colocar as partes com $\hat{A}$, $\hat{B}$ e $\hat{C}$ uma ao lado da outra, será possível perceber que o ângulo formado é 180°.

2) Sim. O quadrado tem duas propriedades importantes: i) em relação aos lados – todos os lados são iguais; ii) em relação aos ângulos internos – todos os ângulos internos são iguais (90°). Ao analisar a afirmação "i", vemos que essa é a propriedade para um paralelogramo ser losango, ou seja, o quadrado é um losango. Ao analisar a afirmação "ii", vemos que essa é a propriedade para um paralelogramo ser um retângulo. Assim, o quadro é um losango e um retângulo ao mesmo tempo.

CAPÍTULO 3

Atividades de autoavaliação

1) Uma das condições desse problema é que a circunferência a ser construída seja tangente à circunferência dada em T. Disso, devemos lembrar que, para que duas circunferências sejam tangentes, os centros e o ponto de tangência devem ser colineares. Assim, o centro está na semirreta O_1T.

A outra condição é que a circunferência a ser construída contenha o ponto P e o ponto T (ponto de tangência). Assim, o centro será equidistante desses dois pontos. Logo, o centro pertence à mediatriz de $\overline{PT}$.

Com isso, o centro é determinado pela interseção de O_1T com med_{PT}.

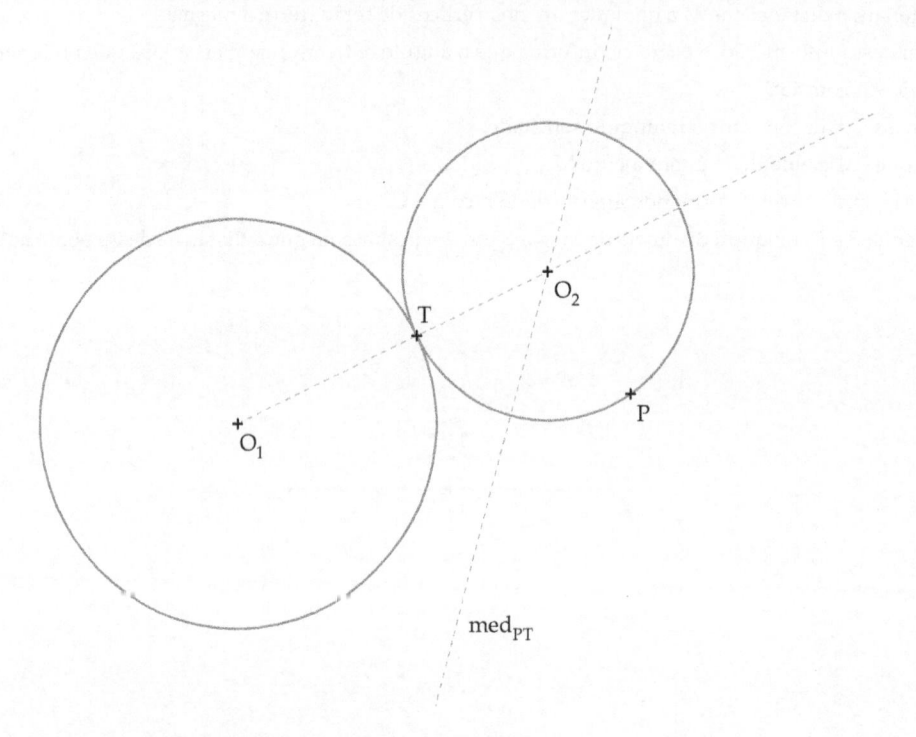

2) Há duas condições para a construção da circunferência:

1. Garantir que a circunferência a ser construída seja tangente à reta s e o centro dela esteja a uma distância r de s. Para isso, devemos construir uma reta paralela a s com distância r.

2. A circunferência deve conter o ponto P. Então, a distância do centro da circunferência até o ponto P é r e, para isso, devemos traçar uma circunferência de centro P e raio r.

O centro da circunferência (há duas possibilidades) é a interseção dos elementos obtidos nos itens que acabamos de descrever.

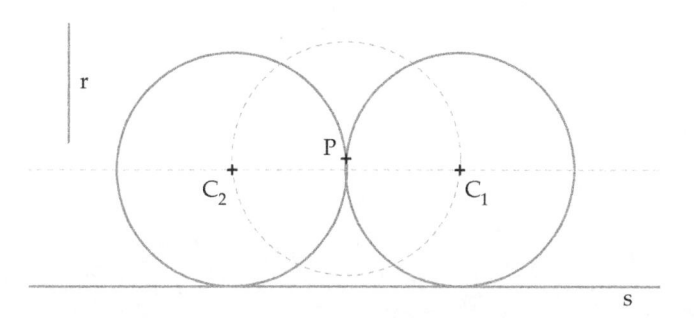

3) Para a construção do arco conopial proposto, podemos utilizar o seguinte procedimento:

- Marcar $\overline{AB}$ com a medida de 4 cm e obter seu ponto médio M.
- C_1 e C_2 são pontos médios de $\overline{AM}$ e $\overline{MB}$, respectivamente, e centro dos arcos de baixo.
- T_1 e T_2 são pontos de tangência e pertencem a med_{AM} e med_{MB}, respectivamente.
- C_3 e C_4 são centros dos arcos de cima. C_3 está à distância de 1 cm de T_1 e C_4 está à distância de 1 cm de T_2.

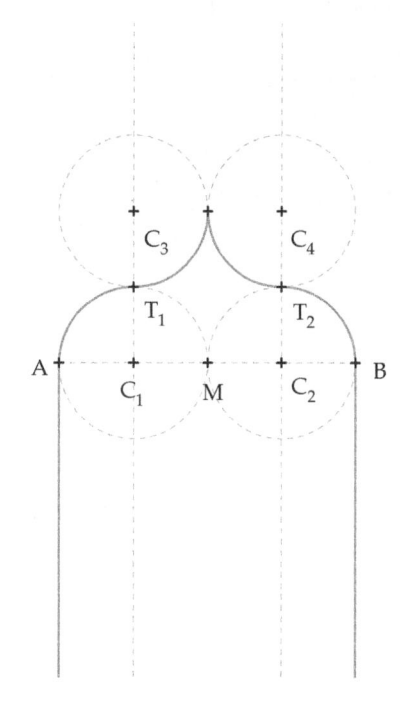

4) Nessa atividade, podemos replicar o procedimento visto durante o capítulo ou utilizar o seguinte:
- Em uma circunferência de raio qualquer, construir o pentágono *ABCDE* com o procedimento de obtenção do l_5.
- Marcar um ponto no plano e denominá-lo A'.
- Por A', traçar uma reta paralela a $\overline{AB}$, obtendo B' a 4 cm de A'. Repetir esse procedimento para os vértices B', C' e D', obtendo C', D' e E', respectivamente.

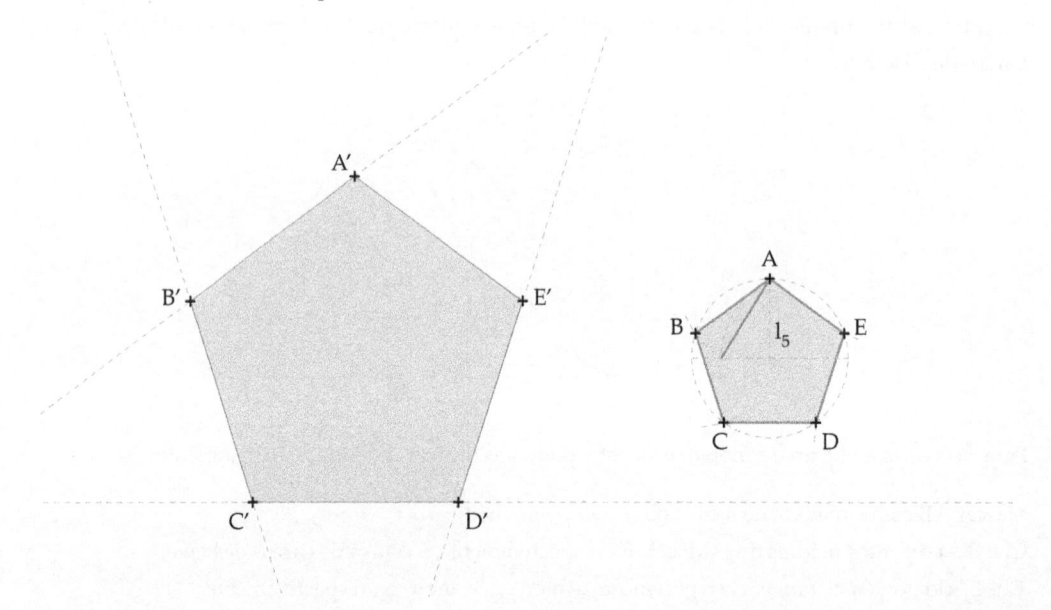

5) Nesse problema, precisamos desretificar o arco de 4 cm em uma circunferência com raio 3 cm. Para isso:
- marcamos o segmento $\overline{AB} = 4$ cm;
- traçamos a circunferência de raio 3 cm e tangente a $\overline{AB}$;
- marcamos $\overline{CD} = \dfrac{3}{4}$ raio;
- obtemos E na interseção de $\overline{DB}$ com a circunferência;
- $A\hat{O}E$ é o arco com comprimento igual a $\overline{AB}$ e α é o ângulo procurado.

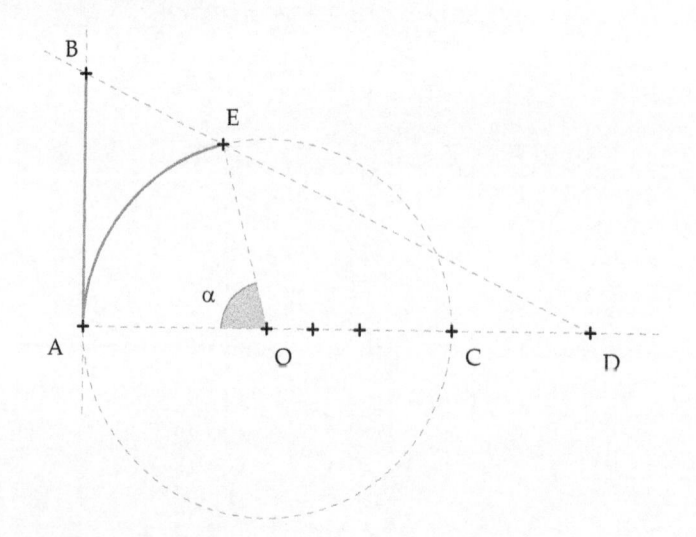

Atividades de aprendizagem

Questões para reflexão

1) Esse procedimento é correto pelo fato de que estamos subtraindo do ângulo de 60° (correspondente a l_6) o ângulo de 36° (correspondente a l_{10}); com isso, temos 24°. Por sua vez, quando dividimos a circunferência em 15 partes, temos 360°/15 = 24°, exatamente o valor que a operação indica.

2) A conclusão do estudante **não** está correta, pois, para obter l_8, deve-se traçar a mediatriz de l_4, obter C na circunferência e, então, $\overline{AC} = \overline{BC} = l_8$, conforme a figura a seguir.

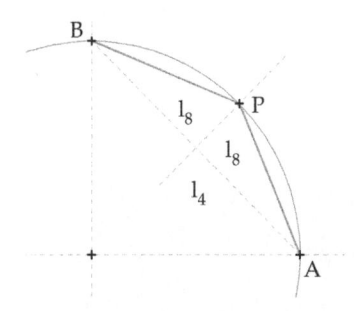

CAPÍTULO 4

Atividades de autoavaliação

1) a

2) c

3) d

4) b

5) d

Atividades de aprendizagem

Questões para reflexão

1) QUADRADO: quando um quadrado for paralelo ao plano de projeção, sua projeção estará em verdadeira grandeza (VG), ou seja, a projeção será um quadrado.
LOSANGO: quando uma das diagonais do quadrado for paralela ao plano de projeção e a outra for oblíqua ao plano de projeção, os lados do quadrado serão projetados reduzidos por não serem paralelos ao plano de projeção e, ainda, a projeção desses lados terão o mesmo tamanho.
RETÂNGULO: quando um par de lados do quadrado for paralelo ao plano de projeção e o outro par de lados for oblíquo, o lado paralelo será projetado em VG e o lado oblíquo será projetado em tamanho reduzido, mas o ângulo de 90° permanecerá.

PARALELOGRAMO: quando as diagonais do quadrado forem oblíquas ao plano de projeção, os lados do quadrado serão projetados reduzidos, porém os lados opostos serão iguais.

SEGMENTO: quando o quadrado estiver contido num plano projetante.

2) O objeto descrito no enunciado é um cone. Observe a figura a seguir para verificar que a projeção do objeto no plano vertical é um triângulo e a projeção do objeto no plano horizontal é um círculo.

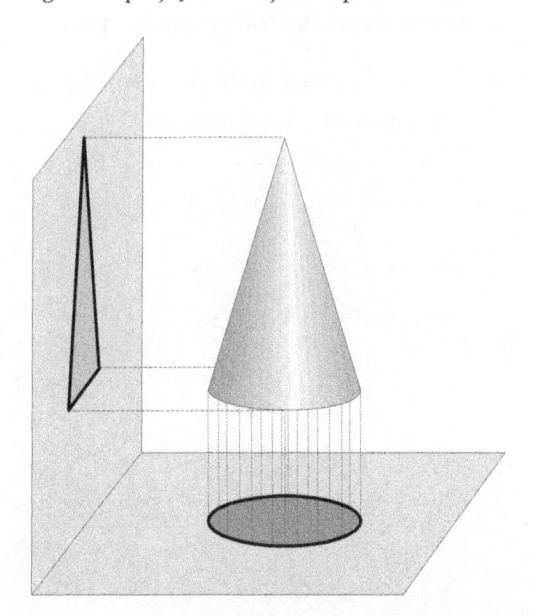

CAPÍTULO 5

Atividades de autoavaliação

1) d

2) b

3) b

4) d

5) d

ATIVIDADES DE APRENDIZAGEM

Questões para reflexão

1) Sim. Há duas propriedades da projeção cilíndrica ortogonal vistas no Capítulo 4 que ajudam a construir essa figura:

   I. A proporcionalidade entre os segmentos é mantida. Com isso, se M é o ponto médio das diagonais ($\overline{PR}$ e $\overline{QS}$ do paralelogramo), temos que $\overline{PM} = \overline{RM}$ e $\overline{QM} = \overline{SM}$, independentemente de a qual tipo de plano esse paralelogramo pertença.

II. Dois segmentos paralelos têm suas projeções paralelas, coincidentes ou pontuais. Com isso, $\overline{PQ}$ e $\overline{RS}$ são paralelos, coincidentes ou pontais, e o mesmo ocorre para $\overline{QR}$ e $\overline{SP}$.

Mesmo que não seja possível construir a figura com essas informações em um dos PFRs (por exemplo, a figura está em um plano vertical, então em π' ela será um segmento), devemos lembrar que, no método mongeano, utilizamos dois PFRs e, se for preciso, podemos utilizar o plano auxiliar (ou π''').

2) Não. Nesse caso, faltam informações quanto aos vértices do objeto. Veja a seguir duas representações de objetos diferentes com as mesmas projeções.

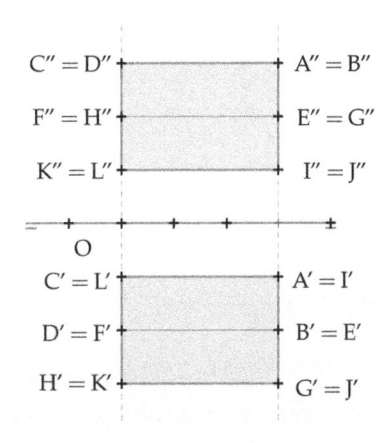

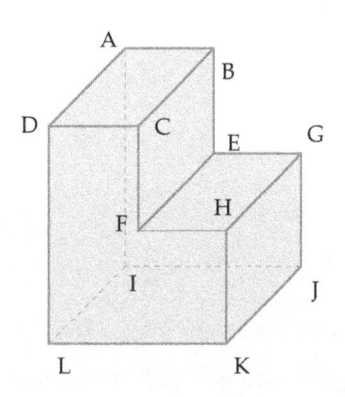

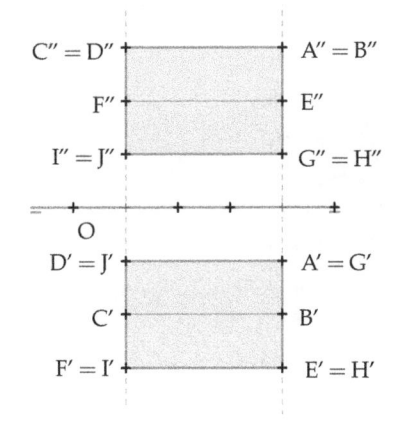

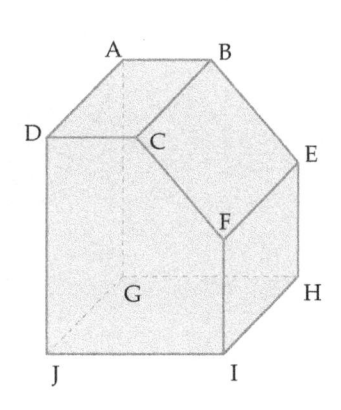

CAPÍTULO 6

Atividades de autoavaliação

1) b

2) c

3) d

4) c

5) c

Elementos de cálculo diferencial e integral

Atividades de aprendizagem

Questões para reflexão

1) A condição é $\overline{AP} \perp \overline{BC}$. Temos que $\overline{MD}//\overline{AP}$ e $\overline{NE}//\overline{AP}$, fato decorrente da propriedade, também denominada *teorema da base média*, em que Góes et al. (2010) indicam: dados os pontos médios (M_1 e M_2) de dois lados de um triângulo, o segmento $\overline{M_1M_2}$ é paralelo ao terceiro lado e mede metade desse terceiro lado. Assim, considerando: i) o triângulo *ABC*, temos que $\overline{MN}//\overline{BC}$; ii) o triângulo *ABP*, temos que $\overline{MD}//\overline{AP}$; iii) o triângulo *APC*, temos que $\overline{MD}//\overline{AP}$. Logo, se $\overline{AP} \perp \overline{BC}$, então, $\overline{MD} \perp \overline{BC}$ e $\overline{NE} \perp \overline{BC}$, formando um retângulo.

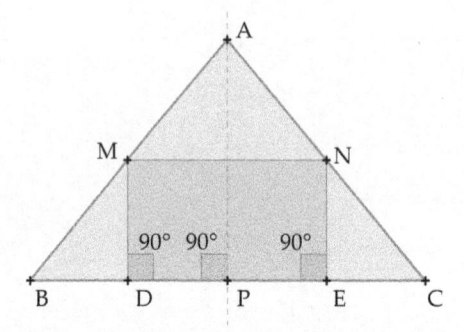

2) Não. Como a posição do observador foi alterada, a representação correta da face é a apresentada a seguir.

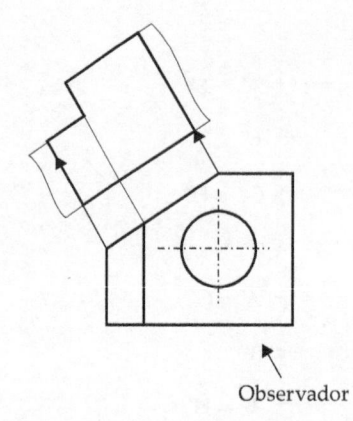

Sobre o autor

Anderson Roges Teixeira Góes é licenciado em Matemática (2001) pela Universidade Federal do Paraná (UFPR), especialista em Desenho Aplicado ao Ensino da Expressão Gráfica (2003) pela UFPR e em Tecnologias em Educação (2010) pela Pontifícia Universidade Católica do Rio de Janeiro (PUC-Rio), mestre (2005) e doutor (2012) em Métodos Numéricos em Engenharia pela UFPR.

Atuou como professor na educação básica durante 14 anos nas disciplinas de Matemática e Desenho Geométrico. Tem experiência em expressão gráfica e tecnologias no ensino de matemática e em KDD – *Knowledge Discovery in Database* e otimização na construção de grade horária. Atualmente, é professor efetivo do Departamento de Expressão Gráfica e do Programa de Pós-graduação em Educação – Teoria e Prática de Ensino, ambos na UFPR. É também pesquisador e líder do grupo de pesquisa Educação, Tecnologias e Linguagens, atuando nas linhas de tecnologias educacionais na educação matemática e de educação matemática inclusiva.

Os papéis utilizados neste livro, certificados por instituições ambientais competentes, são recicláveis, provenientes de fontes renováveis e, portanto, um meio **respons**ável e natural de informação e conhecimento.

Impressão: Reproset
Julho/2023